Beck-Rechtsberater

Opferrechte bei Stalking, Gewalt- und Sexualverbrechen

W0198282

dtv

Beck-Rechtsberater

Opferrechte bei Stalking, Gewalt- und Sexualverbrechen

Rechte wahrnehmen · Hilfe finden

Von Dr. iur. Bernhard Weiner,
Rechtsanwalt in Meppen, und
Prof. Dr. iur. Ute Ingrid Haas,
Fachhochschule Braunschweig/Wolfenbüttel

1. Auflage

Deutscher Taschenbuch Verlag

Im Internet:

dtv.de

beck.de

Originalausgabe
Deutscher Taschenbuch Verlag GmbH & Co. KG,
Friedrichstraße 1a, 80801 München
© 2009. Redaktionelle Verantwortung: Verlag C. H. Beck oHG
Druck und Bindung: Druckerei C. H. Beck, Nördlingen
(Adresse der Druckerei: Wilhelmstraße 9, 80801 München)
Satz und Grafikbearbeitung: Hoffmann's Text Office, München
Umschlaggestaltung: Agentur 42 (Fuhr & Partner), Mainz
unter Verwendung eines Fotos von GettyImages
ISBN 978-3-423-50664-9 (dtv)
ISBN 978-3-406-57317-0 (C. H. Beck)

9 783406 573170

Geleitwort

Liebe Leserin, lieber Leser,

Ratgeber über Opferrechte sind leider noch viel zu selten in der Bücherlandschaft vertreten. Umso mehr freue ich mich über dieses Buch und darüber, dass es der Autorin und dem Autor mit dem vorliegenden Beck-Rechtsberater gelungen ist, umfassend Hilfsangebote für Opfer von Stalking, Gewalt- und Sexualverbrechen schnell und verständlich aufzuzeigen sowie Erklärungsansätze für Täterverhalten zu liefern. Ich bin sicher, dass es Betroffenen, Angehörigen und Freunden helfen wird, mit dem Trauma, Opfer einer schweren Straftat geworden zu sein, besser umzugehen und die für sie richtigen Hilfsangebote zu finden und wahrzunehmen.

Viel zu lange haben der Opferschutz und die Opferrechte nicht die ihnen gebührende Beachtung gefunden. Dies hat sich glücklicherweise in den letzten Jahren gewandelt. Nicht mehr allein die Person des Täters steht im Vordergrund, sondern auch und gerade die Interessen des Opfers. Dass dieser Gedanke in die öffentliche Debatte und die Politik Einzug gehalten hat, ist nicht zuletzt Organisationen wie dem Weissen Ring oder der Stiftung Opferhilfe Niedersachsen mit dem unermüdlichen Engagement ihrer vielen Mitarbeiterinnen und Mitarbeiter zu verdanken. Über Opferschutz wird nicht mehr nur geredet, er wird heute praktiziert. Zu denken ist beispielsweise an das Gewaltschutzgesetz oder die Einführung des § 238 StGB, der endlich Stalking unter Strafe stellt. Flankierend dazu existiert mittlerweile eine Vielzahl von Beratungsstellen, an die sich Opfer von Straftaten wenden können. Für Niedersachsen sei hier nur an die flächendeckend eingerichteten BISS-Beratungsstellen für Opfer häuslicher Gewalt erinnert.

Ich bin sicher: Unsere Gesellschaft hat den Opferschutz als wichtiges rechts- und gesellschaftspolitisches Ziel erkannt. Der vorliegende Rechtsberater ist ein wichtiger Baustein auf dem Weg hin zu diesem Ziel.

Bernd Busemann
Niedersächsischer Justizminister

Vorwort

Opfer einer Straftat zu werden ist für viele Menschen ein einschneidendes Ereignis. Dabei kommt es durchaus darauf an, welche Art von Straftat der Mensch erdulden muss. Im menschlichen Erleben haben Werte wie Eigentum, Vermögen, körperliche Unversehrtheit unterschiedliche Gewichtung. Geschützte Rechtsgüter stellen sie gleichermaßen dar, und ein Blick in das Strafgesetzbuch (StGB) zeigt uns die Menge aller möglichen Straftaten.

Die zu schützenden Bereiche finden sich in Straftatbeständen wie Beleidigung, Sachbeschädigung, Diebstahl, Raub, Körperverletzung bis hin zu Tötungsdelikten. Wir wissen in der Regel, dass uns im Laufe unseres Lebens durchaus strafrechtlich relevantes Unrecht widerfahren kann – den meisten Menschen ist möglicherweise schon mal das Fahrrad gestohlen worden, viele Menschen haben durchaus eine Beleidigung erlebt, leichte Körperverletzung bei Rangeleien etc. Dies ist der Bereich, den Juristen in ihrer Sprache als „leichte" Kriminalität bezeichnen. Mit dieser Formulierung stellen sie nicht auf den Opferhorizont ab. Das heißt, diese Bezeichnung geht nicht davon aus, wie Opfer dieses Tatereignis erlebt haben, sondern Juristen ordnen das Tatgeschehen rein sachlich im gesamten Komplex von Ereignissen ein, die eben ein Richter oder Staatsanwalt im Laufe seines Arbeitslebens auf den Tisch bekommt. Und da wird in der juristischen Bewertung eine Rangelei mit Beleidigung nüchterner eingeordnet, als es Menschen in ihrem Leben mit emotionaler Betroffenheit in der Regel möglich ist.

Womit wir kaum rechnen, ist Opfer einer schweren Tat zu werden, zum Beispiel Opfer eines Gewaltverbrechens. Im Verhältnis zu anderen Taten kommen Gewaltverbrechen statistisch betrachtet nicht so häufig vor. Unsere Wahrnehmung dieser schweren Taten entspricht aber nicht immer der realen Datenlage, denn wir erfahren in den Medien viel öfter über schwere Gewaltverbrechen als über „Alltagskriminalität". Es gibt Meldungen, dass alle drei Minuten in Deutschland ein Gewaltverbrechen verübt wird. Das schürt unsere Angst und Furcht und wir glauben, in unsicheren Zeiten zu leben. Was wir nicht erfahren ist, dass dabei die Anzahl der in der BRD lebenden Menschen nicht berücksichtigt worden ist, auf die sich das Risiko verteilt. Dies ist aber ein wichtiger Faktor! Die Wahrscheinlichkeit für den Einzelnen, Opfer eines Gewaltverbrechens zu werden, liegt dann nämlich bei nur 0,1875 %. Solche Erkenntnisse können durchaus hilfreich für die Einordnung derartiger Lebensereignisse sein.

Gerade bei Gewaltverbrechen hilft die Kenntnis über den Ablauf und die Folgen von Straftaten bei deren Bewältigung. Aber Gewaltverbrechen sind zu unterschiedlich, um allen Umständen in einem Buch gerecht werden zu können. Im hier vorliegenden Band steht – neben allgemeingültigen Hinweisen – eine besondere Art von Gewaltverbrechen im Mittelpunkt, die häufiger als andere Taten eine Bekanntschaft, Beziehung oder Partnerschaft zwischen Opfer und Täter als Merkmal aufweisen und wobei den betroffenen Opfern im Rahmen der Beweissicherung besonders viel Eigenbeitrag abverlangt wird. Es geht um den seit März 2007 neuen Straftatbestand des Stalking, der eine Verhaltensweise unter Strafe stellt, die es auch schon vor der rechtlichen Einordnung mannigfaltig gab und um den Bereich der häuslichen Gewalt und Sexualverbrechen. Im Rahmen der Gewaltdelikte steht besonders die häusliche Gewalt im Mittelpunkt, weil hier in besonderem Maße die Beziehung von Opfer und Täter eine entscheidende Rolle spielt. Gewalt in Familien, und hier speziell zwischen den Partnern, ist keine neue Erscheinung, im Gegenteil. Aber erst im Gewaltschutzgesetz fand endlich und eindeutig die gesellschaftliche Missbilligung von gewalttätigem Verhalten in engen Lebensbeziehungen ihren Ausdruck.

Gerade Stalking und häusliche Gewalt bedeuten für die Opfer eine besondere Erschwernis im Erleben, da die Erschütterung, durch einen bekannten Menschen geschädigt worden zu sein, besonders hoch ist und besondere Erfordernisse für die Bewältigung mit sich bringen. Um nach der erlittenen Tat und der dort erlebten Ohnmacht wieder zur eigenen Handlungsfähigkeit zurückkehren zu können, soll der vorliegende Band eine Unterstützung bieten. Wenn es als Gesellschaft schon nicht möglich war, einzelne Mitglieder der Gesellschaft vor Straftaten zu schützen, so sollen rechtliche Kenntnisse und psychosoziale Aufklärung einen Beitrag zur Milderung der Folgen leisten. Ihre Rechte und Ansprüche als Opfer einer Straftat zu kennen, lässt Betroffene eine ungeheure Handlungsmöglichkeit nach der im Tatgeschehen erlebten Ohnmacht zurückgewinnen. Sie fühlen sich gegenüber Polizei und Justiz besser informiert und nehmen aktiv am weiteren Verlauf des Geschehens teil. Sie können schließlich über das eigene soziale Umfeld hinaus kompetente Hilfe finden. Gewaltverbrechen sind emotional hoch belastende Ereignisse, bei denen fachkundige Unterstützung, und sei es nur für kurze Zeit, für die Verarbeitung des Tatgeschehens wertvolle Beiträge leisten kann.

Der vorliegende Band wird über die rechtlichen Regelungen auch die Frage der Durchsetzbarkeit ansprechen und den psychosozialen Belastungen von Betroffenen in sofern Rechnung tragen, als dass Betroffene erfahren, dass ihre Gefühle und Emotionen nach einem Gewaltverbrechen kein Einzelschicksal darstellen, sondern ganz normale Reaktionen auf ein höchst unnormales Ereignis bedeuten! Der Opferrechtsratgeber bietet all die Informationen, die erforderlich sind, um auf eine Straftat angemessen reagieren zu können. Dabei soll er nicht nur eine Unterstützung für die Betroffenen selber darstellen; er wendet sich auch an die Mitarbeiter und Mitarbeiterinnen in Opferhilfseinrichtungen und Beratungsstellen, an Rechtsanwälte und Rechtsanwältinnen, Einsatzkräfte der Polizei sowie an Studierende der einschlägigen Fachrichtungen, speziell der Sozialen Arbeit. Er bietet aus einer Hand Entscheidungs- und Argumentationshilfen, Hintergründe und Erkenntnisse der Opferforschung sowie eine vollständige Darstellung der Rechtsstellung von Opfern in Deutschland.

Für die kritische und konstruktive Durchsicht des Manuskripts und die Unterstützung bei der Gestaltung des Textes danken wir Antonia Wermes, die zudem als Mitarbeiterin des Weissen Ring e.V. wertvolle Hinweise aus der Sicht der Opferhilfe beigesteuert hat. Ebenso danken wir Jens Hoffmann und Hans-Georg W. Voß für die Bereitstellung der Abbildungen.

Braunschweig/Meppen, im November 2008   *Ute Haas*
Bernhard Weiner

Vorbemerkung

Wer häufig in Schwurgerichtsprozessen sitzt, bekommt viele Opfer von Verbrechen zu Gesicht. Sie sind so unterschiedlich wie Menschen nur sein können und bloß dadurch vereint, dass eine schreckliche Tat die Sorglosigkeit ihres Lebens zerstört hat. Oft genug hat es sie nur aus bloßem, bösem Zufall getroffen. Manche sind schüchtern, manche wirken seltsam unbeteiligt, wieder andere weinen laut, so dass das Publikum, wenn es – beispielsweise bei Auftritten von Opfern von Sexualstraftaten – aus dem Gerichtssaal ausgeschlossen wird, ihren Kummer selbst durch die Türen des Gerichtssaals hören kann.

Manche Opfer machen von ihrem Recht, als Nebenkläger an der Hauptverhandlung mitzuwirken, nicht einmal Gebrauch. Sie treten vor Gericht lediglich als Zeugen auf, bekunden, was ihnen widerfahren ist, und gehen wieder heim. So hat es der Realschullehrer Hubertus N. gehalten, der im Dezember 2007 in der Münchner U-Bahn von zwei angetrunkenen jungen Männern fast umgebracht worden war. Ganz Deutschland nahm an seinem Schicksal Anteil, weil eine Überwachungskamera der Verkehrsbetriebe den Überfall aufgezeichnet hatte. Trotzdem nutzte Hubertus N. seine Popularität nicht aus und machte den Auftritt kurz.

Andere, wie der Multimillionär und Sozialforscher Jan Philipp Reemtsma, suchten die Konfrontation mit dem Täter regelrecht, um ihr Trauma zu überwinden. Reemtsma, der 1996 von einer Erpresserbande entführt und wochenlang in einem Keller angekettet worden war, saß später als Nebenkläger, flankiert von einem berühmten Anwalt, in jedem einzelnen Prozess gegen jeden einzelnen seiner Entführer. Keine Sekunde ließ er seinen bohrenden Blick von den Angeklagten, als wollte er sich ihre Gesichter – die sie während der Entführung sorgfältig vor ihm verborgen hatten – für immer einprägen.

Manchmal wird das Verbrechensopfer nach der Tat ein zweites Mal Opfer – und zwar der eigenen Anwälte. So erging es der 13-jährigen Stephanie aus Dresden, die im Januar 2006 von einem

Sexualverbrecher drei Wochen lang in dessen Wohnung festgehalten und aufs Brutalste vergewaltigt worden war. Als der Täter gefasst war, ließ es ihr eigener Nebenklägerverteter nicht nur zu, dass die Vergewaltigungen im Vorfeld des Prozesses in allen abartigen Details in den Medien ausgebreitet wurden, ja er stattete die Journalisten auch noch mit Aktenteilen aus und schleppte seine minderjährige Mandantin ins Fernsehen, wo ein Millionenpublikum das traumatisierte Kind begaffen durfte.

Nicht nur um durch die verwinkelten Wege des Rechts zu finden, sondern auch, um sich gegen die mediale Ausbeutung des eigenen Schicksals zur Wehr zu setzen, braucht es Bücher wie dieses, die Opfern klar machen, was es bedeutet, sich mit der Presse einzulassen. Denn die Opfer von heute haben nicht bloß das an ihnen verübte Verbrechen zu verkraften und die Konfrontation mit dem Täter – sie lernen nicht selten auch die Hemmungslosigkeit der Medien kennen. Sie müssen erleben dass sie nun öffentliche Personen sind, deren intimste Bereiche nicht mehr respektiert werden.

Manchmal kann das Opfer vor Gericht selbst nicht mehr erscheinen – bei Mordprozessen. Dann sitzen die Hinterbliebenen auf der Nebenklägerbank, oft voller Hass und Ingrimm. So war es auch im Fall des Lübecker Unternehmers Hartmut Crantz: Der Mann war angeklagt, seine Frau 1999 ermordet zu haben, doch ihre Leiche wurde nie gefunden. Die eigenen Kinder des Angeklagten waren fest davon überzeugt, dass er ihre Mutter getötet hatte und halfen der Staatsanwaltschaft, Crantz des Mordes zu überführen. Der Älteste saß täglich in der Hauptverhandlung – Auge in Auge mit dem Vater. Nach einem aufwändigen Indizienprozess wurde der Angeklagte 2003 zu einer lebenslangen Freiheitsstrafe verurteilt. Noch vor der Rechtskraft des Urteils nahm er sich im Gefängnis das Leben.

Am traurigsten ist es, wenn bei Tötungsdelikten kein Nebenkläger auftritt, weil es einfach niemanden gibt, der für das tote Opfer sprechen könnte. Das war im Fall des zweijährigen Kevin aus Bremen so, dessen Leiche im Oktober 2006 aus dem Kühlschrank seines Stiefvaters gezogen worden ist. Der Mann hatte das Kind über Monate so grausam misshandelt, dass es zuletzt starb. Weil auch Kevins schwer rauschgiftsüchtige Mutter schon gestorben und sein leiblicher Vater unbekannt war, und weil er weder Bruder noch Schwester besaß, blieb der Platz neben dem Staatsanwalt verwaist. Selten ist mir in einem Prozess ein Stuhl so schmerzlich leer erschienen.

Fast immer erfährt der Gerichtsreporter, wie wichtig der Strafprozess für den inneren Frieden eines Verbrechensopfers ist. Geschieht eine schwere Straftat, katapultiert der Täter nämlich nicht nur sich selbst aus dem Gefüge der Gesellschaft, sondern auch sein Opfer oder dessen Hinterbliebene. Jan Philipp Reemtsma, der sich mit der eigenen Opferrolle in vielen klugen Veröffentlichungen auseinandergesetzt hat, stellte fest, dass Kriminalitätsopfer durch die Tat eine Art sozialer Desorientierung erleiden. Sie müssten gewissermaßen selbst wieder »resozialisiert« werden. Das geschieht durch den Strafprozess. Er stellt die geltenden Regeln wieder her und signalisiert dem Opfer: Was dir geschehen ist, war kein Unglück, sondern Unrecht, und der Staat nimmt dieses Unrecht nicht ungestraft hin. Unterbleibt diese Bekräftigung der Norm, so tritt eine zusätzliche Traumatisierung des Opfers durch das nicht Recht sprechende Gericht hinzu.

Wie soll ein Opfer, dem keine Genugtuung widerfahren ist, über das Vergangene hinwegkommen? Wozu führt es, wenn Misshandelten, Missbrauchten oder Hinterbliebenen von der Gemeinschaft, in der sie leben, signalisiert wird, das an ihnen verübte Verbrechen sei letztlich irgendwie in Ordnung? Es führt zum Nichtvergessenkönnen. Zum immerwährenden inneren Weinen, das – sonst vom Alltagslärm übertost – in der Stille herausdrängt. Es führt zur Verfestigung des Hasses, zu einem verstümmelten Leben. Und auch solche Menschen habe ich kennengelernt, deren Leben 30 Jahre später immer noch ganz und gar von dem an ihnen verübten Verbrechen diktiert wurde, weil ihnen kein Recht geschehen war.

Doch es gibt auch noch eine ganz vergessene Opfergruppe – die sich nie zu Wort meldet und die fast nie zu ihrem Recht kommt. Ich meine die Justizopfer, die Opfer gerichtlicher Fehlurteile. Je länger ich Gerichtsreporterin bin, desto überzeugter bin ich davon, dass es nicht wenige Menschen gibt, die als angebliche Täter unschuldig verurteilt in Gefängnissen sitzen. Für diese – nicht durch Verbrecherhand, sondern durch die Strafjustiz selbst – Beschädigten interessieren sich keine Opferhilfegruppen und nur sehr wenige Anwälte. Kaum einer unterstützt sie dabei, ihre Unschuld zu beweisen. Und wenn es doch einmal einem Verurteilten gelingt, die hohen rechtlichen Hürden zu überwinden, den eigenen Fall noch einmal vor Gericht zu bringen und – oft Jahre später – einen Freispruch zu erreichen, dann ist trotzdem sein Leben vernichtet und er muss einem schäbigen Staat auch noch jeden Euro der ihm zustehenden Entschädigung mühsam abringen. Auch diese Menschen sind Opfer und haben Anspruch auf unsere Anteilnahme.

Sabine Rückert
Gerichts- und Kriminalreporterin der ZEIT

Inhaltsübersicht

Inhaltsverzeichnis

1. Teil. Rechte wahrnehmen *(Weiner)*

Weiterführende Literatur

Bettermann, Julia/Feenders, Moetje (Hrsg.): Stalking. Möglichkeiten und Grenzen der Intervention. Verlag für Polizeiwissenschaft, Frankfurt/Main 2004

Dölling, Dieter/Duttge, Gunnar/Rössner, Dieter: Gesamtes Strafrecht, Baden-Baden 2008

Haupt, Holger/Weber, Ulrich: Handbuch Opferschutz und Opferhilfe, Baden-Baden 2003

Hoffmann, Jens/Voß, Hans-Georg W. (Hrsg.): Psychologie des Stalking. Grundlagen – Forschung – Anwendung. Verlag für Polizeiwissenschaft, Frankfurt/Main 2006

Kavemann, Barbara/Kreyssig, Ulrike (Hrsg.): Handbuch Kinder und häusliche Gewalt. VS Verlag, Wiesbaden 2006

Kunz, Eduard/Zellner, Gerhard: Opferentschädigungsgesetz, München 1999

Schroth, Klaus: Die Rechte des Opfers im Strafprozess, Heidelberg 2005

Schröttle, Monika: Gesundheit – Gewalt – Migration. Eine vergleichende Sekundäranalyse zur gesundheitlichen und Gewaltsituation von Frauen mit und ohne Migrationshintergrund in Deutschland. Im Auftrag des Bundesministeriums für Familie, Senioren, Frauen und Jugend, 2008s. Download unter: www.bmfsfj.de (Stichwörter: Forschungsnetz, Forschungsberichte)

Schröttle, Monika/Müller, Ursula: Lebenssituation, Sicherheit und Gesundheit von Frauen in Deutschland. Eine repräsentative Untersuchung zu Gewalt gegen Frauen in Deutschland. Im Auftrag des Bundesministeriums für Familie, Senioren, Frauen und Jugend, 2004. Download unter: www.bmfsfj.de (Stichwörter: Forschungsnetz, Forschungsberichte)

Schumacher, Susanne: Liebeswahn. vgs verlagsgesellschaft, Köln 2000

Schweikert, Birgit: Gewalt ist kein Schicksal. Nomos Verlagsgesellschaft, Baden-Baden 2000

Stang, Kirsten/Sachsse, Ulrich: Trauma und Justiz, Stuttgart 2007

Weiner, Bernhard/Ferber, Sabine: Handbuch des Adhäsionsverfahrens, Baden-Baden 2008

Weiner, Bernhard: Opfer- und Verletztenrechte, Baden-Baden 2005

Weisser Ring: Opferschutz – unbekannt, Baden-Baden 2007

Abkürzungsverzeichnis

Abs.	Absatz
ado	Arbeitsgemeinschaft Deutscher Opferhilfen
AG	Amtsgericht
AHP	Anhaltspunkte
Art.	Artikel
Az.	Aktenzeichen
BGB	Bürgerliches Gesetzbuch
BGBl.	Bundesgesetzblatt
BGH	Bundesgerichtshof
BGHZ	Entscheidungssammlung des Bundesgerichtshof in Zivil-sachen
BISS	spezialisierte Beratungs- und Interventionsstellen
BMFSFJ	Bundesministerium für Familie, Senioren, Frauen und Jugend
BRD	Bundesrepublik Deutschland
BSG	Bundessozialgericht
BVG	Bundesversorgungsgesetz
bzw.	beziehungsweise
ca.	circa
DDR	Deutsche Demokratische Republik
d.h.	das heißt
DM	Deutsche Mark
DNA	Deoxyribonucleic acid
etc.	et cetera
e.V.	eingetragener Verein
evtl.	eventuell
f., ff.	folgend(e)
FGG	Gesetz über die freiwillige Gerichtsbarkeit
GdS	Grad de Schädigungsfolgen
gem.	gemäß
GewSchG	Gewaltschutzgesetz
GG	Grundgesetz

ggf.	gegebenenfalls
GVG	Gerichtsverfassungsgesetz
i.d.R.	in der Regel
i.V.m.	in Verbindung mit
JGG	Jugendgerichtsgesetz
m.a.W.	mit anderen Worten
MdE	Minderung der Erwerbsfähigkeit
MRK	Konvention zum Schutze der Menschenrechte und Grundfreiheiten
NJW	Neue juristische Wochenschrift
Nr.	Nummer
o.ä.	oder ähnliches
OASG	Opferanspruchssicherungsgesetz
OEG	Gesetz über die Entschädigung für Opfer von Gewalttaten (Opferentschädigungsgesetz)
OK-StGB	Online-Kommentar des C.H. Beck Verlags
OLG	Oberlandesgericht
OpferRRG	Opferrechtsreformgesetz
PKH	Prozesskostenhilfe
RG	Reichsgericht
RGZ	Reichsgericht in Zivilsachen (Entscheidungssammlung)
RiStBV	Richtlinien für das Straf- und Bußgeldverfahren
s.	siehe
S.	Seite, Satz
SGB	Sozialgesetzbuch
StGB	Strafgesetzbuch
StPO	Strafprozessordnung
StRÄndG	Strafrechtsänderungsgesetz
TOA	Täter-Opfer-Ausgleich
u.a.	unter anderem
usw.	und so weiter
v.H.	vom Hundert
VwGO	Verwaltungsgerichtsordnung
z.B.	zum Beispiel
ZPO	Zivilprozessordnung

1. Teil. Rechte wahrnehmen *(Weiner)*

A. Grundlagen

Es ist für uns heute selbstverständlich, dass die vielen Menschen die tagtäglich durch eine strafbare Handlung verletzt, gedemütigt und erniedrigt werden, eigene Rechte gegenüber dem Täter und dem Staat haben. Opfer haben dem Täter gegenüber Rechte, weil der Täter der unmittelbare Verursacher ihres „Opferwerdens" ist. Rechte gegenüber dem Staat ergeben sich, weil der Staat seine ureigene Verantwortung, die Bürger zu schützen, nicht eingehalten hat.

Diese Rechte der Opfer dienen der Durchsetzung von Gerechtigkeit. Was Gerechtigkeit ist, beschäftigt die Juristen seit der Antike und es werden immer weiter neue Konzepte für Recht und Gerechtigkeit entwickelt und durch Gesetzesänderungen und neue Gesetze in die Praxis umgesetzt. So gab es auch im Opferrecht im Laufe der Jahre eine Vielzahl von Gesetzesänderungen, die alle das Ziel hatten, die Rechtsstellung der Opfer zu verbessern. Diese „opferfreundlichen" Gesetzesverbesserungen mussten oftmals in mühseligen parlamentarischen Verhandlungen erkämpft werden und sind in einer Vielzahl verschiedener Gesetzeswerke zu finden. Das hat zur Folge, dass z. B. die einfache Frage, ob ein Opfer schon während der polizeilichen Vernehmung das Recht auf einen Rechtsanwalt hat, in § 406g Absatz 3 der Strafprozessordnung (StPO) angesprochen wird, mit dem Hinweis, dass § 397a der StPO gilt. Zur letztendlichen Klärung wird dann weiter auf § 395 Absatz 1 Nr. 1 Buchstabe a, Nr. 2 oder Absatz 2 Nr. 1 StPO verwiesen. Zur Verdeutlichung: Die Klärung der gleichen Frage, das Recht auf einen Anwalt bei der polizeilichen Vernehmung, ist für den Täter eindeutig in § 140 StPO geregelt, die so genannte „notwendige Verteidigung".

Auch sind die, im Zusammenhang mit Opfern verwandten Begriffe, nicht einheitlich. Das deutsche Recht nennt zwar den Begriff Opfer, sagt allerdings nicht, wer unter dem Begriff zu verstehen ist. Traditionell wird im Deutschen Recht seit jeher anstelle vom Opfer vom Verletzten gesprochen.

Verletzter ist jeder, der hypothetisch oder tatsächlich durch eine behauptete Straftat in seinen Rechten, Rechtsgütern oder rechtlich anerkannten Interessen beeinträchtigt ist

In der rechtswissenschaftlichen Ausbildung kennt man den Begriff der Opfer- und Verletztenrechte. Opfer- und Verletztenrechte sind alle die Verfahrensbeteiligungs-, Schutz- und Initiativrechte der zahllosen Menschen, die jedes Jahr durch eine Straftat geschädigt werden.

Der Begriff des Opfers wird zwar bereits im Opferentschädigungsgesetz von 1976 angesprochen. Was ein Opfer im Rechtssinne ist, ist jedoch weder dort noch in später folgenden Gesetzen wie z. B. dem Opferschutzgesetz von 1986 oder dem Opferrechtsreformgesetz von 2004 definiert. Diese Gesetze richten sich an Opfer, sagen aber nicht, wen sie darunter verstehen. Es blieb dem europäischen Recht vorbehalten, erstmals eine Definition des seit Jahren gebräuchlichen Begriffs zu schaffen. Im Rahmenbeschluss des Rates vom 15.3.2001 über die Stellung des Opfers im Strafverfahren wurde in Artikel 1 der Begriff des Opfers erstmalig eindeutig definiert:

Opfer ist eine natürliche Person, die einen Schaden, insbesondere eine Beeinträchtigung ihrer körperlichen oder geistigen Unversehrtheit, seelisches Leid oder einen wirtschaftlichen Verlust als direkte Folge von Handlungen oder Unterlassungen erlitten hat, die einen Verstoß gegen das Strafrecht eines Mitgliedsstaats darstellen.

I. Entwicklung der Opferrechte

Gerade der europarechtliche Rahmenbeschluss aus dem Jahr 2001 macht deutlich, dass die Rechtsstellung der Opfer eine vielschichtige Querschnittsthematik ist. Opfer- und Verletztenrechte finden sich in mehr als 50 verschiedenen Gesetzen, Verordnungen und Verwaltungsvorschriften der Europäischen Union, des Bundes und der Länder wieder. Die Entwicklung der heute anzutreffenden Rechtsstellung verlief nicht einheitlich, es gab dafür keinen entsprechenden Plan. Das hat zur Folge, dass es kein „Opfergesetzbuch" aus einem Guss gibt. Insbesondere gesellschaftliche Umdenkprozesse, initiiert und vorangetrieben von Hilfseinrichtungen für Opfer, führten zu dem Zustand, den wir heute haben.

Früher war der Verletzte – vor allem im Strafverfahren – nur Zeuge und Beweismittel im Rechtssinne. So wurde er vielfach auch behandelt. Dazu ein **Beispiel** aus der bundesdeutschen Justizgeschichte:

> Der Industriellensohn Richard Oetker wurde 1976 entführt und dabei schwer verletzt. Im Jahre 1979 fand die Gerichtsverhandlung, gegen den von der Polizei ermittelten Täter Dieter Zlof, vor dem Landgericht München statt. Das nach wie vor schwer gezeichnete Opfer musste in dem Verfahren als Zeuge aussagen.
>
> Als einer der drei Anwälte des Täters einen Größenvergleich der Hände des Angeklagten mit denen des Zeugen vorschlug, ging der Angeklagte zur Zeugenbank und presste seine Hand gegen die Hand des Opfers.

Die besondere Beachtung des Verletzten als eine Person, mit eigenen Rechten und eigener Rechtspersönlichkeit setzte erst etwa Mitte der 1970er Jahre ein. Die Opferhilfevereinigung „Weisser Ring" wurde gegründet. Durch wirksame Einzelfallhilfe sowie eine verstärkte Öffentlichkeitsarbeit wurden die Aufgaben und Anliegen der Opferhilfe und des Opferschutzes einem breiten Publikum bekannt gemacht. Am 16. Mai 1976 trat das „Gesetz über die Entschädigung für Opfer von Gewalttaten" in Kraft. Nach § 1 Absatz 1 OEG hat derjenige, der im Geltungsbereich des Gesetzes oder auf einem deutschen Schiff oder Luftfahrzeug infolge eines vorsätzlichen, rechtswidrigen, tätlichen Angriffs gegen seine oder eine andere Person oder durch dessen rechtmäßige Abwehr eine gesundheitliche Schädigung erlitten hat, einen sozialrechtlichen Entschädigungsanspruch.

Noch in den Jahren um 1984 herum wurde anlässlich des 55. Deutschen Juristentages ernsthaft über die Abschaffung der Nebenklage diskutiert. Dazu kam es nicht.

Das „Erste Gesetz zur Verbesserung der Stellung des Verletzten im Strafverfahren vom 18. Dezember 1986" trat am 1.4.1987 in Kraft (Opferschutzgesetz). Die geschilderten Strömungen zur Verbesserung des Opferschutzes traten hier erstmalig im Strafrecht bzw. Strafverfahrensrecht in Erscheinung. Die wichtigsten Änderungen beziehen sich auf den Schutz der Persönlichkeitssphäre der Geschädigten sowie auf das Recht auf Akteneinsicht. Der Verletzte wurde durch die Einfügung der §§ 406d bis 406h StPO ein selbstständiger Prozessbeteiligter. Von der Zulassung als Nebenkläger gem. §§ 395 ff. StPO hing nicht mehr die Beteiligung am Verfahren, sondern der Umfang seiner Befugnisse ab.

Am 1. Dezember 1998 trat das Zeugenschutzgesetz in Kraft. Dieses brachte erhebliche Besserstellungen für Verbrechensopfer. Es gilt zwar für alle Zeugen, betrifft in der praktischen Anwendung in der überwiegenden Zahl der Fälle die so genannten Opferzeugen, die durch eine Straftat besonders schwer betroffen sind. Dieses Gesetz brachte insbesondere Ergänzungen und Veränderungen der StPO. Der „Opferanwalt auf Staatskosten" wurde möglich, der bei schwersten Straftaten dem Verletzten auf seinen Antrag hin auf Kosten der jeweiligen Landeskasse beigeordnet werden kann, dazu ein **Beispiel** aus der anwaltlichen und gerichtlichen Praxis:

> Eine sechzigjährige Frau erschien Anfang des Jahres 2006 in einer Anwaltskanzlei und bat um Beratung. Die Frau, deren Gesicht durch Narben stark entstellt war, berichtete, dass sie im Jahre 1984 überfallen wurde und der Täter versuchte, sie zu töten, indem er mehrfach mit einem Vorschlaghammer auf ihren Kopf einschlug. Die Frau litt noch fast zwanzig Jahre nach der Tat an deren Folgen.
>
> Der Täter wurde ermittelt, ihm wurde ein Verteidiger zur Seite gestellt. Die Frau musste sich selbst um anwaltlichen Beistand kümmern und den Rechtsanwalt bezahlen.
>
> Im Rahmen der Strafverhandlung gegen den Täter trat die Frau als Nebenklägerin auf. Das Verfahren ging durch zwei Instanzen, bis die Verurteilung des Täters wegen versuchten Totschlages rechtskräftig wurde. In einem gesonderten Zivilverfahren wurde der Täter zur Zahlung von Schmerzensgeld verurteilt. Auch dieses Verfahren ging durch zwei Instanzen. Der Täter wurde in allen Verfahren auch dazu verurteilt, die Kosten des Verfahrens, und damit auch die Rechtsanwaltskosten des Opfers zu zahlen. Weil der Täter aber mittellos war, blieb die Frau auf den Kosten sitzen und hatte mehrere Tausend DM an ihre Rechtsanwälte gezahlt.

Sofern sich die Tat nach 1998 ereignet hätte, wäre dem Opfer auf seinen Antrag hin ein Rechtsanwalt auf Kosten der jeweiligen

Landeskasse beigeordnet worden. Daneben wurde durch das Zeugenschutzgesetz vor allem der Schutz der Zeugen vor und während der Hauptverhandlung verbessert. Die Möglichkeiten der Videovernehmungen wurden rechtlich verankert.

Opferrechte sind nicht nur deutsches Recht. Sie ergeben sich auch aus dem Europarecht. Auf Initiative Portugals erging auf europäischer Ebene der bereits erwähnte Rahmenbeschluss des Rates vom 15.3.2001 über die Stellung des Opfers im Strafverfahren. Dieser Rahmenbeschluss ist als Richtlinie auf dem Gebiet der dritten Säule (Zusammenarbeit in den Bereichen Justiz und Inneres) in der Weise verbindlich, dass die Mitgliedsstaaten die zu erreichenden Ziele beachten müssen. Hinsichtlich der Formen und Mittel der Umsetzung behalten die Mitgliedstaaten aber Gestaltungsfreiheit nach Maßgabe der bestmöglichen Zielerreichung. Ziel ist die Achtung und Anerkennung von Opfern dahin gehend, dass Mitgliedsstaaten in ihren Strafrechtssystemen diesen „Mindeststandards" tatsächlich und angemessen Rechnung tragen. Aus diesem Rahmenbeschluss sind folgende „Auflagen" für die Mitgliedsstaaten hervorzuheben:

- Das Opfer ist während des Verfahrens mit der **gebührenden Achtung** seiner persönlichen Würde zu behandeln.
- Das Opfer hat umfangreiche **Informationsrechte**.
- Es ist ein angemessenes **Schutzniveau** für die Opfer und ihre Familien hinsichtlich der persönlichen Sicherheit und des Schutzes ihrer Privatsphäre sicherzustellen.
- Die Opfer haben ein Recht auf **Entschädigung** im Rahmen des Strafverfahrens.
- Die Opfer haben ein Recht auf **Auslagenersatz** für rechtmäßige Verfahrensbeteiligung

Das „Gesetz zur Verbesserung des zivilrechtlichen Schutzes bei Gewalttaten und Nachstellungen sowie zur Erleichterung der Überlassung der Ehewohnung bei Trennung" (Gewaltschutzgesetz) trat am 1.1.2002 in Kraft. Das Gewaltschutzgesetz soll vor allem die Problematik der häuslichen Gewalt zugunsten der Opfer verbessern, seine Reichweite ist jedoch nicht nur darauf beschränkt. Auch den Opfern von Stalking kann hierdurch geholfen werden.

Im Gesetz zur Verbesserung der Rechte von Verletzten im Strafverfahren (Opferrechtsreformgesetz – OpferRRG) vom 24.6.2004, welches am 1.9.2004 in Kraft getreten ist, stärken die wichtigsten Neuregelungen des Opferrechtsreformgesetzes vor allem die rechtliche Situation der Opfer und Verletzten im Strafverfahren. So soll u. a. gefördert werden, dass Schmerzensgeldansprüche des Opfers im Strafverfahren grundsätzlich mit entschieden werden. Dies erfolgt im Adhäsions- oder Anhangsverfahren der §§ 403 bis 406 c Strafprozessordnung. Es bietet dem Opfer die Möglichkeit, seine zivilrechtlichen Ansprüche auf Schadensersatz und Schmerzensgeld, die normalerweise vor den Zivilgerichten zu verfolgen wären, bereits im Strafverfahren geltend zu machen. Ein gesonderter Zivilprozess ist dann nicht notwendig.

Diese besondere Verfahrensart hat eine wechselvolle Geschichte hinter sich und kann als Beispiel dafür gelten, wie langwierig der Weg sein kann, opferfreundlichen Regelungen mehr Akzeptanz zu verschaffen. Das Adhäsionsverfahren wurde bereits 1943 in die Strafprozessordnung aufgenommen. Die damalige Einführung ist nicht unter dem Einfluss nationalsozialistischer Ideologie entstanden. Sie gilt in erster Linie als Versuch, eine alte Rechtstradition wiederzubeleben. Denn historisch betrachtet wurde kein Neuland betreten, vielmehr handelte es sich um die Einführung einer Verfahrensart, die schon im gemeinen Recht bekannt war und bis 1877 in den Partikulargesetzbüchern des 19. Jahrhunderts eine Rolle spielte. So erklärt sich auch, dass das Adhäsionsverfahren in der Neufassung der Strafprozessordnung durch das Vereinheitlichungsgesetz von 1950 nach dem Ende des 2. Weltkriegs erhalten blieb. Ein rechtsvergleichender Blick auf andere europäische Rechtsordnungen zeigt, dass nicht nur in den Nachbarländern Deutschlands, sondern auch in dem romanischen Rechtsraum, sowie auch im angloamerikanischen und skandinavischen Bereich, eine Kompensation von Schaden im Strafverfahren vorgesehen ist.

Das Adhäsionsverfahren hatte bis vor einigen Jahren nur wenig praktische Bedeutung. Die Strafgerichte hatten von den weitreichenden Möglichkeiten wegen Nichteignung von einer Entscheidung abzusehen, häufigen Gebrauch gemacht. Deswegen dürften viele Verletzte keine Anträge gestellt haben; auch Rechtsanwälte hielten sich in der Beratung zurück. Außerdem hatte die zivilgerichtliche Streitwertgrenze die Durchführung der Adhäsionsverfahren vor den Amtsgerichten begrenzt. Insbesondere durch die Änderungen des Opferschutzgesetzes vom 18.12.1986, maßgeblich durch das Opferrechtsreformgesetz (OpferRRG) vom 26.4.2004 wurde versucht, dem Adhäsionsverfahren in der Gerichtspraxis mehr Bedeutung zu geben.

Das OpferRRG strebt an, dass das Verfahren die Regel und nicht mehr die Ausnahme ist. Die Möglichkeit der Gerichte, das Verfahren wegen vermuteter Verzögerung abzulehnen wurde eingeschränkt. Über Ansprüche auf Schmerzensgeld ist im Regelfall zu entscheiden. Grund-, Anerkenntnis-, und Teilurteile sind ebenso wie ein Vergleichsabschluss vorgesehen. Auch in Verfahren gegen Heranwachsende ist nunmehr das Adhäsionsverfahren uneingeschränkt zulässig. Dies wurde für das Recht des Adhäsionsverfahrens zuletzt durch das 2. Justizmodernisierungsgesetz vom 22.12.2006 eingeführt.

Die beschriebene Entwicklung im Bereich des Adhäsionsverfahrens macht anschaulich, wie mühsam und langwierig es war und ist, den berechtigten Belangen der Opfer Geltung zu verschaffen. Gleiches gilt auch für die Nebenklage in Verfahren gegen Jugendliche. Seit langem forderten vor allem Opferhilfeverbände, dass auch in den Jugendstrafverfahren die Nebenklage zugelassen werden soll. Argumentiert wurde im Wesentlichen damit, dass so dem Jugendlichen die Folgen seines Tuns anschaulich vor Augen geführt werden können. Dem entgegnend stützten die Kritiker ihre ablehnenden Stellungnahmen vor allem darauf, dass dadurch das Ziel des Jugendgerichtsgesetzes (JGG), der Erziehungsgedanke, und nicht die Bestrafung des Jugendlichen, preisgegeben werde. Heraus kam ein Kompromiss. Die Nebenklage gegen Jugendliche wurde im Vergleich zu den Nebenklagemöglichkeiten in Verfahren gegen Erwachsene stark eingeschränkt zugelassen. Voraussetzung ist ein Verbrechen gegen das Leben, die körperliche Unversehrtheit oder die sexuelle Selbstbestimmung. Zusätzlich wird verlangt, dass das Verbrechen das Opfer seelisch oder körperlich schwer geschädigt oder einer solchen Gefahr ausgesetzt hat.

Ein weiteres gesellschaftliche Phänomen, dass in den vergangenen Jahren stärker wahrgenommen wurde, ist das so genannte Stalking. Der Begriff stammt aus der englischen Jägersprache und bedeutet Anpirschen oder Anschleichen. Stalking ist dadurch gekennzeichnet, dass die zu 85% weiblichen Opfer gegen ihren Willen fortgesetzt bedroht, belästigt oder verfolgt werden, was im allgemeinen Sprachgebrauch auch als Psychoterror bezeichnet wird.

Ziel des Stalkers ist zumeist, das Opfer zur Aufnahme oder Fortsetzung einer Beziehung zu bewegen. Die einzelnen Handlungen reichen von häufigen Telefonanrufen zu jeder Tages- und Nachtzeit, dem Übersenden von E-Mails, SMS oder Briefen, der Übermittlung von Geschenken, dem Auflauern vor der Wohnung oder am Arbeitsplatz bis hin zu Zudringlichkeiten und tätlichen Angriffen. Durch ihre Häufigkeit und Kontinuität führen die einzelnen Handlungen, die jeweils für sich genommen zumeist als sozialadäquat angesehen werden können und deshalb in der Vergangenheit nicht strafbewehrt waren, zu unzumutbaren Beeinträchtigungen sowie einer erzwungenen Veränderung der Lebensumstände des Opfers. So verlassen manche Opfer aus Angst vor dem Täter kaum mehr ihre Wohnung, brechen soziale Kontakte ab und sehen sich gezwungen, ihren Telefonanschluss, ihre Arbeitsstätte oder sogar ihren Wohnort zu wechseln.

Studien zur Verbreitung von Stalking wurden erstmals in den USA bekannt. Auf Initiative des Bundeslandes Hessen, unterstützt durch das Land Niedersachsen, wurde jüngst die Diskussion um die Einführung eines speziellen Stalkingtatbestands in dem StGB mit einem, zwischen Bund und Ländern erzielten, Kompromiss abgeschlossen. Die entsprechende Strafvorschrift ist am 31.3.2007 in Kraft getreten. Durch das Gesetz zur Strafbarkeit beharrlicher Nachstellungen (40. StrÄndG) vom 22.3.2007 wurde mit § 238 StGB ein eigener Straftatbestand eingeführt. In besonders schweren Fällen kann sich daraus ein Haftgrund wegen Wiederholungsgefahr ergeben. § 238 StGB wurde in den Katalog der Delikte, bei denen eine Nebenklage zulässig ist, aufgenommen.

Trotz der unbestrittenen, teilweise guten Rechtsstellung von Opfern von Straftaten, bestehen nach wie vor Defizite.

II. Recht auf umfassende Informationen über Opfer- rechte

Die Opfer müssen natürlich wissen, dass sie überhaupt eigene Rechte haben. Ihnen diese mitzuteilen, ist gesetzliche Pflicht. In § 406 der StPO heißt es dazu:

(1) Der Verletzte ist auf seine Befugnisse nach den §§ 406d, 406e, 406f und 406g sowie auf seine Befugnis, sich der erhobenen öffentlichen Klage als Nebenkläger anzuschließen (§ 395) und die Bestellung oder Hinzuziehung eines Rechtsanwalts als Beistand zu beantragen (§ 397a), hinzuweisen.

(2) Der Verletzte oder sein Erbe ist in der Regel und so früh wie möglich darauf hinzuweisen, dass und in welcher Weise er einen aus der Straf- tat erwachsenen vermögensrechtlichen Anspruch nach den Vorschriften des Dritten Abschnitts geltend machen kann.

(3) Der Verletzte soll auf die Möglichkeit, Unterstützung und Hilfe auch durch Opferhilfeeinrichtungen zu erhalten, hingewiesen werden.

Ohne Information gibt es keine Rechte. Zuständig dafür ist die mit dem Verfahren befasste Stelle, also im Ermittlungsverfahren die Staatsanwaltschaft, nach Erhebung der öffentlichen Klage das Gericht. Die Staatsanwaltschaft prüft, ob die Polizei bereits belehrt hat, notfalls holt sie die Belehrung nach. In Nr. 173 der RiStBV wird diese Pflicht näher konkretisiert. Die RiStBV sind die Richtli- nien für das Straf- und Bußgeldverfahren. Sie sind eine Art Dienst- anweisung, vornehmlich für die Staatsanwaltschaft.

In der Praxis werden den Opfern regelmäßig standardisierte For- mulare ausgehändigt. Diese sind oftmals nur schwer verständlich. Für die Betroffenen wünschenswert ist eine klare Sprache. Wel- ches Opfer weiß, was unter „vermögensrechtlichen" Ansprüchen zu verstehen ist und was die „Vorschriften des Dritten Abschnitts" sind? Gemeint ist damit das Adhäsionsverfahren in den §§ 403 ff. der StPO, in dem die Ansprüche auf Schadensersatz, die aus der Straftat resultieren, geltend gemacht werden können.

III. Opferrechte sind Antragsrechte

Wenn das Opfer dann ein solches Informationsformular in der Hand hat, ist ihm damit noch nicht wirklich geholfen. Das Opfer muss jetzt selbst aktiv werden, um die ihm zustehenden Rechte zu nutzen. Ansonsten würde es im Verfahren ausnahmslos passiv behandelt werden. Das Opfer muss also regelmäßig einen, oder je nach Verfahrensstand mehrere Anträge stellen. **Opferrechte sind Antragsrechte**

Ohne einen entsprechenden Antrag gibt es im Verfahren weder Beteiligungs-, Schutz-, noch Initiativrechte. Dies setzt genaue Kenntnis der vielfältigen rechtlichen Möglichkeiten und Ansprüche voraus. Daran mangelt es allerdings in der Praxis vielfach. Opferhilfereinrichtungen können und dürfen nur abstrakt auf die vielfältigen Möglichkeiten hinweisen. Auf Nachfrage geben sie aber einen Tipp, mit welchem Rechtsanwalt sie gute Erfahrungen gemacht haben. Zweckmäßiger sollte ein auf Opfervertretung spezialisierter Rechtsanwalt nach einer Erstberatung darüber entscheiden, ob überhaupt und wenn ja, welche Anträge gestellt werden. Eine pauschale Antragstellung ist nicht in Betracht zu ziehen. Jeder Opferfall ist anders. Daher ist eine individuelle Beratung und daran angepasste Antragstellung notwendig.

Es stellt sich natürlich die Frage, warum überhaupt ein Antrag? Denn natürlich geht jeder, dem ein Unrecht widerfahren ist, davon aus, dass die Staatsanwaltschaft und vor allem die Gerichte von sich aus das Opfer beraten und schützen. Schließlich haben sie doch gegenüber den Beteiligten im Verfahren eine Fürsorgepflicht.

Das ist an sich richtig. Ob dem Opfer allerdings derartiger Schutz, beispielsweise durch einen Ausschluss der Öffentlichkeit in der Gerichtsverhandlung während der Vernehmung des Vergewaltigungsopfers, ohne einen ausdrücklichen Antrag des anwaltlich nicht vertretenen Opfers gewährt wird, hängt in der Praxis davon ab, ob die Ermittlungsbehörden, insbesondere die Polizei oder andere Verfahrensbeteiligte die Schutzbedürftigkeit erkennen und berücksichtigen.

Opfer, Opferhilfeeinrichtungen und Opferanwälte müssen jedoch immer wieder das Gegenteil feststellen. Neben den zwischenmenschlichen Umgangs- und Einfühlungsdefiziten der Prozessbeteiligten kommt hinzu, dass die Opfer oft nichts von ihren Rechten wissen, weil sie entweder gar nicht oder nicht verständlich informiert werden. Ein weiterer Grund dafür liegt in der gesetzlichen Systematik und den unterschiedlichen Rollen im Prozess und Verfahren. Die Staatsanwaltschaft soll in erster Linie die Tat gemeinsam mit der Polizei aufklären und dafür sorgen, dass der Täter zur Rechenschaft gezogen wird. Der Verteidiger des Angeklagten hat allein die Aufgabe für seinen Mandanten das für ihn Beste – in der Regel einen Freispruch – herauszuholen. Das Gericht hat die Aufgabe zu entscheiden, Recht zu sprechen. Da gerät das Opfer dann sehr schnell an den Rand der Aufmerksamkeit. Ein oder mehrere gezielte Anträge verändern dies sofort zum Positiven. Das Opfer rückt aus der Randstellung in die Rolle des aktiven Verfahrensbeteiligten. Im Gerichtssaal wird das dann auch optisch deutlich. Im Falle einer Nebenklage ist das Opfer Verfahrensbeteiligter mit ähnlichen Rechten wie die Staatsanwaltschaft. Sein Platz ist im Gerichtssaal deshalb an der Seite der Staatsanwaltschaft.

Es ist daher unbedingt empfehlenswert, sich durch einen spezialisierten Rechtsanwalt beraten und dann ggf. vertreten zu lassen.

IV. Anspruch auf ein faires Verfahren

Nicht nur der Täter, auch das Opfer hat das Recht auf ein faires Verfahren. Die Konvention zum Schutze der Menschenrechte und Grundfreiheiten (MRK) vom 4.11.1950 – ein völkerrechtlicher Vertrag, dem derzeit 45 von 46 Mitgliedsstaaten des Europarats beigetreten sind – regelt in Art. 6 das Recht auf ein faires Verfahren und lautet:

> Jede Person hat ein Recht darauf, dass über Streitigkeiten in Bezug auf ihre zivilrechtlichen Ansprüche und Verpflichtungen oder über eine gegen sie erhobene strafrechtliche Anklage von einem unabhängigen und unparteiischen, auf Gesetz beruhendem Gericht in einem fairen Verfahren, öffentlich und innerhalb angemessener Frist verhandelt wird.

Das Recht auf ein faires, rechtsstaatliches Verfahren und der Verfassungsgrundsatz des rechtlichen Gehörs gelten im gesamten Strafverfahren, also auch im Adhäsionsverfahren und für die alle dort am Verfahren Beteiligten. Bei nicht anwaltlich vertretenen Antragstellern folgt dies zudem aus der richterlichen Fürsorgepflicht. Nicht nur dem Angeklagten, sondern auch dem Opfer als Nebenkläger, Zeuge oder Antragsteller im Adhäsionsverfahren ist in jedem Stadium des Verfahrens rechtliches Gehör zu gewähren. Dies gilt vor allem vor ihn belastenden oder nachteiligen Entscheidungen.

B. Stalking, Gewalt- und Sexualverbrechen als strafbare Handlungen

Im Strafgesetzbuch (StGB) steht bekanntlich, was verboten ist. Dort werden die weitaus meisten denkbaren nicht gewünschten Lebenssituationen erfasst, die verboten und damit strafbar sind. Damit ein Täter überhaupt bestraft werden kann, müssen zunächst als Mindestvoraussetzung vom Täter die im Gesetz beschriebenen Merkmale erfüllt worden sein. Man spricht auch vom objektiven Tatgeschehen bzw. Tatbestand.

I. Was kennzeichnet eine strafbare Handlung?

Damit ein Täter für seine Tat vom Strafgericht zur Verantwortung gezogen werden kann, müssen verschiedene Voraussetzungen vorliegen. Zunächst muss der Tatbestand eines oder mehrerer Gesetze erfüllt sein. Solche Tatbestände können beispielsweise die Körperverletzung, die Vergewaltigung oder die Bedrohung sein; §§ 223, 177, 240 StGB. Als ein Beispiel zur Verdeutlichung schauen wir uns den des § 238 StGB an. Der Grundtatbestand der Nachstellung, üblicherweise heute als Stalking bezeichnet, ist im § 238 Absatz 1 StGB geregelt und hat folgenden Inhalt:

§ 238 StGB. [Nachstellung]. (1) Wer einem Menschen unbefugt nachstellt, indem er beharrlich

1. seine räumliche Nähe aufsucht,
2. unter Verwendung von Telekommunikationsmitteln oder sonstigen Mitteln der Kommunikation oder über Dritte Kontakt zu ihm herzustellen versucht,
3. unter missbräuchlicher Verwendung von dessen personenbezogenen Daten Bestellungen von Waren oder Dienstleistungen für ihn aufgibt oder Dritte veranlasst, mit diesem Kontakt aufzunehmen,

4. ihn mit der Verletzung von Leben, körperlicher Unversehrtheit, Gesundheit oder Freiheit seiner selbst oder einer ihm nahe stehenden Person bedroht oder

5. eine andere vergleichbare Handlung vornimmt

und dadurch seine Lebensgestaltung schwerwiegend beeinträchtigt, wird mit Freiheitsstrafe bis zu drei Jahren oder mit Geldstrafe bestraft.

Juristen nennen diese Beschreibung den objektiven Tatbestand. Mit der Beschreibung im Tatbestand sollte eigentlich für Jedermann klar sein, was er darf und was nicht. Die genaue Beurteilung ist aber meistens nicht so einfach. Bei näherem Hinsehen und Überlegen fällt bereits auf, dass bestimmte Begriffe nicht von Jedem gleich verstanden werden können. Gelegentlich sollen sie dies auch nicht. Die nähere Ausgestaltung soll dann der Praxis überlassen bleiben.

In fast jedem Tatbestand des Strafgesetzbuchs, so auch in dem der Nachstellung bzw. des Stalking, gibt es einige unbestimmte Rechtsbegriffe, die die Anwendung der (neuen) Vorschrift erschweren. Unbestimmte Rechtsbegriffe sind solche, die noch der weiteren Auslegung bedürfen. Die juristische Methodik des Umgangs mit unbestimmten Rechtsbegriffen erfolgt zunächst durch eine Kommentierung in den einschlägigen Kommentierungen des StGB und den juristischen Fachzeitschriften sowie der Konturierung durch die Entscheidungen der Gerichte. Am Beispiel des Stalking-Paragraphen wird dies deutlich. Den durch einen Kompromiss im Gesetzgebungsverfahren zustande gekommenen Straftatbestand gibt es erst seit kurzem. Rechtsprechung der Gerichte ist dazu noch nicht ergangen. Dies kann wegen der Dauer der Verfahren auch noch nicht der Fall sein. Stütze dieser Rechtsprechung sind dann die Kommentierungen zum Strafgesetzbuch sowie einzelne Veröffentlichungen zu diesem Thema in der juristischen Fachliteratur. Die Gerichte greifen in aller Regel auf Kommentare zurück. Naturgemäß erscheinen solche Werke in periodischen Abständen. Das hat zur Folge, dass oftmals ein sehr langer Zeitraum vergeht, bis die eine oder andere Frage geklärt ist. Beispielsweise war der neue Straftatbestand des Stalking bis Ende des Jahres 2007 nur in einem einzigen Kommentar zum Strafgesetzbuch, einem Online-Kommentar, kommentiert (BeckOK-StGB, Verlag C. H. Beck).

1. Vorsatz und Fahrlässigkeit

Neben den objektiven Tatbestandsmerkmalen muss auch der subjektive Tatbestand gegeben sein. Der Täter muss bei der Tatausführung vorsätzlich gehandelt haben. Das bedeutet, dass er alle Umstände kennt und sie will. Sofern der Täter nicht mit diesem juristisch definierten Wissen und Wollen gehandelt hat, ist er möglicherweise fahrlässig vorgegangen. Fahrlässiges Verhalten ist nur dann strafbar, wenn es im Gesetz ausdrücklich erwähnt ist. Dazu heißt es in § 15 StGB:

> Strafbar ist nur vorsätzliches Handeln, wenn nicht das Gesetz fahrlässiges Handeln ausdrücklich mit Strafe bedroht.

Grundsätzlich wird also nur vorsätzliches Handeln bestraft. Es gibt aber Ausnahmen. Dann ist auch fahrlässiges Verhalten strafbar. Um diese Frage zu klären, muss im Gesetz immer genau nachgeschaut werden, ob fahrlässiges Verhalten überhaupt strafbar ist. Fahrlässiges Stalking oder fahrlässige Sexualstraftaten gibt es nicht. Dagegen ist im Bereich der Körperverletzungs- und Tötungsdelikte fahrlässiges Verhalten ausdrücklich unter Strafe gestellt, §§ 222, 229 StGB.

Die Einzelheiten dazu sind juristisch sehr komplex und in den Detailfragen umstritten. Oft ist es auch eine Frage der tatsächlichen Feststellungen. Folgendes **Beispiel** aus der Praxis – der Fall wurde vor dem Amtsgericht Lingen verhandelt – soll dies verdeutlichen.

> Eine junge Praktikantin geht mit ihrem Ausbilder in einen Therapieraum. Er will ihr absprachegemäß eine besondere Behandlungstechnik zeigen. Plötzlich „befingert" er die Frau gegen ihren Willen. Die Tür zu dem Raum ist während der Tatausführung abgeschlossen. Vor diesem Raum ist ein Gang, den Patienten und andere Personen benutzen.
>
> Der Täter versuchte im Gerichtsprozess glaubhaft zu machen, dass er die Tür nur zugeschlossen hat, um nicht von außen bei der Übung gestört zu werden. Es war im Rahmen der Beweisaufnahme im Gerichtsverfahren sehr schwierig, ihm die vom Gesetz geforderten Tatbestandsmerkmale zu beweisen.
>
> Um wegen Vergewaltigung bestraft zu werden, muss der Täter entweder Gewalt, eine Drohung mit gegenwärtiger Gefahr für Leib oder Leben des Opfers zielgerichtet eingesetzt haben, um die sexu-

elle Handlung zu erzwingen. Ausreichend wäre auch, dass er eine Lage ausgenutzt hat, in der das Opfer seiner Einwirkung schutzlos ausgeliefert ist.

2. Rechtswidrigkeit und Schuld

Wenn ein Verhalten einen Tatbestand erfüllt, also vorsätzliches oder fahrlässiges Verhalten des Täters festgestellt wird, reicht dies für eine Bestrafung noch nicht aus. Um eine Strafe aussprechen zu können, muss das Gericht zunächst noch feststellen, dass der Täter rechtswidrig gehandelt hat. Ist diese Feststellung getroffen worden, ist in einem abschließenden Schritt zu klären, ob der Täter individuell verantwortlich ist; er muss schuldhaft gehandelt haben.

Zunächst aber zur Rechtswidrigkeit. Diese entfällt, wenn ein Rechtfertigungsgrund eingreift. Die bekanntesten Rechtfertigungsgründe sind die Notwehr und der rechtfertigende Notstand.

§ 32 StGB. [Notwehr]. (1) Wer eine Tat begeht, die durch Notwehr geboten ist, handelt nicht rechtswidrig. (2) Notwehr ist die Verteidigung, die erforderlich ist, um einen gegenwärtigen rechtswidrigen Angriff von sich oder einem anderen abzuwenden.

§ 34 StGB. [Rechtfertigender Notstand]. [1]Wer in einer gegenwärtigen, nicht anders abwendbaren Gefahr für Leben, Leib, Freiheit, Ehre, Eigentum oder ein anderes Rechtsgut eine Tat begeht, um die Gefahr von sich oder einem anderen abzuwenden, handelt nicht rechtswidrig, wenn bei Abwägung der widerstreitenden Interessen, namentlich der betroffenen Rechtsgüter und des Grades der ihnen drohenden Gefahren, das geschützte Interesse das beeinträchtigte wesentlich überwiegt. [2]Dies gilt jedoch nur, soweit die Tat ein angemessenes Mittel ist, die Gefahr abzuwenden.

Bei Sexualstraftaten, insbesondere der Vergewaltigung, ist die Rechtswidrigkeit der Tathandlung so gut wie immer gegeben. Es gibt keine sexuelle Handlung, die erforderlich wäre, um damit ein anderes anerkanntes Rechtsgut zu verteidigen. So ist es zumindest in unserer Rechtsordnung, obwohl der eine oder andere, bei unbefangenem Wahrnehmen unserer Medienlandschaft, möglicherweise einen anderen Eindruck gewonnen haben könnte. Gemeint sind die Fälle der Verteidigung der Familienehre durch Tötung einer Frau, die sich vor Verheiratung oder gegen den Willen der Familie mit einem anderen Mann sexuell eingelassen hat.

In unserer Rechtsordnung sind weder Notwehr noch rechtfertigender Notstand oder ein anderer Rechtfertigungsgrund anerkannt, der es rechtfertigen würde, dass eine Frau oder ein Mädchen zur Verteidigung der Familienehre getötet werden darf. Das Verhalten der betreffenden Frauen ist im Übrigen nach unserer Rechtsauffassung anerkanntermaßen schon gar keine Ehrverletzung, die überhaupt verteidigt werden müsste.

Die vorgenannten Rechtfertigungsgründe, insbesondere der der Notwehr, greifen auch zugunsten des Opfers. Dazu folgendes Beispiel:

> Eine 21-jährige Frau wird auf dem Nachhauseweg von einem Mann angesprochen, kurz danach bedrängt er sie und versucht sie, gegen ihren Willen, zu berühren. Die Frau schlägt ihm auf die Hände. Als er nicht aufhört und sie massiver bedrängt, schlägt sie ihm mit der Faust ins Gesicht. Der Täter erleidet eine Platzwunde am Auge.
>
> Es wäre der Tatbestand der Körperverletzung gem. § 223 StGB erfüllt. Der Mann blutet, er ist verletzt. Damit ist er, rechtlich betrachtet, an der Gesundheit beschädigt. Die Frau wollte ihn auch verletzen, er sollte sie ja in Ruhe lassen. Vorsatz dürfte also auch vorliegen.
>
> Die Frau hat aber nicht rechtswidrig gehandelt. Ihr Handeln war erforderlich, um einen gegenwärtigen Angriff auf sich abzuwehren. Der Täter selbst handelte rechtswidrig, er hatte kein Recht, die Frau gegen ihren Willen zu berühren.

Sofern der Täter für sich keinen Rechtfertigungsgrund in Anspruch nehmen kann, ist die Rechtswidrigkeit seines Handelns nachgewiesen. Bestraft werden kann er aber nur, wenn er dafür persönlich verantwortlich ist, d.h. wenn er schuldhaft gehandelt hat. Nach unserer Rechtsordnung wird nicht die Tat als solche, sondern der Täter wegen der verbotenen Tatbegehung bestraft. Der Täter muss schuldfähig sein. Schuldfähig ist der Täter, wenn er dazu fähig ist, das Unrecht seines Verhaltens zu erkennen und nach dieser Erkenntnis zu handeln. Allerdings kann diese Fähigkeit dauerhaft oder vorübergehend aufgehoben oder gemindert sein. Geregelt sind diese Zustände in den §§ 20, 21 StGB:

§ 20 StGB. [Schuldunfähigkeit wegen seelischer Störungen]. Ohne Schuld handelt, wer bei Begehung der Tat wegen einer krankhaften seelischen Störung, wegen einer tief greifenden Bewusstseinsstörung oder

wegen Schwachsinns oder einer schweren anderen seelischen Abartig-
keit unfähig ist, das Unrecht der Tat einzusehen oder nach dieser Einsicht zu handeln.

§ 21 StGB. [Verminderte Schuldfähigkeit]. Ist die Fähigkeit des Täters, das Unrecht der Tat einzusehen oder nach dieser Einsicht zu handeln, aus einem der in § 20 bezeichneten Gründe bei Begehung der
Tat erheblich vermindert, so kann die Strafe nach § 49 Abs. 1 gemildert
werden.

In der Gerichtspraxis ist es üblich, dass sich das Gericht exter-
ner Sachverständiger bedient, um die oft sehr schwierige Frage der
Beurteilung der Schuldfähigkeit und der sich daraus ergebenden
Konsequenzen, wie mit dem möglicherweise schuldunfähigen, aber
dennoch gefährlichen Täter, weiter verfahren werden kann, zu beurteilen und letztlich entscheiden zu können.

3. Wie wird der Täter bestraft?

Auch die Bestrafung des Täters ist ein weites und juristisch
schwieriges Feld. Sowohl für die Opfer als auch für die Öffentlichkeit sind die Entscheidungen der Gerichte manchmal nur schwer
nachzuvollziehen oder zu verstehen. Das Gericht muss bei der
Strafzumessung alle Umstände abwägen, die für und gegen den Täter sprechen. Die gesetzliche Vorschrift dazu ist § 46 StGB:

§ 46 StGB. [Grundsätze der Strafzumessung]. (1) [1]Die Schuld des
Täters ist Grundlage für die Zumessung der Strafe. [2]Die Wirkungen, die
von der Strafe für das künftige Leben des Täters in der Gesellschaft zu
erwarten sind, sind zu berücksichtigen.

(2) [1]Bei der Zumessung wägt das Gericht die Umstände, die für und
gegen den Täter sprechen, gegeneinander ab. [2]Dabei kommen namentlich in Betracht:

– die Beweggründe und die Ziele des Täters,
– die Gesinnung, die aus der Tat spricht, und der bei der Tat aufgewen-
  dete Wille,
– das Maß der Pflichtwidrigkeit,
– die Art der Ausführung und die verschuldeten Auswirkungen der Tat,
– das Vorleben des Täters, seine persönlichen und wirtschaftlichen Verhältnisse sowie
– sein Verhalten nach der Tat, besonders sein Bemühen, den Schaden
  wieder gutzumachen, sowie das Bemühen des Täters, einen Ausgleich
  mit dem Verletzten zu erreichen.

(3) Umstände, die schon Merkmale des gesetzlichen Tatbestandes sind, dürfen nicht berücksichtigt werden.

Ein anderes für Opfer oftmals kaum nachvollziehbares Verständnisproblem entsteht, wenn zwar gerichtlich klargestellt wurde, dass der Täter den objektiven und den subjektiven Tatbestand erfüllt hat, seine Tat nicht durch einen Rechtsfertigungsgrund gerechtfertigt ist und zu seinen Gunsten auch kein Schuldausschließungsgrund nach dem Strafgesetzbuch (auch so etwas gibt es, § 35 StGB regelt den entschuldigenden Notstand) eingreift, er aber dennoch nicht verurteilt wird, weil er schuldunfähig im Sinne des bereits erwähnten § 21 StGB ist. In einem solchen Fall gibt es für das Gericht nur folgende zwingende Konsequenz: „Der Angeklagte wird freigesprochen". Dazu wiederum ein Fall aus der Gerichtspraxis, der vor dem Landgericht Osnabrück verhandelt wurde:

Der Täter war der Vergewaltigung und des versuchten Mordes angeklagt. Nach der Anklage hatte er seine Ehefrau zunächst brutal vergewaltigt und sie dann einige Tage später an ihrer Arbeitsstelle aufgesucht, wo er mehrfach mit einem Messer auf sie einstach und eintrat. Die Frau erlitt lebensgefährliche Verletzungen, sie musste mehrere Wochen im Krankenhaus behandelt werden. Im Rahmen der Beweisaufnahme kam ein vom Gericht bestellter Sachverständiger zu dem Ergebnis, dass der Täter im Sinne von § 20 StGB schuldunfähig sei. Er begründete dies mit einem Eifersuchtswahn. Staatsanwalt und Gericht folgten dieser Einschätzung. Konsequenz: Freispruch. Das Opfer hat diesen Prozessausgang bis zum heutigen Tage nicht verstanden. Die Frau konnte nicht verstehen, dass jemand trotz nachgewiesener Straftaten nicht verurteilt wird.

Ein Freispruch bedeutet aber nicht zwangsläufig, dass der Täter auf freien Fuß kommt oder bleibt. Sofern von ihm Gefahren ausgehen, kommen wegen der besonderen Gefährlichkeit präventive, freiheitsentziehende Maßnahmen in Betracht.

In dem konkreten Fall hatte das Gericht wegen der (vom Gutachter festgestellten) vom Täter für die Frau ausgehenden Gefährlichkeit eine Maßregel der Besserung und Sicherung ausgesprochen und ihn in einem geschlossenen psychiatrischen Krankenhaus untergebracht. Derartige freiheitsentziehende Maßregeln sind in den §§ 63 ff. des StGB geregelt:

§ 63 StGB. [Unterbringung in einem psychiatrischen Krankenhaus]. Hat jemand eine rechtswidrige Tat im Zustand der Schuldunfähigkeit (§ 20) oder der verminderten Schuldfähigkeit (§ 21) begangen, so ordnet das Gericht die Unterbringung in einem psychiatrischen Krankenhaus an, wenn die Gesamtwürdigung des Täters und seiner Tat ergibt, dass von ihm infolge seines Zustandes erhebliche rechtswidrige Taten zu erwarten sind und er deshalb für die Allgemeinheit gefährlich ist.

Weil die Voraussetzungen dafür vorlagen, wurde der Täter gem. § 63 StGB in einem psychiatrischen Krankenhaus untergebracht. § 63 StGB bezieht sich dabei auf den erwähnten § 20 StGB. So schließt sich der „juristische Kreis".

Es ist für Opfer in diesen oder ähnlichen Fällen, in denen die Entscheidung des Gerichts nur schwer nachvollziehbar ist, von elementarer Bedeutung, dass an ihrer Seite nicht nur eine Opferhilfeeinrichtung, sondern auch ein spezialisierter Opferanwalt steht. Ansonsten drohen für die Betreffenden weitere schlimme Folgen durch erneute Viktimisierungen.

Neben den freiheitsentziehenden Maßnahmen kennt das Gesetz noch weitere Maßregeln der Besserung und Sicherung. Welche dies sind, ist in § 61 StGB aufgelistet:

§ 61 StGB. [Übersicht]. Maßregeln der Besserung und Sicherung sind
1. die Unterbringung in einem psychiatrischen Krankenhaus,
2. die Unterbringung in einer Entziehungsanstalt,
3. die Unterbringung in der Sicherungsverwahrung,
4. die Führungsaufsicht,
5. die Entziehung der Fahrerlaubnis,
6. das Berufsverbot.

II. Wann ist Stalking strafbar?

Es ist nicht ganz einfach, juristisch genau zu erfassen wann Stalking vorliegt. Zur Verdeutlichung zunächst ein Beispiel aus der Alltagspraxis der Gerichte. Auch dieser Fall wurde vor dem Amtsgericht Lingen verhandelt:

Eine junge Frau ist Sängerin in einer Band. Einer der Zuhörer verliebt sich während eines Konzertes in die Frau. Er sucht in Konzerten ihre Nähe, fährt ihr hinterher und beobachtet sie zu Hause, ohne dass sie all dieses wahrnimmt. Eines Tages bemerkt die Frau, dass vor ihrem Bett auf dem Boden ein Foto ihres Freundes liegt. Das Glas des Rahmens ist zerbrochen. In den nächsten Tagen vermisst sie Unterwäsche und sie meint, dass andere Wäsche nicht mehr an der Stelle liegt, an der sie sie vorher hingelegt hatte. Tage danach erhält sie immer, wenn sie allein im Haus ist, Anrufe. Nach Abnehmen des Hörers wird allerdings aufgelegt. Da die Frau Angst bekommt, wendet sie sich an die Polizei. Ca. eine Woche später bemerkt die Frau abends Geräusche vor ihrem Haus. Plötzlich sieht sie eine Person, die mit einer Strumpfmaske maskiert ist, und einen Pflasterstein in der Hand hält. Die Person klingelt an der Haustür. Es gelingt der Frau, Hilfe zu holen. Der Täter gibt später im Gerichtssaal an, dass er zunächst in das Haus eingebrochen war und sich sicher war, dass auch die Frau ihn liebe. Darüber wollte er bei seinem zweiten Erscheinen mit ihr sprechen, als er maskiert und bewaffnet vor dem Haus stand.

Die Frau leidet noch heute unter Unruhe und Angst. Sie hat die Wohnung gewechselt.

Wie hat der Täter sich strafbar gemacht? Es kommen einige Tatbestände des Strafgesetzbuchs in Betracht: Einbruchsdiebstahl, Hausfriedensbruch, möglicherweise auch versuchte sexuelle Nötigung. Fraglich ist aber, ob sich der Täter auch wegen Stalking strafbar gemacht hat.

§ 238 StGB wurde mit Wirkung vom 31.3.2007 als eigener Straftatbestand in das Strafgesetzbuch eingefügt. Der neue Straftatbestand schützt die Freiheit der Lebensgestaltung, indem er unbefugte Nachstellungen durch beharrliche Begehung bestimmter im Gesetz beschriebener Verhaltensweisen, die die Lebensgestaltung des Opfers schwerwiegend beeinträchtigen, unter Strafe stellt. Das Phänomen Stalking in seinen zahlreichen Begehungsformen durch den Täter einerseits und den Auswirkungen auf das Opfer andererseits zu fassen, bereitet aufgrund dieser Komplexität Schwierigkeiten. Das Gesetz versucht dies mit einer Kombination aus der Tathandlung des Nachstellens auf der einen Seite und dem Taterfolg der schwerwiegenden Beeinträchtigung auf der anderen Seite zu erfassen.

Den Schwerpunkt des Tatbestandes bildet das Tatbestandsmerkmal des Nachstellens. Dieses Nachstellen wird durch weitere

Merkmale konkretisiert, in der die Hartnäckigkeit des Täters und die Häufigkeit seiner Belästigungen zum Ausdruck kommen. Demnach ist es erforderlich, dass der Täter die Varianten von § 238 Absatz 1 Nr. 1–5 StGB **beharrlich** verwirklicht. Die Nachstellungen müssen zudem **unbefugt** erfolgen.

(1) Wer einem Menschen unbefugt nachstellt, indem er beharrlich

1. seine räumliche Nähe aufsucht,
2. unter Verwendung von Telekommunikationsmitteln oder sonstigen Mitteln der Kommunikation oder über Dritte Kontakt zu ihm herzustellen versucht,
3. unter missbräuchlicher Verwendung von dessen personenbezogenen Daten Bestellungen von Waren oder Dienstleistungen für ihn aufgibt oder Dritte veranlasst, mit diesem Kontakt aufzunehmen,
4. ihn mit der Verletzung von Leben, körperlicher Unversehrtheit, Gesundheit oder Freiheit seiner selbst oder einer ihm nahe stehenden Person bedroht oder
5. eine andere vergleichbare Handlung vornimmt

und dadurch seine Lebensgestaltung schwerwiegend beeinträchtigt, wird mit Freiheitsstrafe bis zu drei Jahren oder mit Geldstrafe bestraft.

Es ist oftmals sehr schwierig festzustellen, ob ein einzelnes oder alle Merkmale eines Tatbestandes vorliegen. Die Tücke steckt oftmals im Detail der Auslegung und des Verständnisses der umschriebenen Handlungen.

Bevor wir uns diesem Thema näher zuwenden, ist wichtig zu wissen, dass die Straftat der Nachstellung bzw. des Stalking nach § 238 Absatz 1 StGB ein Antragsdelikt ist. Dies ergibt sich aus § 238 Absatz 4 StGB.

(4) In den Fällen des Absatzes 1 wird die Tat nur auf Antrag verfolgt, es sei denn, dass die Strafverfolgungsbehörde wegen des besonderen öffentlichen Interesses an der Strafverfolgung ein Einschreiten von Amts wegen für geboten hält.

Opfer sollten also immer beachten: Stalking wird in der Regel **nur auf Antrag** des Opfers verfolgt.

Dies bedeutet, dass die Strafverfolgung nur auf ausdrücklichen Wunsch des Opfers, erfolgt. In diesem Zusammenhang stellen sich, neben der Frage der zu beachtenden Fristen, auch solche, die damit zusammenhängen, ob eine Strafanzeige erstattet werden muss oder ob das Opfer eine eigene Strafbarkeit fürchten muss, wenn der Täter nicht verurteilt wird. Diese werden in Kapitel C. ausführlich behandelt.

Was nun genau ist Stalking im Rechtssinne, und wann sind die einzelnen Tatbestandsmerkmale als objektive Voraussetzung für eine Strafbarkeit des Täters gegeben? Die genaue Bestimmung ist der jeweiligen Tatbestandsmerkmale ist noch schwierig. Die Vorschrift ist noch „jung" und folglich gibt es kaum Kommentierungen oder Gerichtsentscheidungen. Eine relativ präzise Einschätzung ist aber möglich.

Der Begriff des **Nachstellens** umschreibt sämtliche Handlungen, die „darauf ausgerichtet sind, durch unmittelbare oder mittelbare Annäherungen an das Opfer in dessen persönlichen Lebensbereich einzugreifen und dadurch seine Handlungs- und Entschließungsfreiheit zu beeinträchtigen". So wurde es im Gesetzgebungsverfahren definiert (Bundestagsdrucksache 16/575, S. 7).

Die weitere Präzisierung erfolgt durch eine Prüfung der einzelnen Modalitäten des Nachstellens, die katalogartig in den Nr. 1 bis 5 des § 238 Absatz 1 StGB aufgeführt sind. Räumliche Nähe im Sinne der Nummer 1 setzt weder eine körperliche Berührung noch eine Kontaktaufnahme voraus. Zufällige Begegnungen, beispielsweise auf der Straße, sind ausgenommen, aber nur dann, wenn sie tatsächlich zufällig sind.

Bei dem Merkmal in Nr. 2, der **Kontaktaufnahme** mit dem Opfer, ist wichtig zu wissen, dass diese auch über Dritte erfolgen kann. Es ist nicht erforderlich, dass das Opfer darauf reagiert. Die Nr. 3 erfasst vor allem die besonders lästigen Fälle, wenn Waren oder Dienstleistungen auf den Namen des Opfers bestellt werden. Es ist die missbräuchliche Nutzung personenbezogener Daten des Opfers durch den Täter erfasst, durch die beispielsweise Lieferungen an das Opfer durch den Täter veranlasst werden. Auch Verhaltensweisen des Täters, durch die Dritte zu einer Kommunikation mit dem Opfer hervorgerufen werden, sind tatbestandsmäßig. Hierbei nimmt der Täter nicht selbst Kontakt mit dem Opfer auf, sondern nimmt hinter dessen Rücken Einfluss auf das soziale Umfeld des Opfers und veranlasst andere dazu, in einer bestimmten Weise auf das Opfer einzuwirken, z. B. durch Kontaktanzeigen mit dem Angebot sexueller Dienstleistungen und der Telefonnummer des Opfers, die wiederum nichts ahnende Dritte dazu veranlassen, zwecks Inanspruchnahme der sexuellen Dienstleistungen mit dem Opfer in Kontakt zu treten.

Während Nr. 4 die **Bedrohungen** erfasst, ist die Nr. 5 als Auffangtatbestand für solche Handlungen gedacht, die den vorgenannten in ihrer Intensität gleichzustellen sind. Als Beispiel dafür kommen sexuelle Belästigungen in Betracht, die noch nicht die Schwelle der Strafbarkeit eines speziellen Straftatbestands erreichen.

Der Täter muss dabei **beharrlich** vorgehen. Hier werden wieder die Schwierigkeiten mit diesem unbestimmten Rechtsbegriff deutlich. Beharrlich bedeutet ein wiederholtes Handeln oder andauerndes Verhalten, dass mit einer besonderen Hartnäckigkeit und einer gesteigerten Gleichgültigkeit des Täters gegenüber dem gesetzlichen Verbot ausgeführt wird. Wie oft dies sein muss, ist unklar. Sicher ist allein, dass es mehr als einmal sein muss. Im bereits erwähnten Gesetzgebungsverfahren wurden dafür fünf Handlungen bzw. Handlungsbündel verlangt. Es bleibt abzuwarten, wie die Gerichte dies sehen werden.

Zudem muss es weitere Indizien dafür geben, dass die **Gefahr weiterer Begehung** dieser Handlungen besteht. Ein wiederholtes Begehen ist zwar Voraussetzung für Beharrlichkeit, genügt aber allein nicht. Der Täter muss zudem aus seiner Missachtung des entgegenstehenden Willens oder einer Gleichgültigkeit gegenüber den Wünschen des Opfers heraus handeln und das mit Willen, auch in Zukunft sich entsprechend zu verhalten. Gleichzeitig ist der zeitliche Abstand der einzelnen Handlungen und deren innerer Zusammenhang zu beachten.

Weiterhin muss der Täter **unbefugt** handeln. Befugt handelt, wessen Verhalten gesetzlich erlaubt ist oder wer in zulässiger Weise seine Rechte ausübt. Klassischer Fall wäre ein Gerichtsvollzieher, der eine Forderung beitreiben will und mehrfach auf verschiedenen Wegen beim Schuldner erscheint oder mit ihm in Kontakt tritt.

Schließlich muss der Taterfolg eintreten. Die Handlungen müssen die **Lebensgestaltung des Opfers schwerwiegend beeinträchtigen**. Die bereits erwähnten Materialien im Gesetzgebungsverfahren führen auf der S. 8 der Bundestagsdrucksache einige Beispiele auf. So wird eine schwerwiegende Beeinträchtigung darin gesehen, wenn das Opfer sich nicht mehr aus der Wohnung oder dem Haus traut, die Wohnung wechselt oder den Arbeitsplatz. Nicht ausreichend ist danach die Einrichtung einer Fangschaltung zu Zwecken der Beweissicherung.

Darüber hinaus muss der Täter vorsätzlich handeln, er darf keinen Rechtfertigungsgrund haben und er muss schuldfähig sein.

Abschließend ist darauf hinzuweisen, dass das Stalking nach, über § 238 Absatz 1 StGB hinaus nach § 238 Absatz 2 und 3 StGB bei bestimmten Begehungsweisen oder Tatfolgen mit höheren Strafen bedroht ist.

(2) Auf Freiheitsstrafe von drei Monaten bis zu fünf Jahren ist zu erkennen, wenn der Täter das Opfer, einen Angehörigen des Opfers oder eine andere dem Opfer nahe stehende Person durch die Tat in die Gefahr des Todes oder einer schweren Gesundheitsschädigung bringt.

(3) Verursacht der Täter durch die Tat den Tod des Opfers, eines Angehörigen des Opfers oder einer anderen dem Opfer nahe stehenden Person, so ist die Strafe Freiheitsstrafe von einem Jahr bis zu zehn Jahren.

III. Wann sind Sexual- und Gewaltverbrechen strafbar?

Um die Frage beantworten zu können, wann Sexual- und Gewaltverbrechen als Straftaten bestraft werden können, ist klarzustellen, was sich hinter diesen Bezeichnungen verbirgt.

1. Was sind Sexual- und Gewaltverbrechen?

Wann im Rechtssinne von einem Sexual- oder Gewaltverbrechen gesprochen werden kann, ergibt sich ebenfalls aus dem Strafgesetzbuch. Dort sind die einzelnen Handlungen beschrieben, die verboten und damit zu unterlassen sind. Nicht jede Straftat ist ein Verbrechen, denn als Verbrechen werden nur diejenigen Straftaten bezeichnet, die mit einer Freiheitsstrafe von einem Jahr und darüber bestraft werden. Alles, was unter einem Jahr Freiheitsstrafe liegt, ist ein Vergehen. Diese Unterschiede werden im § 12 des StGB definiert:

§ 12 StGB. [Verbrechen und Vergehen]. (1) Verbrechen sind rechtswidrige Taten, die im Mindestmaß mit Freiheitsstrafe von einem Jahr oder darüber bedroht sind.

(2) Vergehen sind rechtswidrige Taten, die im Mindestmaß mit einer geringeren Freiheitsstrafe oder die mit Geldstrafe bedroht sind.

(3) Schärfungen oder Milderungen, die nach den Vorschriften des Allgemeinen Teils oder für besonders schwere oder minder schwere Fälle vorgesehen sind, bleiben für die Einteilung außer Betracht.

Sexual- und Gewaltverbrechen sind als solche im Gesetz nicht ausdrücklich erwähnt. Das Gesetz kennt nur die jeweiligen einzelnen Tatbestände. Die Straftaten gegen die sexuelle Selbstbestimmung sind im Dreizehnten Abschnitt des StGB erfasst. Es sind insgesamt 27 einzelne Bestimmungen in den §§ 174 bis 184f StGB. Zentrale Vorschrift ist § 177 StGB. Nach herkömmlichem Verständnis sind die meisten dieser Delikte auch Gewaltverbrechen. § 177 StGB führt das Tatbestandsmerkmal der Gewalt explizit auf. Die Mindeststrafe beträgt ein Jahr Freiheitsstrafe. Dies ergibt sich aus der Formulierung „nicht unter". Ansonsten gilt ebenso wie bei der Strafvorschrift des Stalking, dass jede Handlung des Täters die Tatbestandsmerkmale der jeweiligen Strafvorschrift erfüllen muss. Weitere Gewaltverbrechen sind nach verbreitetem Verständnis auch solche Delikte wie Tötungs-, Raub- und Erpressungsstraftaten sowie bestimmte Körperverletzungen, mithin alle Formen von strafbaren Handlungen, bei denen mit irgendeiner Art von Gewalt oder Drohung mit einem Übel für Leib oder Leben unmittelbar oder mittelbar auf einen Menschen eingewirkt wird. Eine Vielzahl dieser Straftatbestände sind mit einer Mindeststrafe von einem Jahr Freiheitsstrafe bewehrt und damit auch ein Verbrechen im Rechtssinne.

2. Voraussetzungen der Strafbarkeit von Sexual- und Gewaltverbrechen

Der zentrale Tatbestand ist der der sexuellen Nötigung bzw. Vergewaltigung nach § 177 StGB.

Bevor wir uns auch hier die Einzelheiten näher anschauen, sollen einige immer noch und immer wieder anzutreffende, falsche Vorstellungen ausgeräumt werden. Diese beziehen sich darauf, was strafbar ist oder was nicht. Dazu folgendes **Beispiel**:

M und F sind miteinander verheiratet und leben seit vielen Jahren in einer gemeinsamen Wohnung. Im Laufe der Jahre wird M zunehmend gewalttätiger. F muss erdulden, dass M sie häufiger schlägt und bedroht, weil sie ihn verlassen will. Weil er sie aber oft geschlagen hat, kann F auch keine sanften Berührungen von ihm mehr ertragen und ekelt sich davor, mit ihm zu schlafen. Immer wenn M mit ihr schlafen will, bringt er ihr einen bunten Blumenstrauß mit. Bei einer solchen Gelegenheit hält sie es nicht mehr aus und sagt ihm, dass sie keinen Geschlechtsverkehr mit ihm haben will. Er fordert „sein eheliches Recht". Sie weigert sich nach wie vor. M wird trotzdem zudringlich und hört nicht auf, sie zu bedrängen. Er schlägt ihr ins Gesicht und hält ihre Arme fest. Sie wehrt sich, doch er ist stärker. Er drückt ihr brutal die Oberschenkel auseinander und dringt gegen ihren Willen in sie ein. Auch hört er nicht darauf, als sie ihn anfleht, aufzuhören und heftig weint. In ähnlicher Form geht es die nächsten Wochen zwischen den beiden weiter.

M weist F darauf hin, dass es zu ihren ehelichen Pflichten gehöre, mit ihm zu schlafen, wenn er es wolle. Die junge Frau stellt sich die Frage, ob seine Aussage richtig ist oder ob er sich vielleicht doch strafbar gemacht hat.

Die Antwort vorweg: Die Ansicht des Mannes ist falsch. Sein Verhalten ist als Vergewaltigung strafbar. Daneben kommen noch Körperverletzung und Nötigung in Betracht. Dass der Täter solche Auffassungen hat, kommt nicht von ungefähr. Vergewaltigung in der Ehe ist noch nicht solange strafbar. Gerade der Vergewaltigungstatbestand unterliegt einem gesellschaftlichen Wandel. Zu Beginn des 20. Jahrhunderts hatten Ehefrauen, vor allem aber ihre Männer eheliche Rechte. Pflichten zu erfüllen, gehörte zur Ehe auch dazu. Die Frauen hatten meistens mehr Pflichten als Rechte. Da sexueller Verkehr zu den ehelichen Rechten des Mannes gehörte, nahm der Mann nur seine Rechte wahr, wenn er Sex von seiner Frau wollte, auch gegen ihren Willen. Die Frau war von Rechts wegen zum Sexualverkehr verpflichtet.

In unserem Kulturkreis und nach unserer Rechtsauffassung ist das überholt, allerdings in vielen Köpfen nach wie vor vorhanden.

Das StGB unterschied darüber hinaus zwischen Vergewaltigung als außerehelichen erzwungenen Geschlechtsverkehr und sexueller Nötigung (außereheliche sexuelle Handlungen wie anale oder orale Vergewaltigung), für die das Strafmaß geringer war als die vaginale Vergewaltigung. Nach dem 33. Strafrechtsänderungsgesetz 1998 wurde die anale und/oder orale Vergewaltigung der vaginalen Vergewaltigung gleichgesetzt. Die Formulierung des heutigen § 177 StGB berücksichtigt ferner den Umstand, dass auch Männer Opfer von Vergewaltigungen werden können. Vergewaltigung in der Ehe ist strafbar. Es gibt für die männlichen Täter keine sie schonende Sonderstellung mehr.

Die gesamte Vorschrift des § 177 StGB dient dem Schutz der sexuellen Selbstbestimmung innerhalb und außerhalb der Ehe. Täter können Männer und Frauen gleichermaßen sein, Opfer ebenfalls. Der Versuch ist immer strafbar. Dies ergibt sich aus den §§ 23 und 12 StGB. Danach ist der Versuch eines Verbrechens immer strafbar. Die Mindeststrafen liegen in jeder Tatbestandshandlung immer über einem Jahr Freiheitsstrafe. Während der Grundtatbestand der sexuellen Nötigung im Absatz 1 formuliert ist, führt der Absatz 2 in einer Regelbeispieltechnik die besonders schweren Fälle auf. Wiederum besondere Tatmodalitäten führen zu deutlich erhöhten Mindeststrafen, was sich aus Absatz 3 und 4 ergibt.

Es fällt sicherlich auf, dass dieser Aufbau der Vorschrift dem des § 238 StGB gleicht. Das ist kein Zufall. Es ist eine übliche und herkömmliche Gesetzestechnik nach einem Grundtatbestand weitere Tatmodalitäten in Qualifikationstatbeständen zu erfassen. § 177 StGB lautet insgesamt wie folgt:

§ 177 StGB. [Sexuelle Nötigung; Vergewaltigung]. (1) Wer eine andere Person
1. mit Gewalt,
2. durch Drohung mit gegenwärtiger Gefahr für Leib oder Leben oder
3. unter Ausnutzung einer Lage, in der das Opfer der Einwirkung des Täters schutzlos ausgeliefert ist,

nötigt, sexuelle Handlungen des Täters oder eines Dritten an sich zu dulden oder an dem Täter oder einem Dritten vorzunehmen, wird mit Freiheitsstrafe nicht unter einem Jahr bestraft.

(2) [1]In besonders schweren Fällen ist die Strafe Freiheitsstrafe nicht unter zwei Jahren. [2]Ein besonders schwerer Fall liegt in der Regel vor, wenn
1. der Täter mit dem Opfer den Beischlaf vollzieht oder ähnliche sexuelle Handlungen an dem Opfer vornimmt oder an sich von ihm vornehmen lässt, die dieses besonders erniedrigen, insbesondere, wenn sie

mit einem Eindringen in den Körper verbunden sind (Vergewaltigung), oder

2. die Tat von mehreren gemeinschaftlich begangen wird.

(3) Auf Freiheitsstrafe nicht unter drei Jahren ist zu erkennen, wenn der Täter

1. eine Waffe oder ein anderes gefährliches Werkzeug bei sich führt,
2. sonst ein Werkzeug oder Mittel bei sich führt, um den Widerstand einer anderen Person durch Gewalt oder Drohung mit Gewalt zu verhindern oder zu überwinden, oder
3. das Opfer durch die Tat in die Gefahr einer schweren Gesundheitsschädigung bringt.

(4) Auf Freiheitsstrafe nicht unter fünf Jahren ist zu erkennen, wenn der Täter

1. bei der Tat eine Waffe oder ein anderes gefährliches Werkzeug verwendet oder
2. das Opfer
   a) bei der Tat körperlich schwer misshandelt oder
   b) durch die Tat in die Gefahr des Todes bringt.

(5) In minder schweren Fällen des Absatzes 1 ist auf Freiheitsstrafe von sechs Monaten bis zu fünf Jahren, in minder schweren Fällen der Absätze 3 und 4 auf Freiheitsstrafe von einem Jahr bis zu zehn Jahren zu erkennen.

Um ebenfalls wie bei § 238 StGB ein Gefühl dafür zu entwickeln, wann ein Sachverhalt den Tatbestand des § 177 StGB erfüllt, auch einige Ausführungen dazu:

Für das Merkmal der Gewalt genügt heute jede gegen den Körper des Opfers gerichtete Einwirkung, die geeignet ist, den physischen oder psychischen Widerstand des Opfers von vornherein zu verhindern oder einen solchen aufzuheben bzw. zu überwinden. Das Merkmal der Gewalt ist wiederum ein unbestimmter Rechtsbegriff. Wann ein Täter mit Gewalt vorgegangen ist, wird das Opfer sehr leicht merken und beschreiben können. Juristisch war und ist der Gewaltbegriff aber im Grundsatz wie auch im Detail umstritten. Die Auslegung des Gewaltbegriffs war im Laufe der Zeit erheblichen Wandlungen unterworfen.

Für die Auslegung dieses unbestimmten Rechtsbegriffs und damit für die Feststellung der Strafbarkeit orientieren sich die Strafrichter meistens an der Rechtsprechung des Bundesgerichtshofs. Dieser hat Gewalt folgendermaßen definiert: „Gewalt ist körperlich wirkender Zwang durch die Entfaltung von Kraft oder durch sonstige physische Einwirkung, die nach ihrer Intensität und Wirkungsweise dazu geeignet ist, die freie Willensentschließung oder Willensbetätigung eines anderen zu beeinträchtigen." Die Gewalt als Willensbeugemittel wird dann noch zwischen der absoluten Gewalt (vis absoluta) und der kompulsiven Gewalt (vis compulsiva) unterschieden. Man brauchte früher diese Unterscheidung beispielsweise dafür, um zu klären, welcher Gewaltbegriff für den Nötigungstatbestand des § 240 StGB vorliegen muss. Heute wird auch das zielgerichtete Einsperren als Gewalt definiert, ebenso ein heftiges Stoßen auf ein Bett oder das Festhalten der Arme, wenn diese zur Gegenwehr eingesetzt werden. Gewalt liegt aber nicht vor, wenn sich diese gegen Sachen richtet.

Denkbar wäre allenfalls eine Drohung. Das Gesetz spricht aber von einer solchen mit gegenwärtiger Gefahr für Leib oder Leben. Dagegen muss sich die Drohung richten, etwa „Ich schlag dich kaputt" oder ähnliche Redewendungen gegen Leib oder Leben.

Das Merkmal des Ausnutzens einer Lage erfasst vor allem die räumlichen Situationen, in denen das Opfer dem ungehemmten Einfluss des Täters ausgesetzt ist. Zu denken wäre hier an einen einsamen Parkplatz, einen einsamen Waldweg oder die Schlafkabine eines Lkw. Erfasst werden aber auch die Fälle, in denen das Opfer hilflos gemacht wurde, z. B. wenn ihm vorher K.-o.-Tropfen verabreicht wurden.

Eine besondere Schwierigkeit für die juristische Bewertung einer Handlung ergibt sich in der Abgrenzung zwischen Versuch und der Vollendung der Vergewaltigung. Befragungen wie „Wie weit war er drin" oder „Beschreiben sie das ganz genau" werden von Opfern verständlicherweise nicht nur als peinlich oder unangenehm, sondern auch als überflüssig angesehen. Letzteres sind solche Fragen aber nicht. Dahinter steckt die für das Gericht und auch den Täter außerordentlich wichtige Frage, wie und wenn ja, wie hart der Täter bestraft werden soll. Ein Versuch ist in aller Regel milder als eine vollendete Tat zu bestrafen. So will es das Gesetz, § 23 Absatz 2 StGB.

Deutlich wird, dass sich die Juristen die Feststellung, ob und wann eine Handlung strafbar ist, nicht einfach machen. Nulla poena sine lege, keine Strafe ohne Gesetz, so Art. 103 Absatz 2 des Grundgesetzes:

Eine Tat kann nur bestraft werden, wenn die Strafbarkeit gesetzlich bestimmt war, bevor die Tat begangen wurde.

Die genaue Klärung ist aber nicht nur für den Täter wichtig. Sie ist es mindestens genauso für das Opfer, dem Verletzten im Sinne des deutschen Strafprozessrechts. Davon hängen seine Rechte ab. Die Zuordnung der einzelnen Tathandlungen zu einzelnen Strafvorschriften ist der entscheidende Anknüpfungspunkt dafür, ob das Opfer überhaupt, und wenn ja, welche Rechte es aufgrund der an ihm begangenen Straftat hat. Sie präjudiziert sowohl die Rechte des Opfers als auch die Möglichkeiten zur aktiven Beteiligung in den einzelnen Verfahrensstadien. Die Zuordnung entscheidet beispielsweise auch über die oftmals entscheidende Frage, ob eine Nebenklage zulässig ist und wer die Kosten des Rechtsanwaltes für die Vertretung dieser Nebenklage übernimmt.

Ganz wichtig ist außerdem, dass Handlungen unter Erwachsenen nur dann strafbar sind, wenn sie gegen den Willen des Opfers erfolgen. In der Rechtsprechung der Gerichte gilt mittlerweile, dass dafür ein einfaches Nein genügt. Generell gilt aber für die Strafbarkeit des Täters in allen Situationen, dass das Opfer sich nicht wehren muss, um Opfer einer Sexualstraftat zu sein.

Problematisch sind jedoch die Fälle, in denen sich zwei Menschen zunächst einverständlich näher kommen und dann ein Nein geäußert wird. Zu denken ist an solche Situationen, in denen erst mit voller Einwilligung geknutscht oder Petting durchgeführt werden und sich dann der Willen ändert. Im juristischen Sinne sind daran Beteiligte in solchen Situationen gut beraten, ein Nein nicht als Vielleicht oder Ja, sondern als Nein zu verstehen und sofort aufzuhören. Auch daran wird der gesellschaftliche Wertewandel deutlich.

Sexualstraftaten an Kindern und Jugendlichen sowie anderen besonders Schutzbedürftigen werden in gesonderten Straftatbeständen erfasst. Deren Wahrnehmungen und die Anforderungen an erwartbares Abwehrverhalten sind anders als bei Erwachsenen. Daher gibt es besondere Strafvorschriften. Zentrale Vorschrift zum Schutz von Kindern ist § 176 StGB.

§ 176. [StGB Sexueller Missbrauch von Kindern]. (1) Wer sexuelle Handlungen an einer Person unter vierzehn Jahren (Kind) vornimmt oder an sich von dem Kind vornehmen lässt, wird mit Freiheitsstrafe von sechs Monaten bis zu zehn Jahren bestraft.

(2) Ebenso wird bestraft, wer ein Kind dazu bestimmt, dass es sexuelle Handlungen an einem Dritten vornimmt oder von einem Dritten an sich vornehmen lässt.

(3) In besonders schweren Fällen ist auf Freiheitsstrafe nicht unter einem Jahr zu erkennen.

(4) Mit Freiheitsstrafe von drei Monaten bis zu fünf Jahren wird bestraft, wer

1. sexuelle Handlungen vor einem Kind vornimmt,
2. ein Kind dazu bestimmt, dass es sexuelle Handlungen vornimmt, soweit die Tat nicht nach Absatz 1 oder Absatz 2 mit Strafe bedroht ist
3. auf ein Kind durch Schriften (§ 11 Abs. 3) einwirkt, um es zu sexuellen Handlungen zu bringen, die es an oder vor dem Täter oder einem Dritten vornehmen oder von dem Täter oder einem Dritten an sich vornehmen lassen soll, oder
4. auf ein Kind durch Vorzeigen pornografischer Abbildungen oder Darstellungen, durch Abspielen von Tonträgern pornografischen Inhalts oder durch entsprechende Reden einwirkt.

Diese Vorschrift macht deutlich, dass Kinder vom Gesetz besonders geschützt werden, da Handlungen, die zwischen Erwachsenen erlaubt, im Verhältnis zu Kindern verboten sind.

Für andere Menschen, deren Willenskraft aufgrund von Abhängigkeitsverhältnissen oder gesundheitlichen Behinderungen eingeschränkt ist, gibt es ebenfalls zu deren Schutz besondere Strafvorschriften. So werden Personen in der Ausbildung, in der Schule oder Widerstandsunfähige in den Vorschriften der §§ 179 und 180 StGB geschützt.

C. Sollte das Opfer eine Strafanzeige erstatten?

Viele Opfer stellen sich die Frage, ob sie überhaupt eine Strafanzeige erstatten sollen, oder manchmal auch, ob sie eine Strafanzeige erstatten müssen. Dies gilt vor allem bei den Kontaktdelikten, wie den Sexualstraftaten, Stalking und häuslicher Gewalt. Daneben fragen sie sich, wie kommt ein Strafverfahren gegen den Täter in Gang und welchen Beitrag hat das Opfer dabei zu leisten?

Manche Verfahren kommen ohne einen ausdrücklichen Antrag des Opfers gar nicht in Gang. Andere wiederum, dazu zählen die Sexual- und Gewaltstraftaten, werden weitgehend „von Amts wegen" verfolgt. Dabei sind die weiteren Begriffe wie Strafanzeige, Strafantrag und Offizialdelikt von Bedeutung.

Um auf die Ausgangsfrage näher eingehen zu können, ist es hilfreich zu wissen, wie überhaupt ein Verfahren gegen den Täter in Gang kommt und was dabei zu beachten ist.

I. Amtliche Wahrnehmung

Ein Ermittlungsverfahren gegen einen Täter kann auf verschiedenen Wegen eingeleitet werden, oftmals durch Beobachtungen oder Ermittlungen der Verfolgungsorgane. Jede eigene Beobachtung eines so genannten Verfolgungsbeamten (Staatsanwalt oder Polizist) verpflichtet diesen, ein Ermittlungsverfahren einzuleiten, §§ 160, 163 StPO. Dabei ist es grundsätzlich gleichgültig, in welcher Art und Weise der Beamte von der Tat Kenntnis erlangte. Polizei und Staatsanwaltsanwaltschaft ermitteln von „von Amts wegen", d. h. sobald ein zuständiger Beamter von einer Straftat Kenntnis erlangt hat, hat er entsprechende Ermittlungen zur Aufklärung dieser Straftat zu führen. Dazu bedarf es eben nicht eines ausdrücklichen Strafantrages des Opfers.

II. Strafantrag, besonderes öffentliches Interesse und Offizialdelikte

Aus dem Gewaltmonopol des Staates, d. h. nur der Staat, und nicht die Bürger selbst, ist im Grundsatz zur Ausübung von Gewalt befugt, folgt, dass Straftaten grundsätzlich von Amts wegen verfolgt werden. Dies sind die Offizialdelikte. Bei bestimmten Delikten wird die Strafverfolgung jedoch davon abhängig gemacht, dass der durch die Straftat Verletzte deutlich macht, dass er überhaupt ein Interesse an der Strafverfolgung hat. Dieses Interesse wird durch die Stellung eines Strafantrages dokumentiert. Der Strafantrag kann nur durch die durch die Tat verletzten Personen gestellt werden. Dies signalisiert den Strafverfolgungsbehörden, dass das Opfer ausdrücklich deutlich macht, dass eine Strafverfolgung in dem ganz konkreten Fall stattfinden soll und dass es eine Bestrafung des Täters wünscht.

Der Strafantrag ist etwas anderes als die Strafanzeige. Eine **Strafanzeige** bedeutet nur, dass der Polizei oder der Staatsanwaltschaft mitgeteilt worden ist, dass eine Straftat vorliegen könnte. Sie ist der Hinweis oder die Meldung an die Strafverfolgungsbehörden, dass eine Straftat vorliegen könnte. Eine solche Strafanzeige kann von Jedermann erstattet werden.

Bei den Antragsdelikten wird das Opfer, also der Verletzte im Rechtssinne, bei der Anzeigeerstattung gefragt, ob es einen Strafantrag stellen will. Hier unterscheidet man die absoluten Antragsdelikte von den relativen Antragsdelikten. Es gibt die absoluten Antragsdelikte wie z. B. Hausfriedensbruch, § 123 StGB, oder Beleidigung § 185 StGB. Die Strafverfolgung ist nur durch einen Strafantrag des Opfers überhaupt möglich. Daneben gibt es die relativen Antragsdelikte wie z. B. die einfache Körperverletzung, § 223 StGB, die Sachbeschädigung gem. § 303 StGB, aber auch Stalking nach § 238 Absatz 4 StGB.

Strafverfolgungsvoraussetzung ist entweder ein Strafantrag des Opfers oder es muss aus Sicht des Staatsanwaltes ein besonderes öffentliches Interesse einer Strafverfolgung vorliegen.

Insbesondere wenn dem Opfer aufgrund der engen Beziehung zum Täter nicht zugemutet werden kann, einen Strafantrag zu stellen, kann die Staatsanwaltschaft ein besonderes öffentliches Interesse bejahen (Nr. 234 RiStBV). Außerdem liegt nach Nr. 234 RiStBV ein besonderes öffentliches Interesse einer Strafverfolgung von Körperverletzungen insbesondere auch dann vor, wenn der Täter einschlägig vorbestraft ist, besonders leichtfertig gehandelt hat oder durch die Tat eine erhebliche Verletzung verursacht hat. Diese Umschreibungen kennzeichnen häufig die Fälle der häuslichen Gewalt. Wenn die Staatsanwaltschaft der Ansicht ist, dass kein öffentliches Interesse an der Strafverfolgung vorliegt, wird das Strafverfahren nicht von Amts wegen durchgeführt. Es werden zwar in diesen Fällen auch die notwendigen Ermittlungen zur Aufklärung des Sachverhaltes erfolgen. Dem Verletzten wird jedoch dann der

Weg aufgezeigt, den staatlichen Strafanspruch im Wege der Privatklage ausnahmsweise selbst durchzusetzen, § 374 StPO. Das Opfer kann danach als Privatkläger die Stellung und Aufgaben der Staatsanwaltschaft in einem Strafverfahren übernehmen. Bevor es aber zum gerichtlichen Verfahren kommt, muss zunächst ein Sühneversuch vor einer Vergleichsstelle unternommen werden und erfolglos bleiben. Landläufig spricht man hier vom Schiedsmann. Ergänzende Angaben dazu finden sich in Kapitel N.

Es wurde aufgezeigt, dass bestimmte Delikte, wie eben der Hausfriedensbruch und die einfache Körperverletzung gem. §§ 123, 223 StGB und das Stalking nach § 238 Absatz 1 StGB nur aufgrund eines ausdrücklichen Strafantrages verfolgt werden. Diese Straftaten, die nur aufgrund eines Antrages des Verletzten, d. h. desjenigen, der von der Straftat betroffen ist, verfolgt werden, sind im jeweiligen Gesetz entsprechend gekennzeichnet. So lautet beispielsweise § 238 Absatz 4 StGB wie folgt:

(4) In den Fällen des Absatzes 1 wird die Tat nur auf Antrag verfolgt, es sei denn, dass die Strafverfolgungsbehörde wegen des besonderen öffentlichen Interesses an der Strafverfolgung ein Einschreiten von Amts wegen für geboten hält.

Damit die Strafverfolgungsbehörden diese Straftaten verfolgen können, ist also grundsätzlich ein Strafantrag des Verletzten erforderlich. Wer einen solchen Antrag stellen kann, bestimmt § 77 StGB. Neben dem Opfer selbst, dem Verletzten im Rechtssinne, können bei dessen Tod auch seine Hinterbliebenen einen Strafantrag stellen. Sofern das Opfer in seiner Geschäftsfähigkeit eingeschränkt ist, kann dessen gesetzlicher Vertreter den Antrag stellen.

§ 77 StGB. [Antragsberechtigte]. (1) Ist die Tat nur auf Antrag verfolgbar, so kann, soweit das Gesetz nichts anderes bestimmt, der Verletzte den Antrag stellen.

(2) [1]Stirbt der Verletzte, so geht sein Antragsrecht in den Fällen, die das Gesetz bestimmt, auf den Ehegatten, den Lebenspartner und die Kinder über. [2]Hat der Verletzte weder einen Ehegatten, oder einen Lebenspartner noch Kinder hinterlassen oder sind sie vor Ablauf der Antragsfrist gestorben, so geht das Antragsrecht auf die Eltern und, wenn auch sie vor Ablauf der Antragsfrist gestorben sind, auf die Geschwis-

ter und die Enkel über. [3]Ist ein Angehöriger an der Tat beteiligt oder ist seine Verwandtschaft erloschen, so scheidet er bei dem Übergang des Antragsrechts aus. [4]Das Antragsrecht geht nicht über, wenn die Verfolgung dem erklärten Willen des Verletzten widerspricht.

(3) Ist der Antragsberechtigte geschäftsunfähig oder beschränkt geschäftsfähig, so können der gesetzliche Vertreter in den persönlichen Angelegenheiten und derjenige, dem die Sorge für die Person des Antragsberechtigten zusteht, den Antrag stellen.

(4) Sind mehrere antragsberechtigt, so kann jeder den Antrag selbständig stellen.

Ein Strafantrag kann aber nur dann wirksam gestellt werden, wenn die dafür bestimmten Fristen eingehalten werden. Als Faustregel kann man sich merken, dass der Strafantrag innerhalb von drei Monaten nach der Kenntnis von Tat und Täter gestellt werden muss. Näheres regelt § 77b StGB:

§ 77b StGB. [Antragsfrist]. (1) [1]Eine Tat, die nur auf Antrag verfolgbar ist, wird nicht verfolgt, wenn der Antragsberechtigte es unterlässt, den Antrag bis zum Ablauf einer Frist von drei Monaten zu stellen. [2]Fällt das Ende der Frist auf einen Sonntag, einen allgemeinen Feiertag oder einen Sonnabend, so endet die Frist mit Ablauf des nächsten Werktags.

(2) [1]Die Frist beginnt mit Ablauf des Tages, an dem der Berechtigte von der Tat und der Person des Täters Kenntnis erlangt. [2]Hängt die Verfolgbarkeit der Tat auch von einer Entscheidung über die Nichtigkeit oder Auflösung einer Ehe ab, so beginnt die Frist nicht vor Ablauf des Tages, an dem der Berechtigte von der Rechtskraft der Entscheidung Kenntnis erlangt. [3]Für den Antrag des gesetzlichen Vertreters und des Sorgeberechtigten kommt es auf dessen Kenntnis an.

(3) Sind mehrere antragsberechtigt oder mehrere an der Tat beteiligt, so läuft die Frist für und gegen jeden gesondert.

(4) Ist durch Tod des Verletzten das Antragsrecht auf Angehörige übergegangen, so endet die Frist frühestens drei Monate und spätestens sechs Monate nach dem Tod des Verletzten.

(5) Der Lauf der Frist ruht, wenn ein Antrag auf Durchführung eines Sühneversuchs gemäß § 380 der Strafprozessordnung bei der Vergleichsbehörde eingeht, bis zur Ausstellung der Bescheinigung nach § 380 Abs. 1 Satz 3 der Strafprozessordnung.

III. Strafanzeige: Ja oder Nein?

Die Frage, ob eine Strafanzeige erstattet werden soll, ist genau zu überlegen und zu prüfen. Gerade bei Sexualstraftaten oder bei Straftaten, wo sich Täter und Opfer vorher gut kannten, sind immer wieder drei Fragestellungen zu bedenken: Erstens, soll überhaupt eine Aussage gemacht werden? Zweitens, kann die Tat bewiesen werden. Drittens, ob dem Opfer ein solches Verfahren gesundheitlich zugemutet werden kann. Eine Sexualstraftat bedeutet für jeden Betroffenen eine massive Verletzung der Persönlichkeit und der körperlichen Unversehrtheit. Die Tatsituation ist oftmals mit starken Ängsten, häufig mit Todesängsten und dem Gefühl völligen Kontrollverlustes über den eigenen Willen und den eigenen Körper verbunden. Oftmals gehen derartige Situationen mit weiteren Gewalttätigkeiten, oftmals im häuslichen Bereich, einher.

In einschlägigen wissenschaftlichen Untersuchungen ist festgestellt worden, dass die betroffenen Opfer zunächst oftmals gar nicht auf die Idee kommen, überhaupt eine Strafanzeige zu erstatten. Dieses erfolgt oftmals erst auf Hinweis von Personen, deren Hilfe man in Anspruch genommen hat oder die von der Tat erfahren haben. Viele Opfer von Sexualstraftaten fühlen sich einem Verfahren infolge der psychischen und körperlichen Tatfolgen nicht gewachsen, so dass die medizinische oder psychologische Behandlung der Tatfolgen zunächst vorrangig ist. Besteht dennoch der Wunsch, die Straftat anzuzeigen, sollte zunächst unbedingt professionelle Hilfe durch eine spezialisierte Einrichtung, einer Opferhilfeeinrichtung und einen Rechtsanwalt in Anspruch genommen werden. Nach einer Sexualstraftat stellen sich vielfältige Fragen, die sorgfältig gegeneinander abgewogen werden müssen. Auch stellt sich die Frage der Sicherung von Beweismitteln. Oftmals gibt es keine objektiven Beweismittel, d. h. keine Sachbeweise, sondern der Nachweis der Tat wird oftmals nur mit dem Körper oder nur durch die alleinige Aussage des Opfers geführt. Daneben sind insbesondere die psychische und physische Verfassung des Opfers und auch das Lebensumfeld zu berücksichtigen. Die Angst vor der Rache des Täters oder seines Umfeldes ist vor allem dann vorhanden, wenn die Tat besonders gewalttätig war, wenn Morddrohungen ausgesprochen wurden, dem Opfer die Gewalttätigkeit des Täters aus längerer Bekanntschaft offenkundig ist oder der Täter Beziehungen zu kriminellen Kreisen unterhält. Prognostisch ist jedoch die Wahrscheinlichkeit eines Übergriffs seitens des Täters nach einer Anzeige in vielen Fällen nur schwer einzuschätzen.

Daneben sind Scham- und Schuldgefühle typische Folgen von Sexualstraftaten. Sie sind häufig intensiv und beständig. Dieses muss professionell aufgefangen und begleitet werden. „Warum bin ich mit ihm in die Wohnung gegangen?", „Warum habe ich das nicht gleich gemerkt?" usw. sind Fragen, mit denen sich die Betroffenen immer wieder selbst Vorwürfe machen und die sie ebenfalls von ihrem sozialen Umfeld, den Behörden und der Öffentlichkeit erwarten. Sexualisierte Gewalt findet zum erheblichen Anteil in Familien, Beziehungen und im sozialen Umfeld von Frauen statt. Insbesondere bestehen hier viele Hemmungen, die Täter anzuzeigen. Diese Hemmungen resultieren manchmal aus einer wirtschaftlichen Abhängigkeit, aus Angst vor einem gesellschaftlichen und wirtschaftlichen Abstieg oder aus Sorge um gemeinsame Kinder oder den Verlust der Wohnung und der gewohnten Umgebung. Vielfach ist auch festzustellen, dass es Hoffnungen gibt, der Mann würde sich doch noch ändern.

Nach einschlägigen wissenschaftlichen Studien sinkt die Anzeigebereitschaft mit zunehmendem Bekanntheitsgrad zwischen Täter und Opfer. Daneben sind fehlende oder fehlerhafte Rechtskenntnisse, wie etwa falsche Vorstellungen über die Strafbarkeit einer Straftat, Annahme von Beweisproblemen, Verjährungsfristen, festzustellen. Nicht zuletzt ist es oft eine negative Einstellung zum Strafverfahren und ein mangelndes Vertrauen in die Behörden, das Frauen und Mädchen davon abhält, eine Anzeige zu erstatten. Diese Einstellung speist sich häufig aus negativen Erfahrungsberichten anderer Betroffener sowie aus der Medienberichterstattung. Dringend anzuraten ist daher eine qualifizierte und hoch professionelle Beratung und Betreuung. Dafür spricht zusätzlich, dass die Verfolgung von Straftaten und die Durchsetzung von Schadensersatz sowie von Schmerzensgeld nur innerhalb bestimmter Fristen möglich sind. Es gelten neben Verjährungsfristen auch Antragsfristen. Bei länger zurückliegenden Taten ist es unbedingt sinnvoll, zunächst im Rahmen einer rechtsanwaltlichen Beratung prüfen zu lassen, ob die entsprechenden Verjährungsfristen noch nicht abgelaufen sind. Die Verjährungsfristen im Strafverfahren betragen je nach Tatbestand 5 bis 30 Jahre.

§ 78 StGB. [Verjährungsfrist]. (1) [1]Die Verjährung schließt die Ahndung der Tat und die Anordnung von Maßnahmen (§ 11 Abs. 1 Nr. 8) aus. [2]§ 76a Abs. 2 Satz 1 Nr. 1 bleibt unberührt.

(2) [2] Verbrechen nach § 211 (Mord) verjähren nicht.

(3) Soweit die Verfolgung verjährt, beträgt die Verjährungsfrist

1. dreißig Jahre bei Taten, die mit lebenslanger Freiheitsstrafe bedroht sind,[3]

2. zwanzig Jahre bei Taten, die im Höchstmaß mit Freiheitsstrafen von mehr als zehn Jahren bedroht sind,

3. zehn Jahre bei Taten, die im Höchstmaß mit Freiheitsstrafen von mehr als fünf Jahren bis zu zehn Jahren bedroht sind,

4. fünf Jahre bei Taten, die im Höchstmaß mit Freiheitsstrafen von mehr als einem Jahr bis zu fünf Jahren bedroht sind,

5. drei Jahre bei den übrigen Taten.

(4) Die Frist richtet sich nach der Strafdrohung des Gesetzes, dessen Tatbestand die Tat verwirklicht, ohne Rücksicht auf Schärfungen oder Milderungen, die nach den Vorschriften des Allgemeinen Teils oder für besonders schwere oder minder schwere Fälle vorgesehen sind.

Die Berechnung von Verjährungsfristen sollte aber nur durch einen Rechts- oder Staatsanwalt erfolgen. Kirsten Stang und Ulrich Sachsse beschäftigen sich in ihrem Buch „Trauma und Justiz" ausführlich mit der Frage der Verjährung, insbesondere bei Sexualstraftaten. Ihr Fazit ist: „Verjährungsfristen sind in der Tat eine Wissenschaft für sich" und diese sollten auch nur von einem Rechtsanwalt und einem Staatsanwalt berechnet werden. Dem ist uneingeschränkt zuzustimmen, auch qualifizierte Opferhilfeeinrichtungen sind dazu nicht in der Lage. Ein Opfer sollte sich auf Auskünfte solcher Einrichtungen zu dieser Frage nicht verlassen. Entsprechendes gilt auch für die Polizei. Stang und Sachsse zeigen in ihrem Buch die Probleme anschaulich auf. Diese Problematik soll im Weiteren verdeutlicht werden, da sie häufig unterschätzt wird.

Die Verjährungsfrist beginnt mit der Beendigung der Tat. Dies ist bei einer Sexualstraftat an sich relativ einfach festzustellen. Schwieriger ist es beispielsweise bei einem Betrug. Diese Tat ist erst mit Schadenseintritt beendet. Das kann manchmal dauern. Bei Sexualstraftaten gibt es andere Kriterien. Eine Vergewaltigung verjährt nach 20 Jahren, § 78 Absatz 3 Nr. 2 StGB. Ein Kindesmissbrauch, der keine Vergewaltigung ist, verjährt nach zehn Jahren. Wenn das Opfer bei Beendigung der Tat aber noch keine 18 Jahre alt war, ruht die Verjährung; nach § 78b StGB solange, bis das Opfer 18 Jahre alt ist. Dann tritt die Verjährung ein, wenn das Opfer 28 oder 38 Jahre alt geworden ist, je nachdem welches Delikt begangen wurde. Noch komplexer wird die Berechnung der Verjährung, wenn Strafverfolgungsmaßnahmen gegen den Täter eingeleitet und geführt werden. Mit einer Strafverfolgungsmaßnahme beginnt die Verjährung neu. Das geht natürlich nicht unbegrenzt. Die absolute Grenze liegt beim Doppelten der Verjährungszeit. Schließlich ist für die Berechnung noch wichtig, wann die Tat passiert ist und welche Strafvorschrift zum Zeitpunkt der Tat galt, denn in den letzten Jahren gab es viele Änderungen im StGB.

Abschließend zu dieser Frage ein Beispiel aus dem Buch von Stang und Sachsse, S. 46:

> Am 1.3.2005 kommt Frau T, geboren am 10.9.79, zur Polizei und zeigt an, dass sie am 13.1.1989 vergewaltigt worden ist. Frau T. war damals neun Jahre alt, im Sinne des Gesetzes also ein Kind. Es handelte sich aber um eine Vergewaltigung nach § 177 StGB, die nach 20 Jahren verjährt. Nach altem Recht würde diese Tat also am 12.1.2009 um 24 Uhr verjähren. Sie hätte ab diesem Zeitpunkt nicht verfolgt werden können. Aber zum Zeitpunkt der Gesetzesänderung 1996 war die Tat noch nicht verjährt. Somit gilt die neue Rechtslage. Die Verjährung beginnt erst, als Frau T. 18 Jahre alt gewesen ist, präzise am 10.9.1997. Danach wäre die Verjährung zwanzig Jahre später, am 10.9.2017, erreicht. In jedem Fall ist die Tat zum Zeitpunkt der Anzeige noch nicht verjährt, sie kann verfolgt werden.

Sofern die Tat im Bereich der ehemaligen DDR begangen wurde, müsste noch der Einigungsvertrag zwischen der Bundesrepublik Deutschland und der DDR berücksichtigt werden. Dort sind Verjährungsfristen zusätzlich geregelt.

Die überwiegende Anzahl aller Ermittlungsverfahren wird aufgrund von Anzeigen eingeleitet. Diese können von Privat- oder

Amtspersonen ausgehen. Privatpersonen, die Kenntnis von einer bereits begangenen Straftat bekommen, damit auch die Opfer von Straftaten, haben grundsätzlich keine rechtliche Pflicht zur Strafanzeige. Dies gilt auch bei schwersten Fällen. Etwas anderes gilt allerdings gem. § 138 StGB für bestimmte bevorstehende Straftaten.

§ 138 StGB macht deutlich, dass bei bestimmten Delikten im Vorfeld die Pflicht für Jedermann besteht, eine Anzeige zu erstatten. Straftaten gegen die sexuelle Selbstbestimmung und Stalking sind dabei nicht erfasst, Raub, Menschenhandel oder Mord dagegen schon.

Im Nachhinein einer Straftat sind die Bürger grundsätzlich, somit auch die Opfer von Straftaten, rechtlich nicht verpflichtet, eine Strafanzeige zu erstatten. Anders ist die Rechtslage allerdings bei Personen, zu deren beruflichen Aufgaben es gehört, Straftaten zu verfolgen. Dies sind in aller Regel Polizeibeamte und Staatsanwälte. Diese haben gem. §§ 152, 163 StPO die gesetzliche Pflicht, alle Straftaten zu erforschen und zu verfolgen, sobald sie Kenntnis davon erlangt haben. Dies nennt man das Legalitätsprinzip. Es bedeutet, dass die Vorgenannten bei Kenntnis einer Straftat verpflichtet sind einzuschreiten. Dies könnte für ein Opfer problematisch werden. Dazu folgendes **Beispiel**:

> Eine Frau ist von einem ihr namentlich bekannten Täter aus dem Familienkreis mehrfach vergewaltigt worden. Die Taten belasten sich psychisch sehr und sie weiß nicht, was sie tun soll. In ihrer Not wendet sie sich an einen ihr bekannten Kriminalbeamten. Sie sucht diesen zu Hause auf. Der Beamte ist nicht im Dienst, als er die Informationen erhält. Nach Erhalt der Informationen schreibt der Beamte am nächsten Tag auf der Dienststelle eine Strafanzeige und veranlasst Ermittlungen gegen den Täter. Im weiteren Verlauf der Ermittlungen wird der Druck aus dem Familienkreis auf die Frau so groß, dass sie einen Nervenzusammenbruch erleidet und in ein Krankenhaus eingeliefert wird. Es ist zweifelhaft, ob sie überhaupt vor Gericht eine Zeugenvernehmung durchstehen wird. Die Frau wollte nur einen Rat, nun läuft ein für sie sehr belastendes Verfahren. Was ist passiert, und welche Konsequenzen ergeben sich für Opfer daraus?

Der Beamte hat korrekt gehandelt. Er war rechtlich verpflichtet, eine Strafanzeige zu erstatten. Dies, obwohl die Frau ihn privat angesprochen hat. Die Frage, wann eine Amtsperson, die außerhalb des Dienstes – so wie im Beispiel – von einer Straftat Kenntnis erlangt, eine Strafanzeige erstatten muss, ist umstritten. Ebenso umstritten ist die Frage, wenn die Kenntnis von einer Straftat außerdienstlich erlangt wird. Beispielsweise wird einem Polizisten auf einer privaten Feier von einem Sittlichkeitsverbrechen berichtet. Der Bundesgerichtshof geht nicht von einer generellen Verfolgungspflicht aus, sondern er nimmt eine Pflicht zum Einschreiten nur bei solchen Straftaten an, bei denen die Belange der Öffentlichkeit in besonderem Maße berührt sind. Dies ist in der Praxis bei einem Verbrechen, d. h. bei einer Straftat, die mit einer Freiheitsstrafe von mindestens einem Jahr bedroht wird, in aller Regel der Fall. Als Faustregel gilt somit, dass in den Fällen, in denen die Straftat ein Verbrechen ist, eine Pflicht zur Anzeige besteht, unabhängig davon, ob ein Verfolgungsbeamter dienstlich oder privat davon Kenntnis erhält.

Ein Großteil aller Sexual- und Gewaltverbrechen sind solche Straftaten, Stalking nur in den Fällen des § 238 Absatz 3 StGB, also beim Tod eines Menschen.

Der für das Opfer bessere Weg wäre gewesen, einen spezialisierten Rechtsanwalt und/oder eine qualifizierte Opferhilfeeinrichtung aufzusuchen, um sich dort zunächst beraten zu lassen und Hilfe zu holen. Dabei stellte sich die Frage, welche Hilfen und Beratungsleistungen ein Opfer durch eine Opferhilfeeinrichtung bekommen kann. Die Antwort hängt natürlich davon ab, welches Problem an die Einrichtung herangetragen wird und welche Organisation angesprochen wird. Da es bundesweit eine Vielzahl verschiedener Hilfsmöglichkeiten gibt, stellen wird beispielhaft die Hilfsmöglichkeiten des bundesweit tätigen Weissen Ring, der größten Opferhilfeorganisation Deutschlands, vor.

Der Weisse Ring (www.weisser-ring.de) hilft Opfern durch

- menschlichen Beistand und persönliche Betreuung nach der Straftat
- Hilfestellung im Umgang mit Behörden
- Vermittlung von Hilfen anderer Organisationen
- Vorbereitung auf und Begleitung zu Gerichtsterminen
- Unterstützung bei tatbedingten materiellen Notlagen

- Beratungsscheck für eine kostenlose Erstberatung bei einem frei gewählten Anwalt
- Übernahme weiterer Anwaltskosten, insbesondere zur Durchsetzung sozialrechtlicher Ansprüche (u. a. nach dem Opferentschädigungsgesetz/OEG) und zur Wahrung von Opferschutzrechten im Strafverfahren (Opferanwalt)
- Beratungsscheck für eine kostenlose psychotraumatologische Erstberatung bei seelischen Belastungen infolge der Straftat
- Erholungsmaßnahmen für Opfer und ihre Familien in bestimmten Fällen.

Für Niedersachsen gilt noch der ausdrückliche Hinweis auf die Stiftung Opferhilfe Niedersachsen (www.opferhilfe.niedersachen. de). Die Hilfsangebote der Stiftung Opferhilfe Niedersachsen entsprechen in weiten Teilen denen des Weissen Rings, gehen teilweise darüber hinaus. Beide Organisationen arbeiten in Niedersachsen eng zusammen.

Im 2. Teil dieses Buches finden sich am Ende der jeweiligen Kapitel noch weitere Hinweise auf Hilfseinrichtungen für bestimmte Zielgruppen.

IV. Muss das Opfer bei einer Anzeige eine Gegenanzeige fürchten?

Viele Opfer fragen sich, ob sie ihrerseits, im Falle dass dem Täter die Tat nicht nachgewiesen werden kann, mit strafrechtlichen Konsequenzen seitens der Staatsanwaltschaft oder dem Gericht rechnen müssen. In aller Regel müssen Opfer dies nicht befürchten, sofern die Anzeige gutgläubig erstattet worden ist. Eine eventuell vorliegende üble Nachrede wäre durch § 193 StGB gerechtfertigt, sofern der Verletzte (das Opfer) berechtige Interessen wahrgenommen hat. Dann wäre die Handlung vielleicht tatbestandsmäßig, mangels Rechtswidrigkeit käme eine Bestrafung aber nicht in Frage. Zugunsten des Opfers greift meistens der Rechtfertigungsgrund der Wahrnehmung berechtigter Interessen ein.

§ 193 StGB. [Wahrnehmung berechtigter Interessen]. Tadelnde Urteile über wissenschaftliche, künstlerische oder gewerbliche Leistungen, desgleichen Äußerungen, welche zur Ausführung oder Verteidigung von

Rechten oder zur Wahrnehmung berechtigter Interessen gemacht werden, sowie Vorhaltungen und Rügen der Vorgesetzten gegen ihre Untergebenen, dienstliche Anzeigen oder Urteile von seiten eines Beamten und ähnliche Fälle sind nur insofern strafbar, als das Vorhandensein einer Beleidigung aus der Form der Äußerung oder aus den Umständen, unter welchen sie geschah, hervorgeht.

Eine gutgläubig erstattete Strafanzeige führt auch nicht zu einem zivilrechtlichen Schadensersatzanspruch.

In der Praxis ist allerdings immer wieder festzustellen, dass die Täter nach einer Strafanzeige des Opfers eine **Gegenanzeige** wegen falscher Verdächtigung, übler Nachrede oder ähnlichem erstatten. Das Opfer sollte damit gelassen umgehen und die Angelegenheit mit seinem Opferanwalt besprechen. Erfahrungsgemäß gehen auch die Staatsanwälte mit solchen Dingen gelassen um. Sie müssen dem zwar nachgehen. In der Regel werden diese Ermittlungsverfahren gegen die Opfer aber gem. § 154e StPO eingestellt. Das bedeutet, es wird zunächst der Ausgang des vom Opfer angestrengten Ermittlungsverfahrens abgewartet. Meistens ist damit dann die Strafanzeige des Täters erledigt, weil ihr der Boden entzogen ist, da der Täter entweder verurteilt wurde oder im Falle der Nichtverurteilung die Gerichtsverhandlung gezeigt hat, dass das Opfer gutgläubig eine Strafanzeige erstattet hat.

D. Das Opfer als Zeuge und Beweismittel

Im Laufe eines Ermittlungs- und Gerichtsverfahren haben die Verfahrensbeteiligten unterschiedliche Bezeichnungen. Das Opfer kann zur Überführung des Täters den rechtlichen Status eines Beweismittels erlangen. Das Opfer, der Verletzte, ist nach einer Straftat aufgrund seiner Wahrnehmungen oder Spuren am Körper möglicherweise Zeuge in dem Strafverfahren gegen den Täter. Das Opfer wird zum Zeugen im Rechtssinne. Den Täter nennt man den während der ersten polizeilichen Ermittlungen Beschuldigten, sofern das Ermittlungsverfahren erkennbar gegen ihn betrieben wird. Sofern sich zum ersten Mal ein Gericht mit dem von der Staatsanwalt ermitteltem Sachverhalt beschäftigt, der diesem in einer Anklageschrift vorlegt wird, wird aus dem Beschuldigten der

Angeschuldigte. Wird die Anklage der Staatsanwaltschaft zugelassen und es kommt zu einer Gerichtsverhandlung gegen den Täter, spricht man vom Angeklagten. Dies ergibt sich aus § 157 StPO.

Um den Täter seiner Straftat zu überführen, kennt das Strafverfahren verschiedene Beweismittel: Sachbeweis, Zeugenbeweis, Sachverständigenbeweis und den Urkundsbeweis. Für die Opfer sind insbesondere der Sach- und der Zeugenbeweis wichtig.

Unter **Sachbeweis** versteht man die Dinge, die man unmittelbar direkt als so genanntes Augenscheinsobjekt oder als Foto zum Beweis vorlegen kann. An solchen können sich Spuren befinden, die untersucht werden können. So kann beispielsweise ein Tatmesser, eine Waffe oder auch ein Blatt Papier Spuren aufweisen, mit denen der Tatnachweis geführt werden kann.

Diese Gegenstände werden daher für das Verfahren als Beweismittel sichergestellt. Dies regelt § 94 StPO. Sofern das Opfer mit der Sicherstellung der Gegenstände nicht einverstanden ist, werden sie in aller Regel durch die Polizei beschlagnahmt. Dies bedeutet, dass die Gegenstände mitgenommen werden und ein Gericht später in aller Regel binnen drei Tagen die Beschlagnahme überprüfen und bestätigen muss, § 98 StPO. Regelmäßig sind die Opfer mit der Sicherstellung von Gegenständen einverstanden, sofern deutlich wird, dass die Sicherstellung dazu dient, den Täter zu überführen. An den Gegenständen könnten noch Spuren sein, die zum Beweis untersucht werden können und müssen, z.B. Fingerspuren, Blutspuren oder feinste Mikrospuren, sowie die so genannten DNA-Spuren.

Deshalb werden und müssen die Gegenstände sehr vorsichtig, am besten mit Handschuhen im Original gesichert werden. Dies hat den Zweck, dass die Polizei danach die Spuren noch abnehmen und gesondert durch Sachverständige untersuchen lassen kann. Wesentlich ist, dass möglichst Originale im unveränderten Zustand an Ort und Stelle belassen werden.

Körperliche Verletzungen sollten in aller Regel schnell und genau dokumentiert, sowie ärztlich untersucht und festgestellt werden.

Das Opfer ist zunächst im Ermittlungsverfahren der „Beleg, dass eine Straftat stattgefunden hat". Damit ist das Opfer auch Beweismittel. Das Opfer kann über das wahrgenommene Geschehen berichten. Man spricht dann vom **Zeugenbeweis**. Als solches ist es verpflichtet, wahrheitsgemäße Angaben zu machen, diese ggf. später bei Gericht zu beeiden und körperliche Untersuchungen an sich zu dulden. Man unterscheidet so genannte Augen- und Ohrenzeugen. Wenn das Opfer beispielsweise einer Freundin vom Geschehen erzählt, so ist die Freundin dann eine so genannte Zeugin vom Hörensagen. Hat die Freundin den Vorfall beobachtet, so ist diese Freundin eine so genannte Augenzeugin.

I. Recht auf Zeugnis- und Aussageverweigerung

Zeuge im Sinne der §§ 48 ff. StPO ist eine so genannte Beweisperson, die Auskunft über die Wahrnehmung von Tatsachen gibt. Ob der Zeuge die Wahrnehmung zufällig, aus eigenem Interesse, bei der Berufstätigkeit, als Augenscheinsgehilfe im Auftrage des Gerichts oder erst im Gerichtssaal gemacht hat, spielt keine Rolle. Sofern jemand von einer Straftat unmittelbar betroffen ist, kann er Zeuge, Verletzter und Opfer in einer Person sein. Der Zeuge muss zur richterlichen und staatsanwaltschaftlichen Vernehmung erscheinen und dort wahrheitsgemäß aussagen; ggf. muss er bei einer richterlichen Vernehmung seine Aussage auf Verlangen beeiden.

Dagegen muss der Zeuge aber nicht zu einer polizeilichen Vernehmung erscheinen. Eine dementsprechende gesetzliche Verpflichtung besteht zurzeit (noch) nicht. Sofern der Zeuge, was die Regel ist, auf eine polizeiliche Vorladung dort erscheint, so muss er selbstverständlich auch bei der Polizei wahrheitsgemäß aussagen.

Der Zeuge ist aber auch Träger von Rechten. Dem Zeugen stehen in bestimmten Konstellationen Zeugnisverweigerungs- und Aussageverweigerungsrechte zu. Die Unterschiede ergeben sich aus dem Gesetz. Die gesetzlichen Vorschriften sind weitgehend selbsterklärend, sie hängen von der beruflichen Tätigkeit und dem Grad der verwandtschaftlichen Beziehungen ab. Für Personen, die mit dem Beschuldigten verwandt sind, gilt § 52 StPO:

§ 52 StPO. [Zeugnisverweigerungsrecht aus persönlichen Gründen].
(1) Zur Verweigerung des Zeugnisses sind berechtigt
1. der Verlobte des Beschuldigten oder die Person, mit der der Beschul-

digte ein Versprechen eingegangen ist, eine Lebenspartnerschaft zu begründen;

2. der Ehegatte des Beschuldigten, auch wenn die Ehe nicht mehr besteht;

2a. der Lebenspartner des Beschuldigten, auch wenn die Lebenspartnerschaft nicht mehr besteht;

3. wer mit dem Beschuldigten in gerader Linie verwandt oder verschwägert, in der Seitenlinie bis zum dritten Grad verwandt oder bis zum zweiten Grad verschwägert ist oder war.

(2) [1]Haben Minderjährige wegen mangelnder Verstandesreife oder haben Minderjährige oder Betreute wegen einer psychischen Krankheit oder einer geistigen oder seelischen Behinderung von der Bedeutung des Zeugnisverweigerungsrechts keine genügende Vorstellung, so dürfen sie nur vernommen werden, wenn sie zur Aussage bereit sind und auch ihr gesetzlicher Vertreter der Vernehmung zustimmt. [2]Ist der gesetzliche Vertreter selbst Beschuldigter, so kann er über die Ausübung des Zeugnisverweigerungsrechts nicht entscheiden; das gleiche gilt für den nicht beschuldigten Elternteil, wenn die gesetzliche Vertretung beiden Eltern zusteht.

(3) [1]Die zur Verweigerung des Zeugnisses berechtigten Personen, in den Fällen des Absatzes 2 auch deren zur Entscheidung über die Ausübung des Zeugnisverweigerungsrechts befugte Vertreter, sind vor jeder Vernehmung über ihr Recht zu belehren. [2]Sie können den Verzicht auf dieses Recht auch während der Vernehmung widerrufen.

Die Zeugnisverweigerungsrechte, die sich aus der beruflichen Tätigkeit ergeben, sind in § 53 StPO geregelt:

§ 53 StPO. [Zeugnisverweigerungsrecht aus beruflichen Gründen].
(1) [1]Zur Verweigerung des Zeugnisses sind ferner berechtigt

1. Geistliche über das, was ihnen in ihrer Eigenschaft als Seelsorger anvertraut worden oder bekanntgeworden ist;

2. Verteidiger des Beschuldigten über das, was ihnen in dieser Eigenschaft anvertraut worden oder bekanntgeworden ist;

3. Rechtsanwälte, Patentanwälte, Notare, Wirtschaftsprüfer, vereidigte Buchprüfer, Steuerberater und Steuerbevollmächtigte, Ärzte, Zahnärzte, Psychologische Psychotherapeuten, Kinder- und Jugendlichenpsychotherapeuten, Apotheker und Hebammen über das, was ihnen in dieser Eigenschaft anvertraut worden oder bekanntgeworden ist, Rechtsanwälten stehen dabei sonstige Mitglieder einer Rechtsanwaltskammer gleich;

3a. Mitglieder oder Beauftragte einer anerkannten Beratungsstelle nach den §§ 3 und 8 des Schwangerschaftskonfliktgesetzes über das, was ihnen in dieser Eigenschaft anvertraut worden oder bekanntgeworden ist;

3b. Berater für Fragen der Betäubungsmittelabhängigkeit in einer Beratungsstelle, die eine Behörde oder eine Körperschaft, Anstalt oder Stiftung des öffentlichen Rechts anerkannt oder bei sich eingerichtet hat, über das, was ihnen in dieser Eigenschaft anvertraut worden oder bekanntgeworden ist;

4. Mitglieder des Bundestages, eines Landtages oder einer zweiten Kammer über Personen, die ihnen in ihrer Eigenschaft als Mitglieder dieser Organe oder denen sie in dieser Eigenschaft Tatsachen anvertraut haben sowie über diese Tatsachen selbst;

5. Personen, die bei der Vorbereitung, Herstellung oder Verbreitung von Druckwerken, Rundfunksendungen, Filmberichten oder der Unterrichtung oder Meinungsbildung dienenden Informations- und Kommunikationsdiensten berufsmäßig mitwirken oder mitgewirkt haben.

Neben diesen Zeugnisverweigerungsrechten hat das Opfer in bestimmten Fällen auch ein Auskunftsverweigerungsrecht. Das Opfer soll insbesondere nicht verpflichtet sein, sich selbst oder einen Angehörigen durch eine Aussage so zu belasten, dass sich daraus Strafverfolgungsmaßnahmen der Ermittlungsbehörden ergeben. Wann das Auskunftsverweigerungsrecht greift, ist in § 55 StPO geregelt:

§ 55 StPO. [Auskunftsverweigerungsrecht]. (1) Jeder Zeuge kann die Auskunft auf solche Fragen verweigern, deren Beantwortung ihm selbst oder einem der in § 52 Abs. 1 bezeichneten Angehörigen die Gefahr zuziehen würde, wegen einer Straftat oder einer Ordnungswidrigkeit verfolgt zu werden.

(2) Der Zeuge ist über sein Recht zur Verweigerung der Auskunft zu belehren.

II. Was ist im Vorfeld einer Aussage zu beachten?

In der Regel erfolgt der erste Kontakt eines Opfers mit der Polizei. Das Opfer wird das Ermittlungs- und Strafverfahren zunächst in der Rolle des Zeugen erleben. Die erste Vernehmung erfolgt in der Mehrzahl der Fälle bei der Polizei.

Einer Ladung zur Vernehmung durch die Polizei muss das Opfer zwar mangels gesetzlicher Vorschrift (noch) nicht Folge leisten, erst einer Ladung zur Vernehmung durch den Staatsanwalt (§ 161a Abs. 1 StPO) ist zu folgen. Vor einer solchen Entscheidung ist allerdings zu bedenken, dass das Opfer in einem Strafverfahren als Zeuge besonders wichtig ist. Ohne seine Angaben kann der Täter oftmals gar nicht ermittelt werden. Selbst wenn es die Tat nicht unmittelbar hat beobachten können, so kann das Opfer aber am ehesten Auskunft über den Schaden geben, den der Täter angerichtet hat. Auch dies ist ein wesentlicher Punkt später im Gerichtsverfahren. So ist vom Gericht zu berücksichtigen, welche Folgen die Tat angerichtet hat. Polizei und Staatsanwaltschaft sind daher gerade im Anfang von Ermittlungen ganz besonders auf die Mithilfe von Opfern angewiesen. Deshalb sollte einer Ladung der Polizei nachgekommen werden. Die Polizei könnte ansonsten die Akten an die Staatsanwaltschaft abgeben und von dort erfolgt eine Ladung, der nachgekommen werden muss. Das würde die Angelegenheit nur unnötig verkomplizieren. Daher ist es in der Praxis überwiegend so, dass die Ermittlungen und Vernehmungen zunächst allein durch die Polizei erfolgen.

Die wichtigste Aufgabe des Zeugen besteht darin, vollständig und wahrheitsgemäß auszusagen. Es empfiehlt sich daher, sofern vorhanden, zur Vernehmung Unterlagen mitzubringen, über die das Opfer verfügt. Dies können neben Schadensaufstellungen und ärztlichen Attesten auch schriftliche Aufzeichnungen sein, die als eine Art Gedächtnisprotokoll unmittelbar nach der Tat angefertigt worden sind. Gerade bei Stalkingfällen ist eine umfassende Dokumentation in Form eines Stalkingprotokolls hilfreich.

III. Rechte auf Vertretung und Begleitung zur Vernehmung

Das Opfer hat immer die Möglichkeit, zur Wahrung seiner rechtlichen Interessen einen Rechtsanwalt als Verletztenbeistand zu beauftragen. Darüber hinaus hat das Opfer verschiedene Möglichkeiten, sich zu einer Vernehmung begleiten zu lassen. Möglich ist dies durch eine Vertrauensperson und einen Rechtsanwalt. Vertrauenspersonen können ein Freund, eine Freundin, Verwandte oder Opferhelfer einer Opferhilfeeinrichtung sein. Zudem kann die Begleitung parallel oder auch ausschließlich durch einen Rechtsanwalt erfolgen.

Je nachdem, ob die Vernehmung bei Polizei, Staatsanwaltschaft oder vor dem Richter stattfindet, gibt es für das Recht auf Begleitung unterschiedliche Voraussetzungen. Sofern ein Rechtsanwalt als Zeugen- oder Verletztenbeistand eingeschaltet wird, sind zudem unterschiedliche Kostenregelungen zu beachten.

1. Begleitung durch eine Vertrauensperson

Der Verletzte kann sich zur Zeugenvernehmung bei Polizei, Staatsanwaltschaft und Gericht durch eine Person seines Vertrauens begleiten lassen. In § 406f Absatz 3 StPO heißt es hierzu:

> (3) [1]Wird der Verletzte als Zeuge vernommen, so ist, wenn er dies beantragt, einer Person seines Vertrauens die Anwesenheit zu gestatten, es sei denn, die Anwesenheit könnte den Untersuchungszweck gefährden. [2]Die Entscheidung trifft derjenige, der die Vernehmung leitet; sie ist nicht anfechtbar. [3]Die Gründe einer Ablehnung sind aktenkundig zu machen.

Die Vertrauensperson hat in erster Linie die Aufgabe der psychologischen Betreuung. Ihre Anwesenheit soll Befangenheit und Angst mindern. Letztlich soll dadurch die Wahrheitsfindung erleichtert werden. Stehen rechtliche Fragen im Vordergrund, dürfte die Begleitung durch eine Vertrauensperson nicht ausreichend sein. Dann wäre ein Rechtsanwalt hinzuziehen. Dies ist im Einzelfall genau abzuwägen.

In der Praxis, vor allem bei Gericht, ist dieses Recht als „Zeugenbegleitungsrecht der Opferhelfer" von Bedeutung, weil die ehren- und hauptamtlichen Mitarbeiter von Opferhilfeeinrichtungen hieraus ihre Rechtsstellung für die Begleitung bekommen.

Die rechtliche Möglichkeit der Begleitung ist aber nicht auf den vorgenannten Personenkreis der Opferhelfer beschränkt. Es können auch Freunde oder Verwandte begleiten. Es empfiehlt sich vor einer jeden Begleitung allerdings, den Vernehmungsbeamten oder die Vernehmungsbeamtin zu befragen, ob gegen eine Anwesenheit Bedenken bestehen. Das ist nicht nur eine Frage der Höflichkeit, sondern erleichtert auch den Umgang miteinander. Die Entscheidung, jemanden zuzulassen, obliegt allein dem Vernehmenden und ist unanfechtbar. Es gibt dagegen kein Rechtsmittel. Die Gründe einer Ablehnung sind aktenkundig zu machen.

Ein hinzugezogener Rechtsanwalt hat bei Vernehmungen vor der Polizei ebenfalls kein durchsetzbares Anwesenheitsrecht. Im Gegensatz zur Vertrauensperson besteht ein solches Recht allerdings bei Vernehmungen vor der Staatsanwaltschaft und dem Gericht. Obwohl die Aussagepflicht des Zeugen nur gegenüber der Staatsanwaltschaft (§ 161a Absatz 1 StPO) und dem Gericht (§ 51 StPO) besteht, führt der Hinweis des Rechtsanwaltes, dass das Opfer zu einer Vernehmung durch die Staatsanwaltschaft bereit ist, in der Regel dazu, dass eine Anwesenheit bei der polizeilichen Vernehmung regelmäßig unproblematisch ist.

2. Vertretung durch einen Rechtsanwalt als Verletztenbeistand

Das Opfer als Verletzter im Rechtssinne hat jederzeit, auch schon gegenüber der Polizei, das Recht sich durch einen Rechtsanwalt als Verletztenbeistand vertreten zu lassen. § 406f StPO regelt das Recht für jeden Verletzten, sich eines Beistands zu bedienen, während § 406g StPO für den nebenklageberechtigten Verletzten weitergehende Befugnisse schafft. Juristen unterscheiden insoweit zwischen dem einfachen und dem qualifizierten Verletztenbeistand. Ersterer ist in § 406f Absatz 1 StPO, der qualifizierte in Absatz 2 i.V.m. § 406g StPO geregelt:

§ 406f StPO. [Beistand und Vertreter des Verletzten]. (1) Der Verletzte kann sich im Strafverfahren des Beistands eines Rechtsanwalts bedienen oder sich durch einen solchen vertreten lassen.

(2) [1]Bei der Vernehmung des Verletzten durch das Gericht oder die Staatsanwaltschaft ist dem Rechtsanwalt die Anwesenheit gestattet. [2]Er kann für den Verletzten dessen Recht zur Beanstandung von Fragen (§ 238 Abs. 2, § 242) ausüben und den Antrag auf Ausschluss der Öffentlichkeit nach § 171b des Gerichtsverfassungsgesetzes stellen, nicht jedoch, wenn der Verletzte widerspricht. …

Diese Regelung des einfachen Verletztenbeistands hat ihre Bedeutung für die nicht nebenklageberechtigten Opfer. Sie gibt jedem Verletzten das Recht, sich des Beistands eines Rechtsanwaltes zu bedienen, sich durch diesen nebst dessen Befugnissen vertreten zu lassen. Die Kosten des Verletztenbeistands in dieser Form trägt der Verletzte allerdings allein. Er hat keinen Anspruch auf Prozesskostenhilfe. Der verurteilte Angeklagte ist auch nicht verpflichtet, diese Kosten des Verletzten zu tragen.

Der einfache Verletztenbeistand unterscheidet sich vom qualifizierten Verletztenbeistand dadurch, dass der qualifizierte für den nebenklageberechtigten Verletzten gilt und gegenüber dem einfachen Verletztenbeistand mit besonderen und erweiterten Rechten ausgestattet ist. Im Wesentlichen sind es drei Rechte: Das Opfer hat erweiterte Anwesenheitsrechte, so auch in einer nichtöffentlichen Verhandlung. Dazu gibt es die Möglichkeit, Prozesskostenhilfe zu beantragen und die Bestellung eines Beistands in Eilfällen zu erwirken.

§ 406g StPO. [Beistand des nebenklageberechtigten Verletzten]. (1) [1]Wer nach § 395 zum Anschluss als Nebenkläger befugt ist, ist zur Anwesenheit in der Hauptverhandlung berechtigt. [2]Er kann sich auch vor der Erhebung der öffentlichen Klage des Beistands eines Rechtsanwalts bedienen oder sich durch einen solchen vertreten lassen, auch wenn ein Anschluss als Nebenkläger nicht erklärt wird. [3]Ist zweifelhaft, ob eine Person nach Satz 1 zur Anwesenheit berechtigt ist, entscheidet das Gericht nach Anhörung der Person und der Staatsanwaltschaft über die Berechtigung zur Anwesenheit; die Entscheidung ist unanfechtbar.

(2) [1]Der Rechtsanwalt ist über die in § 406f Abs. 2 bezeichneten Befugnisse hinaus zur Anwesenheit in der Hauptverhandlung berechtigt, auch soweit diese nicht öffentlich ist. [2]Ihm ist bei richterlichen Vernehmungen und bei der Einnahme eines richterlichen Augenscheins die Anwesenheit zu gestatten, wenn dadurch nicht der Untersuchungszweck gefährdet wird; die Entscheidung ist unanfechtbar. [3]Für die Benachrichtigung gelten § 168c Abs. 5 und § 224 Abs. 1 entsprechend.

(3) [1]§ 397a gilt entsprechend für

1. die Bestellung eines Rechtsanwalts und
2. die Bewilligung von Prozesskostenhilfe für die Hinzuziehung eines Rechtsanwalts.

[2]Im vorbereitenden Verfahren entscheidet das Gericht, das für die Eröffnung des Hauptverfahrens zuständig wäre.

(4) [1]Auf Antrag dessen, der zum Anschluss als Nebenkläger berechtigt ist, kann in den Fällen des § 397a Abs. 2 einstweilen ein Rechtsanwalt als Beistand bestellt werden, wenn

1. dies aus besonderen Gründen geboten ist,
2. die Mitwirkung eines Beistands eilbedürftig ist und
3. die Bewilligung von Prozesskostenhilfe möglich erscheint, eine recht-zeitige Entscheidung hierüber aber nicht zu erwarten ist.
   [2]Für die Bestellung gelten § 142 Abs. 1 und § 162 entsprechend. [3]Die Bestellung endet, wenn nicht innerhalb einer vom Richter zu bestimmen-den Frist ein Antrag auf Bewilligung von Prozesskostenhilfe gestellt oder wenn die Bewilligung von Prozesskostenhilfe abgelehnt wird.

Die Kosten dieses rechtsanwaltlichen Beistands werden wie Nebenklagekosten behandelt (§ 472 Absatz 3 S. 1 i.V.m. Absatz 1 und 2, § 473 Absatz 1 S. 2 StPO).

Die Frage, welche Art des rechtsanwaltlichen Beistands die op-timale ist im Einzelfall genau zu prüfen. Dies vor allem vor dem Hintergrund der möglichen Kostenbelastung des Opfers. Dabei sollte auch die Möglichkeit des § 68b StPO, die Beiordnung eines Rechtsanwaltes als Beistand für die Dauer der Zeugenvernehmung, mit einbezogen werden. Es gibt dort die Möglichkeit der kosten-neutralen Beiordnung, allerdings hat das Opfer im Verfahren weni-ger Rechte. Zu erwägen ist auch, ob möglicherweise die Begleitung durch einen Opferhelfer ausreichend sein kann. Oftmals steckt die Tücke im Detail, individuelle Bedürfnisse und Erwartungen sind zu beachten, daher ist eine genaue fachkundige Beratung auch in dieser Frage unbedingt erforderlich.

3. Begleitung durch einen Rechtsanwalt als Zeugenbeistand

Die Möglichkeit der Beiordnung eines Rechtsanwaltes als Zeu-genbeistand soll den Zeugen nicht nur psychologisch, sondern auch rechtlich unterstützen. Eine Beiordnung ist für richterliche und staatsanwaltschaftliche, nicht aber bei polizeilichen Verneh-mungen rechtlich zulässig. Von besonderer Praxisrelevanz ist die Beiordnung bei Vernehmungen durch den Richter im Gerichts-saal. Dort ist nämlich grundsätzlich immer sowohl der Angeklagte als auch sein Verteidiger anwesend. Viele Zeugen fürchten „schar-fe Befragungen" des Verteidigers. Sie haben davor oftmals gro-ße Angst. Zudem können Zeugen aus verschiedenen berechtigten Gründen nicht in der Lage sein, allein vor Gericht über das Er-lebte zu berichten. Sofern sie noch keinen anwaltlichen Beistand haben, kann ihnen für die Dauer ihrer Vernehmung ein Rechtsanwalt beigeordnet werden. Voraussetzung ist allerdings, dass sie ihre Befugnisse nicht selbst wahrnehmen können. Dies wird regelmäßig bei kindlichen und jugendlichen Opferzeugen oder dann angenommen, wenn sich der Zeuge einer tatsächlich oder rechtlich schwierigen Situation gegenübersieht und daher die Gefahr besteht, dass er seine prozessualen Rechte bei der Vernehmung nicht selbst ausüben kann. Um diese Rechte geht es. Von besonderer Relevanz sind die der Zeugnisverweigerungsrechte nach §§ 52 ff. StPO, der Beanstandung von Fragen nach § 242 StPO oder über den Ausschluss der Öffentlichkeit wegen schutzwürdiger Interessen des Zeugen nach den §§ 171b Absatz 1 Satz 2, Absatz 2 oder 174 Absatz 1 Satz 1 Gerichtsverfassungsgesetz (GVG). Zur Verdeutlichung einige **Beispiele**:

- Das minderjährige Opfer soll im Gerichtsverfahren aussagen. Der Täter ist der Onkel.
- Das Opfer hat einen Betrug begangen. Der Täter weiß davon. Das Opfer fürchtet, dass der Verteidiger des Täters entsprechende Fragen stellen wird.
- Der Verteidiger des Angeklagten will das Opfer nach seinem sexuellen Vorleben befragen.
- Die Nachbarn eines Vergewaltigungsopfers wollen während der gesamten Gerichtsverhandlung anwesend sein, auch bei der Vernehmung des Opfers.

Formal gesehen ist ein Antrag des Zeugen für eine Beiordnung nicht erforderlich, unbedingt empfehlenswert ist er allemal. Der Zeuge kann nicht darauf vertrauen, dass das Gericht oder die Staatsanwaltschaft von sich aus erkennt, dass der Zeuge seine Interessen nicht allein wahrnehmen kann.

Im Fall der Beiordnung trägt der Staat die Kosten im Rahmen der Beiordnung. § 68b StPO lautet auszugsweise:

[1]Zeugen, die noch keinen anwaltlichen Beistand haben, kann für die Dauer der Vernehmung mit Zustimmung der Staatsanwaltschaft ein Rechtsanwalt beigeordnet werden, wenn ersichtlich ist, dass sie ihre Befugnisse bei der Vernehmung nicht selbst wahrnehmen können und ihren schutzwürdigen Interessen auf andere Weise nicht Rechnung getragen werden kann. [2]Hat die Vernehmung

1. ein Verbrechen,
2. ein Vergehen nach den §§ 174 bis174c, 176, 179 Abs. 1 bis 4, §§ 180, 182, 225 Abs. 1 oder 2, § 232 Abs. 1 oder 2, § 233 Abs. 1 oder 2 oder nach § 233a des Strafgesetzbuches oder
   ...

so ist die Beiordnung auf Antrag des Zeugen oder der Staatsanwaltschaft anzuordnen, soweit die Voraussetzungen des Satzes 1 vorliegen. ³Für die Beiordnung gelten § 141 Abs. 4 und § 142 Abs. 1 entsprechend. ⁴Die Entscheidung ist unanfechtbar.

IV. Rechte bei der Protokollierung der Vernehmung

Bei jeder Zeugenvernehmung muss ein Protokoll erstellt, d. h. die Vernehmung muss aufgezeichnet werden. Dies kann mittels schriftlich aufgezeichneten Protokolls geschehen, d. h. ein Beamter tippt direkt die Vernehmung in eine Schreibmaschine oder heute in aller Regel in einen Computer. Für die Genauigkeit der Aufzeichnung und deren späteren Beweiswert in der Gerichtsverhandlung ist es aber stets hilfreich, wenn die Aufzeichnung authentisch auf Audioband oder auf Bild- und Tonträger, also Video, aufgezeichnet wird.

Der Zeuge sollte immer nach Abschluss der Vernehmung die Aufzeichnungen genau durchlesen, bevor sie unterschrieben wird. Es sind seine Worte, seine Zeugenaussage, daran wird er möglicherweise später im Rahmen der Gerichtsverhandlung festgehalten. Die Glaubhaftigkeit seiner Aussage bestimmt sich auch danach, was schon einmal woanders als im Gerichtssaal ausgesagt wurde.

Bei der Eigenkontrolle des schriftlichen polizeilichen Vernehmungsprotokolls ist dem Zeugen vom Vernehmungsbeamten zu gestatten, dass er in dem Protokoll selbst Änderungen von Protokollierungsfehlern vornimmt.

V. Recht auf Verweigerung der Mitwirkung bei Untersuchungen

Die Opfer, insbesondere von Sexualstraftaten, müssen sich oftmals darauf einstellen, dass sie nach der Tat untersucht werden. Eine körperliche Untersuchung des Tatopfers kommt insbesondere immer dann in Betracht, wenn sich am Körper des Opfers Spuren befinden können. Derartige Maßnahmen werden gerade bei Sexualstraftaten regelmäßig durchgeführt. Das Tatopfer hat solche Untersuchungen im Rahmen des § 81c StPO zu dulden.

§ 81c StPO. [Untersuchung anderer Personen]. (1) Andere Personen als Beschuldigte dürfen, wenn sie als Zeugen in Betracht kommen, ohne ihre Einwilligung nur untersucht werden, soweit zur Erforschung der Wahrheit festgestellt werden muss, ob sich an ihrem Körper eine bestimmte Spur oder Folge einer Straftat befindet.

(2) [1]Bei anderen Personen als Beschuldigten sind Untersuchungen zur Feststellung der Abstammung und die Entnahme von Blutproben ohne Einwilligung des zu Untersuchenden zulässig, wenn kein Nachteil für seine Gesundheit zu befürchten und die Maßnahme zur Erforschung der Wahrheit unerlässlich ist. [2]Die Untersuchungen und die Entnahme von Blutproben dürfen stets nur von einem Arzt vorgenommen werden.

(3) [1]Untersuchungen oder Entnahmen von Blutproben können aus den gleichen Gründen wie das Zeugnis verweigert werden. [2]Haben Minderjährige wegen mangelnder Verstandesreife oder haben Minderjährige oder Betreute wegen einer psychischen Krankheit oder einer geistigen oder seelischen Behinderung von der Bedeutung ihres Weigerungsrechts keine genügende Vorstellung, so entscheidet der gesetzliche Vertreter; § 52 Abs. 2 Satz 2 und Abs. 3 gilt entsprechend. [3]Ist der gesetzliche Vertreter von der Entscheidung ausgeschlossen (§ 52 Abs. 2 Satz 2) oder aus sonstigen Gründen an einer rechtzeitigen Entscheidung gehindert und erscheint die sofortige Untersuchung oder Entnahme von Blutproben zur Beweissicherung erforderlich, so sind diese Maßnahmen nur auf besondere Anordnung des Richters zulässig. [4]Der die Maßnahmen anordnende Beschluss ist unanfechtbar. [5]Die nach Satz 3 erhobenen Beweise dürfen im weiteren Verfahren nur mit Einwilligung des hierzu befugten gesetzlichen Vertreters verwertet werden.

...

(6) [1]Bei Weigerung des Betroffenen gilt die Vorschrift des § 70 entsprechend. [2]Unmittelbarer Zwang darf nur auf besondere Anordnung des Richters angewandt werden. [3]Die Anordnung setzt voraus, dass der Betroffene trotz Festsetzung eines Ordnungsgeldes bei der Weigerung beharrt oder dass Gefahr im Verzuge ist.

Die angeordneten Maßnahmen müssen für das Opfer aber zumutbar sein, ansonsten sind sie unzulässig. Der Grundsatz der Zumutbarkeit in § 81c Absatz 4 StPO bedeutet eine Hervorhebung des Verfassungsgrundsatzes der Verhältnismäßigkeit. Von Bedeutung sind die persönlichen Verhältnisse der Beteiligten und die Art und Folgen der Untersuchungen. Das bei der Bedeutung der Strafsache bestehende Aufklärungsinteresse und das Persönlichkeitsrecht des Opfers müssen gegeneinander abgewogen werden. Oftmals wird die Zumutbarkeit davon abhängig sein, ob die Untersuchung von einem Arzt vorgenommen wird.

Bei berechtigtem Interesse kann das Opfer aber auch die Untersuchung durch eine Person gleichen Geschlechts und die Anwesenheit einer Vertrauensperson während der Untersuchung verlangen. Dies ist beispielsweise dann der Fall, wenn durch die Untersuchung das Schamgefühl verletzt werden könnte.

§ 81d StPO. [Verletzung des Schamgefühls]. (1) [1]Kann die körperliche Untersuchung das Schamgefühl verletzen, so wird sie von einer Person gleichen Geschlechts oder von einer Ärztin oder einem Arzt vorgenommen. [2]Bei berechtigtem Interesse soll dem Wunsch, die Untersuchung einer Person oder einem Arzt bestimmten Geschlechts zu übertragen, entsprochen werden. [3]Auf Verlangen der betroffenen Person soll eine Person des Vertrauens zugelassen werden. [4]Die betroffene Person ist auf die Regelungen der Sätze 2 und 3 hinzuweisen.

(2) Diese Vorschrift gilt auch dann, wenn die betroffene Person in die Untersuchung einwilligt.

Das vom Gesetz nicht näher definierte Schamgefühl darf durch die Maßnahmen nicht verletzt werden. Wann dies der Fall ist, entscheiden Juristen danach, ob die allgemeinen Regeln der „Schicklichkeit und des Anstands" verletzt sein können. Darüber hinaus sind einzelfallbezogene Gesichtspunkte heranzuziehen. Das Schamgefühl ist jedenfalls immer dann verletzt, wenn sich das Opfer vor einer Person des anderen Geschlechts, die keine Ärztin oder kein Arzt ist, völlig entkleiden und eine Untersuchung seiner Geschlechtsorgane erdulden soll.

VI. Keine Mitwirkungspflicht bei der Glaubhaftigkeitsbegutachtung

Gerade in Sexualstrafverfahren stellt der Zeugenbeweis oftmals das wichtigste Beweismittel dar. Gleichzeitig ist es jedoch auch das unzuverlässigste Beweismittel. Dies gilt für alle Aussagen von Zeugen und ist nicht auf Opfer bestimmter Straftaten beschränkt. Sexualstrafverfahren sind häufig durch eine Verfahrenssituation gekennzeichnet, in der die Aussage des Opfers als einzig belastender Umstand gegen die bestreitenden Angaben des Beschuldigten steht, ohne dass weitere, objektivierbare Beweismittel vorhanden sind. So belegen beispielsweise etwaig aufgefundene Sperma- und DNA-Spuren des möglichen Täters lediglich den sexuellen Kontakt. Sie können jedoch keinerlei Aussage zu der alles entscheidenden Frage treffen, ob ein vollzogener Geschlechtsverkehr einverständlich stattgefunden hat oder nicht. Gerade in diesen Fällen kommen der Art und Weise einer Zeugenvernehmung sowie deren späterer Analyse im Rahmen der Überprüfung der Glaubhaftigkeit ganz erhebliche Bedeutung zu. Der Mensch ist kein technisches Gerät. Die Wahrnehmung, Speicherung und Wiedergabe von Erlebnissen funktioniert gänzlich anders. Jeder wahrgenommene Sachverhalt durchläuft bis zur späteren Verbalisierung durch den Beobachter verschiedene Stadien. In jeder dieser Phasen können Einflüsse wirksam werden, die ein wirklichkeitsgetreues Abbild der ursprünglichen Information verhindern. In den ersten beiden Phasen der Wahrnehmung des Sachverhalts und dessen Speicherung sind eher personenbedingte Merkmale, in der dritten Phase der Reproduktion mehr situative, äußere Umstände für die Qualität der Aussage von Bedeutung. Um ein möglichst wirklichkeitsgetreues Abbild eines Sachverhalts zu bekommen, müssen deshalb bei der Generierung der Aussage, also der Reproduktion des wahrgenommenen Sachverhalts, möglichst günstige Bedingungen herrschen. Der sachkundigen Zeugenbefragung kommt deshalb eine besondere Bedeutung zu. Dazu sind Polizei und Staatsanwaltschaft ebenso wie die Richter berufen. Nicht weniger wichtig ist allerdings zuvor eine sorgfältige Protokollierung, die die Aussagen möglichst unverfälscht und wahrheitsgetreu wiedergibt.

Die tägliche Praxis zeigt jedoch, wie schlecht Protokolle sein können, weil in „summarischen" Ergebnisprotokollen selbst die Ergebnissicherung zum Teil verfrüht, nämlich noch vor einer abschließenden Beweisgewinnung, einsetzt. Selbst angebliche Wortprotokolle sind dies in der Realität kaum, da fast immer Umfor-

mulierungen und Zusammenfassungen seitens der Vernehmungs-
personen Eingang in das Protokoll finden. Diese Protokolle sind
oftmals keine authentischen Wortlautwiedergaben der Vernehmung. Das Opfer ist daher gut beraten, genau darauf zu achten,
was im Vernehmungsprotokoll steht.

Die Frage der Glaubhaftigkeit von Zeugenaussagen stellt sich immer dann, wenn den belastenden Angaben des Opferzeugen das
Bestreiten des vermeintlichen Täters gegenüber steht. In keinem
anderen Deliktsbereich dürfte es wie im Sexualstrafrecht so oft zu
„Aussage gegen Aussage" Konstellationen ohne das Vorhandensein weiterer Beweismittel, und gleichzeitig zu überdurchschnittlich häufigen Falschbelastungen aufgrund zwischenmenschlicher
Beziehungskonflikte kommen. Genau dort liegen die Probleme
der Gerichte. Die Beurteilung der Glaubhaftigkeit einer Zeugenaussage ist zwar in der Regel die alleinige Aufgabe des Gerichts.
Der oder die Richter entscheiden, welcher Aussage geglaubt wird,
der Aussage des Opfers oder der des Täters. Diese Beurteilung gehört zum Wesen richterlicher Rechtsfindung, wobei das Gericht zur
strengsten Neutralität verpflichtet ist. Wegen der Schwierigkeit und
Komplexität derartiger Erkenntnisprozesse ziehen Gerichte bzw.
bereits im Vorfeld die Staatsanwaltschaft, Sachverständige zur Beurteilung der Zeugenaussage hinzu. Dies ist mittlerweile weit ver-
breitet, bei einigen Gerichten gehört es schon fast zum üblichen
Programm der Beweisaufnahme.

Dabei stellt sich allerdings die Frage, ob dies überhaupt in einer
solchen Breite und Häufigkeit erforderlich ist. Auch in anderen
Deliktsbereichen gibt es oftmals die Konstellation Aussage gegen
Aussage. Dort wird in aller Regel kein Glaubhaftigkeitsgutachten
für die Zeugen in Auftrag gegeben. Nur dem „Opferzeugen" einer
Sexualstraftat wird es regelmäßig zugemutet. Es gibt gute Gründe
dafür, zweifellos. Gründe für eine „inflationäre und schematische"
Durchführung von Glaubhaftigkeitsgutachten gibt es aber nicht.

Erfreulicherweise sind seit kurzem erste namhafte Stimmen festzustellen, die mehr und mehr die Richter an ihre Aufgaben er-
innern und sie auffordern, qualifiziert eine Zeugenvernehmung
durchzuführen und diese zu bewerten.

Auch bei der Beurteilung einer Zeugenaussage kann sich das

Gericht grundsätzlich eigene Sachkunde zutrauen, sofern nicht besondere Umstände (hierzu zählen etwa Erkrankungen des Zeugen an einer Psychose oder Epilepsie sowie hochgradige Medikamentenabhängigkeit) vorliegen. Dies gilt grundsätzlich auch für Kinder und Jugendliche als Zeugen. Insbesondere wenn ihre Aussagen durch andere Beweisanzeichen erheblich Unterstützung finden oder entwertet werden. Allerdings mehren sich die Stimmen, dass bei Kindern und Jugendlichen regelmäßig eine Begutachtung notwendig ist und zwar, weil aufgrund der häufig mehrfachen Vernehmungen, insbesondere bei jungen Zeugen, suggestive Beeinflussungen ein erhebliches Problem darstellen können. Solche Probleme gab es zuhauf und es gibt sie auch heute noch. Gerichtsverfahren wie die „Wormser Missbrauchsprozesse" oder die unter dem Schlagwort „Montessori" beschäftigten die Öffentlichkeit Ende der 80er bis Anfang der 90er Jahre. Aber auch selbst dann, wenn Eltern, Beratungseinrichtungen und Polizei ersichtlich alles „richtig" gemacht haben, sind suggestiv (unbeabsichtigt) beeinflusste Aussagen im Ergebnis unwahr. Dazu wieder ein **Beispiel** aus der Gerichtspraxis, mit dem sich Mitte des Jahres 2007 das Landgericht Osnabrück zu beschäftigen hatte:

Eine 7-Jährige badet gemeinsam mit dem 3-jährigen Bruder in einer Badewanne. Sie ruft ihrer Mutter zu: „Guck mal, was ich mache". Die Mutter schaut hin und sieht wie das Mädchen das Glied ihres Bruders in den Mund nimmt. Auf die Frage, was sie dort denn mache, antwortet das Mädchen, dass sie dies bei M auch immer mache. M ist vierzig Jahre alt und der kinderlose Schwager der Mutter. Dort halten sich ihre Kinder häufiger an Wochenenden auf. Sie übernachten dort auch. Die Mutter lässt die Sache dann zunächst auf sich beruhen, berät sich mit ihrem Mann. Danach fragt sie noch einmal vorsichtig nach. Die Tochter berichtet, dass ihre 6-jährige Cousine dies bei dem M auch immer machen müsse. Die jeweiligen Mütter befragen getrennt ihre Kinder. Während die 6-Jährige keine Angaben macht, berichtet die 7-Jährige weitere Einzelheiten. Eine spezialisierte Beratungseinrichtung wird eingeschaltet. Die Mutter erhält bei der Beschreibung des M die Auskunft, solche Männer seien durchaus typische Kinderschänder. Einer Polizeibeamtin berichtet die 7-Jährige später spontan und erstmals „da kam Sahne raus". Bei einer Hausdurchsuchung findet die Polizei kinderpornografische

Dateien mit Bildern anderer Kinder. Der M bestreitet den sexuellen Missbrauch der Mädchen vehement. Das Gericht beauftragt einen Glaubhaftigkeitsgutachter. Dieser kommt zu dem Ergebnis, dass die Aussagen der 7-Jährigen unglaubhaft seien, die 6-Jährige hatte auch bei ihm nichts gesagt. Nach einer mehrtägigen Gerichtsverhandlung, bei der auch die Mädchen vernommen wurden, wurde der Angeklagte freigesprochen. Im Verlaufe des Prozesses, der von vielen Emotionen aller Beteiligten begleitet war, bildete sich bei allen Beteiligten, trotz anfänglicher erheblicher Zweifel an der Richtigkeit des vorläufigen Glaubhaftigkeitsgutachtens, die Überzeugung heraus, dass man den Angeklagten freisprechen müsse. Es zeigte sich nämlich, dass die Mutter der 7-Jährigen – bester Absicht und auch sehr behutsam – ihre Tochter suggestiv befragt hatte. So hatte sie nachgefragt, ob der M dieses oder jenes gemacht habe. Das Mädchen bejahte. Insgesamt ergaben sich infolgedessen bei den verschiedenen Befragungen des Kindes zu verschiedenen Zeitpunkten vollkommen verschiedene Handlungsbeschreibungen. Das Gericht konnte nach den Vernehmungen nicht feststellen, wegen welcher Handlung genau der M nun bestraft werden sollte. Obwohl bei allen Verfahrensbeteiligten ein nicht geringes Unbehagen verblieb, musste der Angeklagte richtigerweise freigesprochen werden.

Eine Pflicht des Opfers an der Mitwirkung einer Glaubhaftigkeitsbegutachtung durch einen Sachverständigen besteht jedenfalls nicht. Diese Maßnahme ist nicht § 81c StPO zuzuordnen. Ob eine Verweigerung aber wirklich anzuraten ist, ist eine ganz andere Frage. Dies ist genauestens zu überlegen. In Zweifelsfällen sollte das Opfer immer mit seinem Rechtsanwalt diese Frage ausführlich besprechen. Ohne die Mitwirkung des Opfers ist eine Überführung des Täters schwierig. Positive Glaubhaftigkeitsbegutachtungen haben meistens entscheidenden Einfluss auf den Verlauf der Gerichtsverhandlung. Die Bereitschaft des Täters, ein Geständnis abzulegen, steigt erfahrungsgemäß ganz erheblich. Dies kann dann die Aussage des Opfers in der Gerichtsverhandlung ganz oder teilweise überflüssig machen. Viele Opfer empfinden dies als wohltuend. Das ist aber nicht generell so. Viele betroffene Opfer wollen gerade im Gerichtssaal von dem Unrecht berichten, was der Angeklagte ihnen angetan hat. Genaue Beratung ist im Vorfeld einer Vernehmung ist daher unabdingbar.

VII. Widerspruchsrecht gegen Weitergabe der Aussage an Dritte

Gerade bei Sexualdelikten und kindlichen Opfern werden die Vernehmungen (in entsprechend ausgestatteten Räumen) durch besonders geschulte Beamte durchgeführt und aufgenommen. Damit sollen besonders schutzbedürftigen Zeugen die häufig belastenden Mehrfachvernehmungen, auch in der Gerichtsverhandlung, erspart werden. Derartige Vernehmungen sind nicht nur authentisch, sondern oftmals für alle, die sie später zu sehen bekommen, nachhaltig beeindruckend. Man liest nicht nur etwas, wie bei einem Wortprotokoll, sondern sieht dabei den Menschen mit all seinen Gefühlen und Belastungsmomenten. Für das Opfer könnte sich ein Problem dadurch ergeben, dass der Täter im Rahmen der Akteneinsicht seines Verteidigers eine Kopie dieses Bildmaterials bekommt. Einer solchen Weitergabe kann das Opfer widersprechen.

Die Möglichkeit zur Aufzeichnung der Aussage eines Zeugen auf Bild- und Tonträger ist für jeden Zeugen gegeben, § 58a StPO. Die Vernehmung minderjähriger Zeugen unter 16 Jahren sollte in aller Regel auf Bild- und Tonträger, also auf Video, aufgezeichnet werden, wenn diese Zeugen selbst durch die Straftat verletzt sind. Jeder Zeuge, also auch ein minderjähriger Zeuge, muss bei Aufzeichnung der Aussage auf Video darauf hingewiesen werden, dass er der Weitergabe einer Kopie seiner Aussage an Verteidiger widersprechen kann, und in der Regel auch sollte. Bei minderjährigen Zeugen, die noch nicht über die notwendige Verstandesreife verfügen, um diese Entscheidung zu treffen, müssen die Eltern hierauf hingewiesen werden.

Der entscheidende Gesichtspunkt für die Entscheidung über das Widerspruchsrecht ist, dass sich mit der Weitergabe der Kopie der Aufzeichnung der Vernehmung der Kreis der Personen, die Zugriffsmöglichkeiten auf diese Aufzeichnung haben, deutlich erhöht, dies, obwohl eine Vervielfältigung der Aufzeichnung grundsätzlich untersagt ist.

Bei minderjährigen Zeugen ist während der Vernehmung grundsätzlich die Anwesenheit von Erziehungsberechtigten gestattet. Ist dabei zu befürchten, dass die Anwesenheit der Erziehungsberechtigten den minderjährigen Zeugen bei seiner Aussage hindern kann, kann der minderjährige Zeuge auch in Abwesenheit des Erziehungsberechtigten mit dessen Einverständnis vernommen werden.

§ 58a StPO. [Aufzeichnung der Vernehmung]. (1) [1]Die Vernehmung eines Zeugen kann auf Bild-Ton-Träger aufgezeichnet werden. [2]Sie soll aufgezeichnet werden

1. bei Personen unter sechzehn Jahren, die durch die Straftat verletzt worden sind, oder

2. wenn zu besorgen ist, dass der Zeuge in der Hauptverhandlung nicht vernommen werden kann und die Aufzeichnung zur Erforschung der Wahrheit erforderlich ist.

(2) [1]Die Verwendung der Bild-Ton-Aufzeichung ist nur für Zwecke der Strafverfolgung und nur insoweit zulässig, als dies zur Erforschung der Wahrheit erforderlich ist. [2]§ 100b Abs. 6 gilt entsprechend. [3]Die §§ 147, 406e sind entsprechend anzuwenden, mit der Maßgabe, dass den zur Akteneinsicht Berechtigten Kopien der Aufzeichnung überlassen werden können. [4]Die Kopien dürfen weder vervielfältigt noch weitergegeben werden. [5]Sie sind an die Staatsanwaltschaft herauszugeben, sobald kein berechtigtes Interesse an der weiteren Verwendung besteht. [6]Die Überlassung der Aufzeichnung oder die Herausgabe von Kopien an andere als die vorbezeichneten Stellen bedarf der Einwilligung des Zeugen.

(3) [1]Widerspricht der Zeuge der Überlassung einer Kopie der Aufzeichnung seiner Vernehmung nach Absatz 2 Satz 3, so tritt an deren Stelle die Überlassung einer Übertragung der Aufzeichnung in ein schriftliches Protokoll an die zur Akteneinsicht Berechtigten nach Maßgabe der §§ 147, 406e. [2]Wer die Übertragung hergestellt hat, versieht die eigene Unterschrift mit dem Zusatz, dass die Richtigkeit der Übertragung bestätigt wird. [3]Das Recht zur Besichtigung der Aufzeichnung nach Maßgabe der §§ 147, 406e bleibt unberührt. [4]Der Zeuge ist auf sein Widerspruchsrecht nach Satz 1 hinzuweisen.

VIII. Keine Pflicht zur Mitwirkung an einem Täter-Opfer-Ausgleich (TOA)

Gelegentlich erhalten Opfer Post vom Verteidiger des Täters oder einer Konfliktschlichtungsstelle für die Durchführung des Täter-Opfer-Ausgleichs, in denen bei ihnen angefragt wird, ob sie zur Mitwirkung an einem Täter-Opfer-Ausgleich bereit sind. Meistens

wird gleichzeitig für den Fall, dass das Opfer eine Mitwirkung ab-
lehnt – was zulässig ist – angeboten, Fragen der Schadenswiedergutmachung auf schriftlichem Wege, zu regeln. Durch den in den
§ 155a f. StPO verankerten Täter-Opfer-Ausgleich soll Opfern und
Tätern die Möglichkeit geboten werden, mit oder ohne Einschal-
tung eines neutralen Dritten, eine Regelung zu finden, die beide
Seiten zufrieden stellt. In aller Regel stehen Fragen der Schadenswiedergutmachung im Vordergrund. Im Idealfall kommt es zu einer
vollständigen Konfliktbereinigung.

Der Nutzen für den Täter liegt auf der Hand. Er erhofft sich im
Verfahren entweder bereits seitens der Staatsanwaltschaft und später im Gerichtsverfahren eine strafmilde Behandlung. Bei Opfern
gibt es oftmals berechtigte und nachvollziehbare Vorbehalte. Bei
hochemotionalen Auseinandersetzungen, erheblichen Tatfolgen
und insbesondere Sexualstraftaten kann ein solches Ansinnen im
ersten Moment als Unverschämtheit, Brüskierung, insgesamt als Af-
front verstanden werden. Es kann sich für die Betroffenen oftmals
der Eindruck aufdrängen, dass sich der Täter den Strafanspruch
durch Geld „abkaufen" lassen will. Spezialisierte Konfliktschlich-
tungsstellen mit ausgebildeten Mediatoren und/oder Rechtsanwälten kennen die Probleme und achten darauf, dass beide Beteiligte zu ihren Rechten kommen. Sie sind allparteilich und in ihren
Standards dem Opferschutz verpflichtet (www.ausgleichende-ge-
rechtigkeit.de).

Dennoch ist das Opfer berechtigt, die Mitwirkung zu verweigern.
Wie so oft, kommt es aber auch in solchen Fällen auf die Umstände des Einzelfalls an. Von dem „klassischen TOA", der eine persönliche Begegnung zwischen Täter und Opfer voraussetzt, um den
Konflikt aufzuarbeiten, ist der „materielle TOA" zu unterscheiden.
Letzterer legt den Schwerpunkt auf die finanzielle Schadensregu-
lierung und setzt keine persönliche Begegnung voraus. Dabei gibt
es in einigen Städten, insbesondere in München, durchaus gute
Erfahrungen.

Im Kapitel F. dieses Buches zur Geltendmachung von Schadensersatz und Schmerzensgeld finden sich dazu weitere Angaben. Genaue Beratung durch einen spezialisierten Rechtsanwalt ist auch
bei diesen Fragen empfehlenswert.

E. Nebenklage: Rechte zur aktiven Beteiligung des Opfers

Das stärkste Recht des Opfers im Strafverfahren ist die Nebenklage. Das Opfer bzw. der Verletzte wird Nebenkläger, er „tritt neben die Staatsanwaltschaft". Sobald die Nebenklage zugelassen ist, hat der Nebenkläger eigene prozessuale Rechte. Er ist im Gerichtsverfahren Verfahrensbeteiligter. Die Nebenklage wirkt im Wesentlichen ab Erhebung der öffentlichen Klage, praktisch „in und um die Gerichtsverhandlung herum". Die besondere Rechtsstellung ist auch optisch im Gerichtssaal sichtbar. Der Nebenkläger sitzt nicht nur neben der Staatsanwaltschaft, sondern hat auch bestimmte Rechte, die sonst nur der Staatsanwaltschaft zustehen. Er ist jedoch völlig unabhängig, ob und wenn ja, wie er diese Rechte ausübt.

Zulässig ist die Nebenklage nicht nur im gewöhnlichen Strafverfahren, sondern auch im Sicherungsverfahren nach §§ 413 f.; im Verfahren gegen Heranwachsende und neuerdings in besonders schweren Fällen der Gewaltkriminalität auch gegen Jugendliche. Gegen das ergangene Urteil gibt es die Möglichkeit Rechtsmittel einzulegen, allerdings nicht mit dem Ziel eine höhere Strafe zu erzielen (§ 400 StPO).

Insgesamt betrachtet soll die Nebenklage Opfergerechtigkeit gewährleisten.

I. Warum ist die Nebenklage für das Opfer sinnvoll?

Nach herkömmlichem Verständnis wird dem Nebenkläger im Verfahren Gelegenheit gegeben, seine persönlichen Interessen auf Genugtuung zu verfolgen, durch aktive Beteiligung das Verfahrenergebnis zu beeinflussen und sich gegen die Leugnung oder Verharmlosung seiner Verletzung zu wehren. Das Opfer ist als Nebenkläger in der Lage, Schuldzuweisungen und Herabwürdigungen entgegen zu treten. Dafür wird dem Nebenkläger das Recht gegeben, sich aktiv am Verfahren zu beteiligen und durch Erklärungen, Fragen, Anträge und ggf. auch Rechtsmittel auf das Ergebnis des Verfahrens einzuwirken, im Einzelfall auch mitzugestalten. Aus der mittlerweile stattlichen Zahl der Rechte des Nebenklägers sind die Möglichkeiten, die Beweisaufnahme zu beeinflussen und die Frage- und Ablehnungsrechte hervorzuheben. Der Nebenkläger kann als Verfahrensbeteiligter dazu beitragen, dass der Prozess nicht unbemerkt eine täterfreundliche Tendenz annimmt.

II. Die Berechtigung zur Nebenklage

§ 395 StPO führt den Katalog derjenigen Delikte auf, welche den Verletzten zur Nebenklage berechtigen. Dabei geht es um schwere Sexual-, Körperverletzungs- und Freiheitsdelikte bis hin zum Versuch von Mord und Totschlag. Angehörige von Getöteten sind ebenso zur Nebenklage berechtigt. Die Opfer häuslicher Gewalt sind dann nebenklagebefugt, wenn der Täter an ihnen eine der in § 395 StPO aufgeführten Straftaten begangen hat, und/oder sie von einer gerichtlichen Verfügung nach § 4 Gewaltschutzgesetz geschützt sind. Seit kurzem sind auch die Opfer von Stalking nach § 238 StGB zur Nebenklage berechtigt.

§ 395 StPO. [Befugnis zum Anschluss als Nebenkläger]. (1) Der erhobenen öffentlichen Klage oder dem Antrag im Sicherungsverfahren kann sich mit der Nebenklage anschließen, wer
1. durch eine rechtswidrige Tat
    a) nach den §§ 174 bis174c, 176 bis181a und 182 des Strafgesetzbuches,
    b) nach den §§ 185bis189 des Strafgesetzbuches,
    c) nach den §§ 221, 223 bis 226 und 340 des Strafgesetzbuches,
    d) nach den §§ 232 bis 233a, 234 bis 235 und 239 Abs. 3 und den §§ 239a und 239b des Strafgesetzbuches,
    e) nach § 238 des Strafgesetzbuches und § 4 des Gewaltschutzgesetzes,
2. durch eine versuchte rechtswidrige Tat nach den §§ 211 und 212 des Strafgesetzbuches verletzt ist oder
3. durch einen Antrag auf gerichtliche Entscheidung (§ 172) die Erhebung der öffentlichen Klage herbeigeführt hat.
    (2) Die gleiche Befugnis steht zu
1. den Eltern, Kindern, Geschwistern und dem Ehegatten oder Lebenspartner eines durch eine rechtswidrige Tat Getöteten,
2. demjenigen, der nach Maßgabe des § 374 in den in § 374 Abs. 1 Nr. 7 und 8 genannten Fällen als Privatkläger aufzutreten berechtigt

ist, und dem durch eine rechtswidrige Tat nach § 142 Abs. 2 des Patentgesetzes, § 25 Abs. 2 des Gebrauchsmustergesetzes, § 10 Abs. 2 des Halbleiterschutzgesetzes, § 39 Abs. 2 des Sortenschutzgesetzes, § 143 Abs. 2 des Markengesetzes, § 51 Abs. 2 und § 65 Abs. 2 des Geschmacksmustergesetzes und den §§ 108a und 108b Abs. 3 des Urheberrechtsgesetzes Verletzten.

(3) Wer durch eine rechtswidrige Tat nach § 229 des Strafgesetzbuches verletzt ist, kann sich der erhobenen öffentlichen Klage als Nebenkläger anschließen, wenn dies aus besonderen Gründen, namentlich wegen der schweren Folgen der Tat, zur Wahrnehmung seiner Interessen geboten erscheint.

(4) [1]Der Anschluss ist in jeder Lage des Verfahrens zulässig. [2]Er kann nach ergangenem Urteil auch zur Einlegung von Rechtsmitteln geschehen.

In Verfahren gegen Erwachsene sind somit **nebenklageberechtigt**:

(1) Opfer folgender rechtswidriger Straftaten:

- **Straftaten gegen die sexuelle Selbstbestimmung**
  - Sexueller Missbrauch von Schutzbefohlenen,
  - Sexueller Missbrauch von Kindern,
  - Schwerer sexueller Missbrauch von Kindern,
  - Sexueller Missbrauch von Kindern mit Todesfolge,
  - Sexuelle Nötigung und Vergewaltigung,
  - Sexuelle Nötigung und Vergewaltigung mit Todesfolge,
  - Sexueller Missbrauch widerstandsunfähiger Personen
  - Förderung sexueller Handlungen Minderjähriger
  - Ausbeutung von Prostituierten
  - Menschenhandel
  - Schwerer Menschenhandel
  - Zuhälterei
  - Sexueller Missbrauch von Jugendlichen
- **Beleidigungsdelikte**
- **Körperverletzungsdelikte**
  - Aussetzung
  - Körperverletzung
  - Gefährliche Körperverletzung
  - Misshandlung von Schutzbefohlenen
  - Schwere Körperverletzung

  – Körperverletzung im Amt
- **Straftaten gegen die persönliche Freiheit**
  – Menschenraub
  – Verschleppung
  – Entziehung Minderjähriger
  – Schwere Freiheitsberaubung
  – Erpresserischer Menschenraub
  – Geiselnahme
- **Stalking (und durch das Gewaltschutzgesetz Geschützte)**
- **versuchter Mord oder Totschlag**

sowie Opfer, die eine Anklageerhebung durch das Klageerzwingungsverfahren herbeigeführt haben,

(2) **nahe Angehörige eines** durch eine rechtswidrige Tat **Getöteten**

- **Eltern**
- **Kinder**
- **Geschwister**
- **Ehegatten sowie Lebenspartner.**

Großeltern, Onkel und Tante, der Stiefvater sowie geschiedene oder ehemalige Lebenspartner sind nicht nebenklageberechtigt.

Sofern der Täter ein Jugendlicher oder Heranwachsender ist, gelten Besonderheiten, die sich aus dem Jugendgerichtsgesetz (JGG) ergeben. § 80 Absatz 3 JGG nennt die Delikte und die besonderen Voraussetzungen, bei denen eine Nebenklage gegen Jugendliche zulässig ist:

(3) [1]Der erhobenen öffentlichen Klage kann sich als Nebenkläger nur anschließen, wer durch ein Verbrechen gegen das Leben, die körperliche Unversehrtheit oder die sexuelle Selbstbestimmung oder nach § 239 Abs. 3, § 239a oder § 239b des Strafgesetzbuchs, durch welches das Opfer seelisch oder körperlich schwer geschädigt oder einer solchen Gefahr ausgesetzt worden ist, oder durch ein Verbrechen nach § 251 des Strafgesetzbuchs, auch in Verbindung mit § 252 oder § 255 des Strafgesetzbuchs, verletzt worden ist. [2]Im Übrigen gelten § 395 Abs. 2 Nr. 1 und §§ 396 bis 402 der Strafprozessordnung entsprechend.

Die Nebenklage in Verfahren gegen Jugendliche ist im Vergleich mit der in Verfahren gegen Erwachsene oder Heranwachsende nur in engen Grenzen zulässig. Die in Frage kommenden Delikte müssen Verbrechen sein, Vergehen sind nicht ausreichend. Hinsichtlich einer der in Absatz 3 S. 1 aufgeführten Taten muss, soweit es die Taten des Raubes oder der räuberischen Erpressung mit Todesfolge betrifft, eine Verletzung des Opfers eingetreten sein. Das Gesetz sagt im Gegensatz zu den zuvor genannten Delikten nicht, ob und wenn ja, wie schwer diese Verletzungen sein müssen. Die Zukunft wird zeigen, wie dieser Umstand seitens der Gerichte ausgelegt wird. In einem führenden juristischen Kommentar zum Jugendgerichtsgesetz wird die Auffassung vertreten, dass das Opfer ebenfalls durch die Tat der Gefahr einer schweren Schädigung seelischer oder körperlicher Art ausgesetzt wurde oder dass diese Gefahr sich in einer solchen Schädigung realisiert hat. Diese Auslegung, die sich auf gesetzessystematische Erwägungen stützt, ist nicht zwingend. Wenn der Gesetzgeber es so gewollt hätte, wäre dies sicher klargestellt worden.

Schwieriger dürfte in der Rechtspraxis die Beantwortung der Frage sein, wann beispielsweise das Opfer einer Vergewaltigung seelisch oder körperlich schwer geschädigt ist. Die insofern unklare Regelung zur Nebenklage in Verfahren gegen Jugendliche wird hoffentlich nicht dazu führen, dass ungeklärte Rechtsfragen zu weiteren Belastungen der Opfer führen. Dem Opfer einer Vergewaltigung zu sagen, die Folgen der Tat seien nicht schwer oder nicht ganz so schwer, dürfte ihm im Einzelfall kaum zu vermitteln sein.

III. Die einzelnen Rechte des Nebenklägers

Die Rechte des Nebenklägers sind vielfältig. Er verfügt im Wesentlichen über:
- Recht auf ununterbrochene Anwesenheit in der Hauptverhandlung
- Recht auf Erscheinen mit und Vertretung durch einen Rechtsanwalt
- Recht auf rechtliches Gehör im gleichen Umfang wie die Staatsanwaltschaft
- Recht auf Bekanntgabe von Entscheidungen

- Recht auf Erteilung einer Rechtsmittelbelehrung, soweit die Rechtsmittelbefugnis reicht
- Recht auf Ladung zur Hauptverhandlung
- Recht auf Akteneinsicht durch einen Rechtsanwalt
- Recht zur Ablehnung einer Richters oder Sachverständigen
- Recht zur Befragung des Angeklagten
- Recht zur Befragung von Zeugen
- Recht zur Befragung von Sachverständigen
- Recht zur Beanstandung von Anordnungen des Vorsitzenden des Gerichts
- Recht zur Beanstandung von Fragen des Vorsitzenden
- Recht zur Beanstandung von Fragen des Angeklagten oder dessen Verteidigers, für den Fall dass Opfer auch Zeuge ist
- Recht zum Stellen von Beweisanträgen, im Rahmen der Anschlussberechtigung
- Recht zur unmittelbaren Ladung von Beweispersonen
- Recht zum Schlussvortag (Plädoyer)
- Recht zur Erwiderung auf den Schlussvortrag des Angeklagten
- Recht zur Hinwirkung auf sachgerechte Aufklärung des Gerichts.

Die recht unübersichtliche Vorschrift des § 397 StPO normiert durch viele Einzelregelungen und Verweise die Rechte des Nebenklägers. Diese werden einerseits in § 397 StPO aufgeführt, andererseits wird auf andere Vorschriften, die für die weiteren Verfahrensbeteiligten, wie die Staatsanwaltschaft oder den Verteidiger gelten, verwiesen.

§ 397 StPO. [Rechte des Nebenklägers]. (1) [1]Der Nebenkläger ist nach erfolgtem Anschluss, auch wenn er als Zeuge vernommen werden soll, zur Anwesenheit in der Hauptverhandlung berechtigt. [2]Im übrigen gelten die §§ 378 und 385 Abs. 1 bis 3 entsprechend. [3]Die Befugnis zur Ablehnung eines Richters (§§ 24, 31) oder Sachverständigen (§ 74), das Fragerecht (§ 240 Abs. 2, das Recht zur Beanstandung von Anordnungen des Vorsitzenden (§ 238 Abs. 2) und von Fragen (§ 242), das Beweisantragsrecht (§ 244 Abs. 3 bis 6) sowie das Recht zur Abgabe von Erklärungen (§§ 257, 258) steht auch dem Nebenkläger zu.

(2) [1]Wird die Verfolgung nach § 154a beschränkt, so berührt dies nicht das Recht, sich der erhobenen öffentlichen Klage als Nebenkläger anzu-

schließen. [2]Wird der Nebenkläger zum Verfahren zugelassen, so entfällt eine Beschränkung nach § 154a Abs. 1 oder 2, soweit sie die Nebenklage betrifft.

Zudem gibt es mittlerweile in der gerichtlichen Praxis durch ständige Anwendung anerkannte Rechte, die auch vom Bundesgerichtshof als zulässig erachtet wurden. Der Schwerpunkt dieser Rechte soll zum einen eine gesicherte Schutzposition des Nebenklägers sicherstellen und ihm zum anderen weitgehende Beteiligungsrechte zur Verfügung stellen. Die Ausübung der Rechte des Nebenklägers erfolgt unabhängig von der Staatsanwaltschaft und anderen Nebenklägern. Er ist selbstständiger Verfahrensbeteiligter.

IV. Zulassung der Nebenklage nur auf schriftlichen Antrag

Die Anschlusserklärung des Opfers, die Nebenklage führen zu wollen, ist nach § 396 Absatz 1 S. 1 StPO beim Gericht schriftlich einzureichen. Eine telegrafische oder fernschriftliche Erklärung ist ebenso ausreichend wie eine entsprechende Erklärung zum Protokoll der Geschäftsstelle. Die Anschlusserklärung wird nach erfolgter Erhebung der öffentlichen Klage mit Eingang der Erklärung bei Gericht wirksam. Sie kann und sollte aber früher, am besten schon im Ermittlungsverfahren gestellt werden. Dies hat den Vorteil, dass das Opfer dann bereits früher über den Stand des Verfahrens informiert wird.

V. Sollte das Opfer die Nebenklage ohne Rechtsanwalt führen?

Das Opfer darf die Nebenklage von Rechts wegen allein führen. Es ist nicht vorgeschrieben, dass sich der Verletzte dafür eines Rechtsanwaltes bedienen muss. Da die Opfer ohnehin meistens infolge der Tat und ihren Folgen belastet genug sind, ist es anzuraten, dass ein Rechtsanwalt die Interessen des Opfers vertritt. In der Rechtspraxis ist es daher so gut wie nie anzutreffen, dass ein Opfer sich allein vertritt. Die Gründe liegen auf der Hand. Partei in eigener Sache ist immer ein schwieriges Unterfangen. Die Komplexität eines Strafverfahrens erfordert einen fachkundigen Vertreter. Es stellen sich oftmals schwierige juristische und taktische Fragen während eines Prozessverlaufs. In der Regel sind am Prozess nur gleich ausgebildete Volljuristen, sei es als Richter, Staatsanwälte oder Verteidiger beteiligt. Das sich allein vertretende Opfer könnte nicht nur schnell den Überblick, sondern auch die „Augenhöhe" verlieren.

Ein für das Opfer vielleicht noch viel wesentlicherer Aspekt ist, der so genannte „Opferanwalt auf Staatskosten". Bei bestimmten Delikten, wie beispielsweise den meisten Sexualstraftaten, den Tötungsdelikten und deren Versuchen werden die Kosten des Rechtsanwaltes vom Staat übernommen. Auch dafür ist ein Antrag erforderlich. Die Kostenübernahme erfolgt in derartigen Fällen einkommensunabhängig, d.h. die Kosten werden ohne Prüfung der Vermögensverhältnisse immer übernommen. Dagegen gilt für die Opfer von Stalking diese Kostenprivilegierung nicht. Es besteht bei Bedürftigkeit allerdings die Möglichkeit von Prozesskostenhilfe.

VI. Was sollte der Rechtsanwalt des Opfers wissen und beachten?

Es sollte nicht im Interesse der Nebenklage sein, darauf zu dringen, dass der Täter eine möglichst hohe Strafe bekommt. Das ist nicht die Aufgabe. Außerdem gibt es auch keinen Anspruch des Nebenklägers, dass das Gericht die Sicht des Verletzten übernimmt. Das Gericht muss sie jedoch berücksichtigen. Darauf sollte die Nebenklagevertretung abzielen und die gebotenen Rechte auch in diese Richtung nutzen. Besonders zu erwähnen ist das Recht zum Plädoyer. Dieses ergibt durch § 397 Absatz 1 S. 3 StPO, welcher die Rechte des Nebenklägers normiert und darin § 258 StPO als ein Recht des Nebenklägers erwähnt. § 258 Absatz 1 und 2 lauten wie folgt:

(1) Nach dem Schluss der Beweisaufnahme erhalten die Staatsanwalt und sodann der Angeklagte zu ihren Ausführungen und Anträgen das Wort.

(2) Dem Staatsanwalt steht das Recht der Erwiderung zu; dem Angeklagten gebührt das letzte Wort.

Durch den erwähnten Verweis hat auch der Nebenkläger die entsprechenden Rechte wie die Staatsanwaltschaft. In der Praxis hat es sich eingebürgert, dass der Nebenklägervertreter unmittelbar nach dem Staatsanwalt plädiert. Darauf folgt dann das Plädoyer des Verteidigers.

Dieses Recht zum Plädoyer bietet die Chance, unmittelbar vor der Urteilsberatung des Gerichts die besondere Situation des Opfers deutlich zu machen. Hier können seitens der Nebenklage nicht nur diesbezüglich, sondern auch in der rechtlichen Bewertung der Tat und den Aspekten der Strafzumessung eigene Akzente gesetzt werden. Vielfach bleibt diese Möglichkeit allerdings ungenutzt. Mancher Anwalt „schließt sich den Ausführungen der Staatsanwaltschaft" an. Tiefer gehende eigene Ausführungen werden vermisst. Das ist nicht im Interesse der Opfer und vergibt Chancen, dabei bleiben mühsam errungene Rechte ungenutzt.

Erfreulicherweise sind in letzter Zeit vermehrt Rechtsanwälte anzutreffen, die sich dieser herausgehobenen Rechtsstellung bewusst sind und sich aktiv am Verfahren beteiligen. Eine solche Vertretung ist nicht auf Konfrontation oder Konflikt angelegt, sondern aktiv rechtswahrend, schützend und durchaus kooperativ. Diese im wohlverstandenen Sinn und Interesse der Mandanten liegende Vorgehensweise dient nicht nur der Rechtspflege, sondern auch dem Rechtsfrieden. Derartige Opferanwälte haben vielfach psychologische und viktimologische Kenntnisse. Zusätzlich erleichtern kriminalistische und rechtsmedizinische Kenntnisse die Möglichkeiten, die gerichtliche Beweisaufnahme zu beeinflussen Im Ergebnis können sie dazu beitragen, dass der Strafprozess nicht zu einer sekundären Viktimisierung der Opfer führt, sondern im Idealfall ein Baustein für die Bewältigung der Tatfolgen ist. Dies gilt vor allem bei Sexualstraftaten und solchen Delikten, die mit erheblichen Folgen einhergehen.

VII. Wer bezahlt den Rechtsanwalt des Opfers?

Die Frage, wer bezahlt eigentlich den Rechtsanwalt des Opfers, beantwortet für den Bereich der Nebenklage § 397a StPO. Diese Vorschrift erreicht, dass der Nebenkläger nicht aus Sorge vor dem

Kostenrisiko davon abgehalten wird, sich eines anwaltlichen Beistands zu bedienen. Bekanntlich arbeiten weder Gerichte noch Rechtsanwälte ohne Geld. Derjenige, der sie in Anspruch nimmt, muss grundsätzlich die Kosten übernehmen. Wird der Täter verurteilt, so muss zwar er regelmäßig alle Kosten tragen, nur oftmals ist beim Täter nichts zu holen. Also bleibt das Kostenrisiko beim Opfer. Dem hilft § 397a StPO ab. Diese Vorschrift ist eine Spezialvorschrift, die der Regelung des § 68b StPO, der Beiordnung eines rechtsanwaltlichen Beistands, vorgeht. Die Regelung will insgesamt besonders schutzbedürftigen Verletzten eine Vertretung zu erleichtern. Absatz 1 privilegiert eine Gruppe von Opfern, die ganz besonders schutzbedürftig sind. Absatz 2 ermöglicht die Bewilligung von Prozesskostenhilfe und verweist dafür auf die einschlägigen Vorschriften der Zivilprozessordnung (ZPO).

1. Privilegierte Beiordnung bei besonderer Schutzbedürftigkeit

In den nachfolgend aufgeführten Fällen besteht ein privilegiertes Recht auf Beiordnung eines rechtsanwaltlichen Beistands für folgende Personenkreise:

- Verletzte einer Straftat gegen die sexuelle Selbstbestimmung, sofern diese ein Verbrechen ist. Dazu zählen der schwere sexuelle Missbrauch von Kindern, sexueller Missbrauch von Kindern mit Todesfolge sexuelle Nötigung und Vergewaltigung sowie und die sexuelle Nötigung und Vergewaltigung mit Todesfolge, §§ 176 bis 178 StGB.
- Verletzte eines Verbrechens des versuchten Mordes oder Totschlages
- Verletzte eines Menschenhandels, sofern es sich um ein Verbrechen handelt
- Eltern, Kinder, Geschwister, Ehegatten oder Lebenspartner (nahe Angehörige) eines durch eine rechtswidrige Tat Getöteten.

Sofern es sich bei der Tat i. S. v. § 397a Abs. 1 S. 1 StPO um ein Vergehen oder um eine rechtswidrige Tat nach § 225 StGB (Misshandlung von Schutzbefohlenen) handelt, ist eine Bestellung dann möglich, wenn der Nebenkläger zum Zeitpunkt der Antragstellung das 16. Lebensjahr noch nicht vollendet hat oder er seine Interessen ersichtlich nicht selbst wahrnehmen kann. Dies ist insbesondere dann der Fall, wenn der Nebenkläger psychisch betroffen ist

2. Auffangtatbestand Prozesskostenhilfe

Im Falle, dass die Voraussetzungen des § 397a Abs. 1 StPO nicht vorliegen, kommt nach § 397a Abs. 2 StPO die Gewährung von Prozesskostenhilfe in Betracht. Diese wird nur für die Hinzuziehung eines Rechtsanwaltes bewilligt, da dem Nebenkläger regelmäßig sonstige Kosten nicht entstehen. Für die Bewilligung sind die §§ 114 ZPO und die Bestimmungen aus § 397a Abs. 2 und 3 StPO maßgebend. Die Bewilligung ist daher nicht von einer hinreichenden Erfolgsaussicht abhängig. Vielmehr ist Voraussetzung, dass die Sache und Rechtslage schwierig ist, der Verletzte seine Interessen selbst nicht ausreichend wahrnehmen kann oder ihm dies nicht zuzumuten ist.

F. Adhäsionsverfahren: Recht auf Durchsetzung von Schadensersatz und Schmerzensgeld

Das Adhäsions- oder Anhangsverfahren der §§ 403 bis 406c StPO bietet dem Verletzten die Möglichkeit, seine zivilrechtlichen Ansprüche auf Schadensersatz und Schmerzensgeld, die normalerweise vor den Zivilgerichten zu verfolgen wären, bereits im Strafverfahren geltend zu machen. Ein gesonderter Zivilprozess ist nicht notwendig. Das Adhäsionsverfahren ist neben dem Rechtsinstitut der Nebenklage das wesentlichste Opferschutzinstrument im Gerichtsverfahren. Es ist ein wesentlicher Bestandteil einer wünschenswerten Strafrechtspflege, die nicht ausschließlich den Täter, sondern auch das Opfer als mit eigenen Verfahrensbeteiligungsrechten ausgestatteten Prozessbeteiligten, im Strafprozess auftreten lässt. Das Adhäsionsverfahren kann im Strafverfahren gegen den Täter isoliert oder parallel zur Nebenklage führt werden. Die Kombination beider Rechtsinstitute empfiehlt sich wegen der Effektivität der Wahrnehmung von Opferinteressen gerade bei Sexualstraftaten. Entsprechendes ist ebenfalls in Verfahren mit Nebenklage nach Stalking empfehlenswert.

I. Warum ist das Adhäsionsverfahren für das Opfer sinnvoll?

Das Adhäsionsverfahren trägt bei sachgerechter Durchführung dazu bei, dass die Belastungen des Opfers im Verhältnis zu einer optimalen Durchsetzung seiner legitimen Rechte auf Schadensersatz für materielle und Schmerzensgeld für immaterielle Beeinträchtigungen erheblich reduziert werden. Die Durchführung eines Adhäsionsverfahrens ist auf jeden Fall immer dann zu erwägen, wenn der Verletzte Opfer einer schweren Straftat, insbesondere eines Gewalt- oder Sexualverbrechens geworden ist. Die Opfer solcher Straftaten sind oftmals besonders psychisch stark belastet.

Die Durchsetzung der berechtigten Ansprüche bereits im Strafverfahren und nicht in einem zeitlich späteren und dem Strafverfahren anschließenden, gesonderten Verfahren vermeidet Doppelbelastungen. Belastende Mehrfachvernehmungen und zusätzliche Verhandlungstermine vor einem Zivilgericht können durch das Adhäsionsverfahren vermieden werden. Zudem ist das Adhäsionsverfahren im Vergleich zum Zivilverfahren deutlich zügiger und risikoärmer als ein Zivilprozess.

Außerdem ist es gesicherte wissenschaftliche Erkenntnis, dass gerade auch Gerichtsverfahren zu erneuten Viktimisierungen der Verletzten (so genannte sekundäre oder tertiäre Viktimisierung) führen können. Diese gesundheitlichen Risikofaktoren können durch ein sachgerecht geführtes Adhäsionsverfahren reduziert werden.

Die Erfolgsaussicht ist bei der Durchsetzung von Schmerzensgeld am größten (§ 406 Abs. 1 S. 6 StPO). Bei der Überlegung ein derartiges Verfahren durchzuführen und ob zusätzlich oder gesondert weitere Schadensersatz-, Unterlassungs-, oder Beseitigungsansprüche geltend gemacht werden, sind eine Vielzahl von Gesichtspunkten einzubeziehen. Es gilt gerade in diesem sensiblen Feld wiederum der gute Rat, sich zuvor von einem spezialisierten Rechtsanwalt beraten zu lassen, zumal es noch weitere prozessuale und prozesstaktische Vorteile gibt.

II. Wer ist im Adhäsionsverfahren antragsberechtigt?

Antragsberechtigter im Adhäsionsverfahren ist gem. § 403 StPO der Verletzte. Verletzter im Sinne dieser Vorschrift ist derjenige, der aus der Straftat unmittelbar einen vermögensrechtlichen Anspruch erworben hat. Darüber hinaus ist auch derjenige antragsberechtigt, der durch die Straftat selbst nur mittelbar verletzt ist, z. B. der Ehegatte des Getöteten (vgl. § 844 Absatz 2 BGB) oder bei Sachbeschädigungen die dinglich oder schuldrechtlich zur Nutzung Berechtigte.

Voraussetzung für die Antragsberechtigung ist nach einhelliger Auffassung nicht, dass der Verletzte einen Strafantrag stellt.

Antragsberechtigt ist neben dem Verletzten auch sein Erbe. In den zuvor geschilderten Fällen sind die Ansprüche der Getöteten im Wege der gesetzlichen Erbfolge auf den Sohn bzw. auf die Geschwister übergegangen. Bei einer Mehrheit von Erben ist jeder Erbe antragsberechtigt. Er kann aber gem. § 2039 S. 1 BGB nur Leistung an alle Erben verlangen. Über den Wortlaut der Vorschrift hinaus ist auch der Erbe des Erben antragsberechtigt. Entscheidend ist, dass der geltend gemachte Anspruch im Wege der gesetzlichen oder testamentarischen Erbfolge erworben wurde. Andere Rechtsnachfolger, wie z. B. Abtretungs- oder Pfändungspfandgläubiger, sind nicht antragsberechtigt. Ebenfalls sind weder ein Sozialversicherungsträger, auf den der Schadensersatzanspruch übergegangen ist noch ein privater Haftpflichtversicherer antragsberechtigt. Strittig ist die Frage, ob ein Insolvenzverwalter antragsberechtigt ist.

Der Antragsteller kann den Anspruch im Strafverfahren nur geltend machen, wenn er dazu auch im Zivilprozess berechtigt wäre. Der Antragsteller muss daher nach einhelliger Auffassung im Sinne des Zivilprozessrechtes (§§ 51 bis 55 ZPO) prozessfähig oder gesetzlich vertreten sein.

III. Der Antrag richtet sich gegen den Täter

Der im Adhäsionsverfahren geltend gemachte Anspruch muss sich gegen den Beschuldigten richten. Beschuldigter ist die Person, gegen die sich das Strafverfahren richtet. Gegen andere Personen kann ein Antrag nicht gestellt werden, auch wenn sie in das Strafverfahren hätten einbezogen werden müssen oder zivilrechtlich haften. Dementsprechend ist ein Antrag gegen einen Haftpflichtversicherer (vgl. § 3 Pflichtversicherungsgesetz) nicht zulässig.

Gegen einen Jugendlichen darf gem. § 81 JGG kein Adhäsionsverfahren durchgeführt werden. Die Vorschriften der Strafprozessordnung über die Entschädigung des Verletzten (§§ 403 bis 406c StPO) werden im Verfahren gegen einen Jugendlichen nicht angewendet. Dabei schließt nicht die Verfahrensart, sondern das Alter des Beschuldigten zur Tatzeit das Adhäsionsverfahren aus, und zwar auch dann, wenn das Verfahren vor dem allgemeinen Strafgericht stattfindet (vgl. § 104 Abs. 1 Nr. 14 JGG).

Seit kurzem ist ein Adhäsionsverfahren gegen einen Heranwachsenden uneingeschränkt zulässig. Bei einem Heranwachsenden kam es für die Anwendbarkeit des Adhäsionsverfahrens bis zum In-Kraft-Treten des 2. Justizmodernisierungsgesetzes darauf an, ob der Heranwachsende nach Jugendstrafrecht oder nach Erwachsenenstrafrecht verurteilt wurde (vgl. §§ 81, 109 Absatz 2 S. 1 JGG a. F.). Einer bereits seit längerem von Opferschutzverbänden erhobenen Forderung entsprechend ist diese Regelung durch das zweite Justizmodernisierungsgesetz geändert worden. Danach können Adhäsionsansprüche nunmehr auch dann gegen Heranwachsende verfolgt werden, wenn sie nach Jugendstrafrecht verurteilt werden. Dies folgt daraus, dass § 81 JGG aus der Liste in Bezug genommenen Vorschriften in § 109 Absatz 2 S. 1 JGG gestrichen wurde. In § 109 Absatz 2 S. 1 JGG sind diejenigen Verfahrensvorschriften des JGG aufgelistet, die in einem Verfahren gegen Heranwachsende entsprechend gelten, wenn der Richter Jugendstrafrecht anwendet.

IV. Welche Ansprüche können geltend gemacht werden?

Nur vermögensrechtliche Ansprüche, die aus der Straftat erwachsen, können im Adhäsionsverfahren geltend gemacht werden. Vermögensrechtlich sind alle Ansprüche, die aus Vermögensrechten abgeleitet oder auf vermögenswerte Leistungen gerichtet sind. In Betracht kommen hier hauptsächlich Schadensersatz- und Schmerzensgeldansprüche sowie Ansprüche auf Ersatz der Beerdigungskosten, aber auch Bereicherungs-, Herausgabe- oder Unterlassungsansprüche, etwa auf Unterlassung künftiger Verletzungen, wenn damit wirtschaftliche Interessen verfolgt werden. In Betracht kommen kann sogar der Widerruf einer Behauptung. Ein **Beispiel** soll diese eher juristischen Ausführungen verdeutlichen, wiederum ein Fall aus der Gerichtspraxis, der vor dem Amtsgericht Meppen und im Berufungsverfahren vor dem Landgericht Osnabrück verhandelt wurde:

> Drei Täter werden von einer vierten Person beauftragt, einem Geschäftspartner einen „Denkzettel zu verpassen". Sie begeben sich zu dem vermeintlichen Wohnhaus des Mannes, bewaffnet mit Schaufelstielen. Sie brechen in das Haus ein und begeben sich in ein Schlafzimmer. Dabei irren sie sich in der Tür und schlagen irrtümlich auf die schlafenden Eltern des Mannes ein. Dies tun sie solange, bis die Schaufelstiele durchbrechen.
>
> Das Ehepaar wird erheblich verletzt. Sie müssen über mehrere Monate psychiatrisch wegen posttraumatischen Belastungsstörungen behandelt werden. Die Eingangstür zum Haus ist zerstört, ein Zaunelement zerbrochen. Es entstehen neben den Behandlungskosten Fahrt- und Telefonkosten. Die Frau wird berufsunfähig und muss ihren Arbeitsplatz aufgeben. Dadurch erleidet sie einen Einkommensverlust von 700 € monatlich.
>
> Welche Ansprüche hat das Ehepaar gegen die Täter?
>
> Die Ansprüche auf den Ersatz der Krankenbehandlung sind auf den jeweiligen Sozialversicherungsträger übergegangen. Insofern ist dem Ehepaar kein Schaden entstanden.
>
> Beide können Schmerzensgeld für die Verletzungen am Körper und die damit verbundenen Lebensbeeinträchtigungen, Schadensersatz für die Tür und den Zaun, von der Krankenkasse nicht übernommene Fahrtkosten etc., sowie den Einkommensverlust direkt gegen die Täter geltend machen.

V. Anspruch des Opfers auf Schmerzensgeld

Grundsätzlich sind der Umfang des Schadens und das Ausmaß der konkreten Beeinträchtigung für die Bemessung eines Schmerzensgeldes ausschlaggebend. Zentrale Vorschrift ist dabei zunächst § 823 BGB. Diese Bestimmung normiert den Anspruch auf Schadensersatz.

§ 823 BGB. [Schadensersatzpflicht]. (1) Wer vorsätzlich oder fahrlässig das Leben, den Körper, die Gesundheit, die Freiheit, das Eigentum oder ein sonstiges Recht eines anderen widerrechtlich verletzt, ist dem anderen zum Ersatz des daraus entstehenden Schadens verpflichtet.

(2) [1]Die gleiche Verpflichtung trifft denjenigen, welcher gegen ein den Schutz eines anderen bezweckendes Gesetz verstößt. [2]Ist nach dem Inhalt des Gesetzes ein Verstoß gegen dieses auch ohne Verschulden möglich, so tritt die Ersatzpflicht nur im Falle des Verschuldens ein.

Das Schmerzensgeld rechtfertigt sich rechtsdogmatisch im Wesentlichen durch die Ausgleichs- und Genugtuungsfunktion. Für die Bemessung eines Schmerzensgeldes als einer Art von Ersatz hat bereits das Reichsgericht als wesentliche Momente Größe, Heftigkeit und Dauer der Schmerzen genannt (Urteil vom 17.11.1882, RGZ 8, 117 ff.). Festzulegen, wann ein Schmerzensgeld im Rechtssinne eine „billige Entschädigung" ist, bereitet Schwierigkeiten. Im Laufe der Jahre hat sich eine vielfältige Rechtsprechung mit den Einzelheiten der Bemessung beschäftigt. Man versucht die Einzelheiten in Tabellen systematisiert zu erfassen. Diese dienen dann sowohl der Orientierung als auch als Entscheidungshilfe.

Zu Gunsten der Opfer von Sexualstraftaten ist die Einführung von § 253 Absatz 2 BGB richtungweisend. Es wurde auch bereits in der Wahl der gewählten Worte deutlich, dass die Freiheit auf sexuelle Selbstbestimmung unantastbar sein soll. Bereits die reine Verletzung des Rechts begründet einen Anspruch auf Schmerzensgeld. Mit Inkrafttreten des 2. Gesetzes zur Änderung schadensersatzrechtlicher Vorschriften am 1.8.2002 ist das Schmerzensgeld im Bürgerlichen Gesetzbuch (BGB) in § 253 Absatz 2 BGB in neuer Fassung geregelt. Der bisherige § 847 BGB wurde ersatzlos gestrichen.

§ 253 BGB. [Immaterieller Schaden]. (1) Wegen eines Schadens, der nicht Vermögensschaden ist, kann Entschädigung in Geld nur in den durch das Gesetz bestimmten Fällen gefordert werden.

(2) Ist wegen einer Verletzung des Körpers, der Gesundheit, der Freiheit oder der sexuellen Selbstbestimmung Schadensersatz zu leisten, kann auch wegen des Schadens, der nicht Vermögensschaden ist, eine billige Entschädigung in Geld gefordert werden.

Aus der Regelung von § 253 Absatz 2 BGB folgt, dass sowohl bereits die Verletzung des Rechts auf Freiheit als auch die des Rechts auf sexuelle Selbstbestimmung, ohne dass eine physische oder psychische Verletzung dazu kommen muss, einen Schmerzensgeldanspruch bei Vorliegen der übrigen Voraussetzungen rechtfertigen kann. Bis zum 31.7.2002 lautete die maßgebliche Vorschrift von § 847 BGB dagegen noch:

(2) Ein gleicher Anspruch steht einer Frauenperson zu, gegen die ein Verbrechen oder Vergehen wider die Sittlichkeit begangen oder die durch Hinterlist, durch Drohung oder unter Missbrauch eines Abhängigkeitsverhältnisses zur Gestaltung der außerehelichen Beiwohnung bestimmt wird.

Der nunmehr uneingeschränkte und umfassende Schutz der Unverletzlichkeit des Rechts auf sexuelle Selbstbestimmung im Zivilrecht in § 253 Absatz 2 BGB gilt nicht nur für Frauen, sondern gleichfalls für Männer und Kinder. Auch dies ist neu.

Eine Geldsumme, die als Ausgleich gezahlt wird, soll nach dem herkömmlichen Verständnis dem Verletzten eine Ausgleichsfunktion ermöglichen. Das Geld soll dem Opfer im Wege der Kompensation ermöglichen, sich Annehmlichkeiten oder Erleichterungen zu verschaffen oder einer Liebhaberei nachzugehen, was ihm bislang nicht möglich war.

Weiterhin wird noch auf die Genugtuungsfunktion des Schmerzensgeldes zurückgegriffen. Dieser Punkt ist nicht unumstritten. Bis zu einer Entscheidung des Großen Zivilsenats des Bundesgerichtshofs aus dem Jahre 1955 war es einhellige Auffassung, dass ein Schmerzensgeld ausschließlich ausgleichende Funktion haben sollte (BGH, Beschluss vom 6.7.1955, BGHZ 18, 149 ff.). Die Einführung der Genugtuungsfunktion wurde erforderlich, um bei einem entsprechenden Verschuldensgrad des Täters eine Heraufsetzung des Schmerzensgeldes über die durch das Ausmaß des immateriellen Schadens vorgegebene Höhe hinaus möglich zu machen.

1. Schmerzensgeld bei Sexualstraftaten

Das Thema Schmerzensgeld bei Sexualstraftaten ist schwierig. Es gibt Spannungsfelder sowohl in der Bemessung von Schmerzensgeldsummen als auch im Umgang mit dem legitimen Rechtsanspruch des Opfers auf einen finanziellen Schadensausgleich. Einerseits besteht eine Diskrepanz in der Höhe der Schmerzensgelder im Verhältnis zu Verletzungen des allgemeinen Persönlichkeitsrechts Prominenter. Andererseits ist das Thema ein Gegenstand bei dem selten jemand frei von Emotionen ist. Die juristische Fachliteratur dazu ist dünn.

Seit dem Zeitpunkt, als der damaligen Caroline von Monaco vom OLG Hamburg ein Geldbetrag von umgerechnet 90.000 € wegen der Verletzung ihres allgemeinen Persönlichkeitsrechts aufgrund einer Presseveröffentlichung, zuerkannt wurde (Urteil vom 25.7.1996, Aktenzeichen 3 U 60/93), sowie der Veröffentlichung von weiteren Entscheidungen mit höheren Schmerzensgeldern nach Sexualstraftaten, ist diese Frage der Angemessenheit von Schmerzensgeldern nach Sexualverbrechen etwas mehr zu einem Thema geworden. Das OLG Stuttgart hatte beispielsweise ein Schmerzensgeld in Höhe von 35.000 € nach einer brutalen Vergewaltigung mit Defloration, schwerer und lebensgefährlicher Körperverletzung und Dauerschäden zuerkannt (Urteil vom 1.8.1997, Aktenzeichen 2 U 75/97). Das Landgericht Flensburg hatte noch 1992 einem jungen Mädchen, das während der Tat 16½ Jahre alt war, umgerechnet 2.500 € zugesprochen. Nach den Feststellungen des Gerichts war das Mädchen noch voll in der pubertären Entwicklung, das Vorgehen des Täters besonders brutal, das Opfer in Todesangst versetzt worden, und es litt noch unter den Folgen der Tat (Urteil vom 7.5.1992, Aktenzeichen 2 O 21/92).

Ein Schmerzensgeld in Höhe von umgerechnet 10.000 € wurde, soweit feststellbar, erstmals 1986 einem 15-jährigen Mädchen zuerkannt, das mehrfach vergewaltigt worden war (Landgericht Oldenburg, Urteil vom 3.11.1986, Aktenzeichen 13 O 2337/86). Im Jahre 2007 bekam eine 18-Jährige 15.000 € zugesprochen, nachdem sie von dem Täter zweimal vergewaltigt wurde, wobei sie zuvor vom Täter überfallartig vom Fahrrad gezerrt, mit einem Messer bedroht und in ein Kornfeld geschleppt worden war. Nach eigenen Angaben hatte sich der Täter zur Tatzeit seit drei Monaten nicht mehr gewaschen. Die Frau befand sich nahezu drei Stunden in seiner Gewalt (Landgericht Osnabrück, Urteil vom 10.10.2007, Aktenzeichen 15 KLs – 217 – Js 23269/07 – 19/07). 1.000 € wurden im Jahre 2007 vom Amtsgericht Lingen einer jungen Praktikanten zugesprochen. Der Täter, ihr Praktikumsbetreuer, hatte die junge Frau in einem Behandlungsraum sexuell genötigt, nachdem er ihr gegenüber bereits über längere Zeit anzügliche Bemerkungen gemacht hatte (Urteil vom 30.10.2007, Aktenzeichen NZS 7 LS (321 Js 1481/07 – 7/07). Ebenfalls im Jahre 2007 wurden vom Amtsgericht Papenburg einem achtjährigen Mädchen 1.000 € und ihrer Schwester 3.000 € Schmerzensgeld zugesprochen. Beide Mädchen wurden von einem fünfzigjährigen Nachbarn siebenmal bzw. elfmal sexuell missbraucht (Urteil vom 6.12.2007, Aktenzeichen 14 Ls 318 – Js 34217/07 – 23/07).

Dagegen wurden Caroline von Hannover im Jahre 2000 vom OLG Hamburg (Urteil vom 10.10.2000, Aktenzeichen 7 U 138/99) wegen schwerer Verletzung des Persönlichkeitsrechts durch Veröffentlichung privater Fotos umgerechnet rund 100.000 € zugesprochen.

Eine Liste mit ähnlichen Beispielen könnte noch lange fortgesetzt werden. Warum diese Ausführungen? Es soll keine Richterschelte betrieben werden. Stattdessen soll zum einen vor falschen Vorstellungen gewarnt werden. Zum anderen soll appelliert werden, an dieser Praxis zu niedriger Schmerzensgelder etwas zu ändern. Auch um ein Signal zur Wertigkeit von Rechtsgütern zu setzen, sind höhere Summen zuzusprechen. In der juristischen Literatur ist diese Frage nur selten ein Thema. Ein Werk zum Schmerzensgeld von Lothar Jaeger und Jan Luckey hebt sich davon wohltuend ab (Jaeger/Luckey, Schmerzensgeld, 3. Aufl.). Die Autoren zeigen mit vielen Beispielen die Widersprüchlichkeit der verschiedenen Gerichtsentscheidungen auf und appellieren, höhere Schmerzensgelder zuzusprechen. Ihre Argumente sollten auch Richter überzeugen, höhere Zahlungen an Opfer auszuurteilen. Beide sehen als Gründe für die Zurückhaltung der Richter vorrangig früher herrschende Moralvorstellungen an. Viele Opfer haben sich gescheut, die Taten zu offenbaren und das traumatische Erlebnis über das Strafverfahren hinaus nach dessen Abschluss in einem gesonderten Rechtsstreit vor dem Zivilgericht erneut durchleben zu müssen. Daneben dürfte nach Ansicht von Jäger und Luckey die traditionelle Zurückhaltung des deutschen Rechts und der Gerichte zu einer „Kommerzialisierung von Nichtvermögensschäden" sowie die Anlehnung an gängige Schmerzensgeldtabellen als Gründe in Betracht kommen. Diese Tabellen sind tatsächlich für die Opfer von Sexualstraftaten weitgehend unbrauchbar. Jeder Einzelfall ist anders, eine katalogmäßige Erfassung schwierig. Der wesentliche Mangel liegt darin, dass sie keinen vollständigen Überblick der Rechtsprechung widerspiegeln. Die meisten der in diesem Buch erwähnten Entscheidungen findet man in diesen Tabellen nicht. Oftmals kommt es auch zu einem Vergleich im Gerichtsverfahren. Auch diese Ergebnisse finden sich als Anhaltspunkte nirgends wieder.

Auch der Rechtsprofessor Ullrich Foerste ermutigte mit einem Aufsatz in der Neuen Juristischen Wochenschrift (NJW 1999, Seite 2951) zu höheren Schmerzensgeldern. Bei vorsätzlicher Tat – und das sei eine Vergewaltigung immer – müsse das Schadensbild insgesamt betrachtet und vollständig entschädigt werden. Möge für eine brutale Vergewaltigung ein bestimmter Schmerzensgeldbetrag angemessen sein, so müsse dieser bei mehrfacher Vergewaltigung vervielfacht und beispielsweise bei der Ausführung der Tat durch mehrere zusätzlich ganz wesentlich erhöht werden. Es könne nicht sein, dass das Schmerzensgeld bei mehrfacher Vergewaltigung „nur" erhöht werde, wenn der Täter dieselbe Frau mehrfach vergewaltigt. Würde er jeweils eine andere Frau vergewaltigen, käme niemand auf die Idee, dass (erhöhte) Schmerzensgeld auf diese Frauen zu verteilen. Übertragen auf den eingangs geschilderten Fall der jungen Frau, die innerhalb von drei Stunden von dem Täter zweimal in einem zeitlichen Abstand vergewaltigt wurde, bedeutete das für das Opfer, dass es für zwei Vergewaltigungen in einem gewissen zeitlichen Zusammenhang erheblich weniger Schmerzensgeld zugesprochen bekommt, als wenn die zweite Vergewaltigung zwei Tage später stattgefunden hätte. Dem ist nichts hinzuzufügen. Mutige Richter sind gefordert, die die bisherigen Grenzen der zu niedrigen Schmerzensgelder sprengen.

2. Keine Schmerzensgeldkürzung bei strafrechtlicher Verurteilung

In der Gerichtspraxis wird immer wieder behauptet, dass die strafrechtliche Verurteilung des Täters im Rahmen des Ausgleichs für die Verletzung des sexuellen Selbstbestimmungsrechts schmerzensgeldmindernd ist. Das Opfer soll weniger Schmerzensgeld bekommen, weil der Täter strafrechtlich wegen der Straftat zur Rechenschaft gezogen wurde. Ob solche immer wieder anzutreffenden und ärgerlichen Behauptungen mangels ausreichender Kenntnisse oder wider besseres Wissen aufgestellt werden, sei dahingestellt. Sie sind schlichtweg falsch. Für eine solche Anrechnung gibt es keine überzeugenden Gründe. Das eine hat mit dem anderen nichts zu tun, weder rechtssystematisch noch von der Begründung für ein Schmerzensgeld her. Die maßgebliche Rechtsprechung sieht das seit längerem auch schon so. Die Obergerichte, auch der Bundesgerichtshof, haben entschieden, dass eine solche Anrechnung unzulässig ist (BGH, Urteil vom 29.11.94, Aktenzeichen VI ZR 93/94).

3. Schmerzensgeld für den Tod

Beim Tod eines Menschen und für die Verkürzung der Lebenszeit besteht kein Anspruch auf Schmerzensgeld. § 253 BGB nennt das Leben als Rechtsgut nicht. Aus diesem Grund wird den Angehörigen – im Gegensatz zu anderen europäischen Ländern – für den Verlust des Getöteten kein Schmerzensgeld gewährt. Die Rechtsprechung lehnt ein Schmerzensgeld der hinterbliebenen Angehörigen aus eigenem Recht ab. Ein solcher Anspruch besteht allerdings dann, wenn es bei dem Hinterbliebenen zu gewichtigen psychopathologischen Beeinträchtigungen über einen längeren Zeitraum kommt, die deutlich über eine normale Trauerverarbeitung hinausgehen.

4. Schmerzensgeld bei tödlichen Verletzungen

Wenn der Verletzte nach der Tat noch gelebt hat, besteht ein Schmerzensgeldanspruch. Ausreichend ist eine kurze Zeit. Die Todesangst und/oder die Erkenntnis des plötzlich herannahenden Lebensendes können einen Schmerzensgeldanspruch begründen oder erhöhen.

Die dazu bestehende Rechtsprechung bezieht sich dabei weitgehend auf Fälle, denen ein Verkehrsunfall zugrunde lag. Die Ansprüche, die das Opfer zu Lebzeiten erworben hat, gehen im Wege der gesetzlichen oder gewillkürten Erbfolge auf die Hinterbliebenen über. Diesbezüglich gibt es bei den Hinterbliebenen verständlicherweise eine große Scheu, einen entsprechenden Anspruch überhaupt geltend zu machen. Für den Fall, dass derartige Ansprüche im Adhäsionsverfahren geltend gemacht werden, bietet sich die Möglichkeit, dass in dem Urteil des Gerichts nicht nur deutlich wird, dass der Täter eine Straftat begangen hat und deshalb bestraft, sondern auch dafür „zur Rechenschaft gezogen" wird, dass er einem Menschen Schmerzen zugefügt hat. Nur dafür hat er Schmerzensgeld zu zahlen. Patentrezepte für eine diesbezügliche Vorgehensweise gibt es nicht. Es kommt immer auf den Einzelfall an. In solchen komplexen Fallgestaltungen ist eine gründliche Abwägung aller Belange und Interessen der Hinterbliebenen unter Einbeziehung des mutmaßlichen Willens des Getöteten vorzunehmen. Dazu zwei **Beispiele** aus der anwaltlichen und gerichtlichen Praxis:

Im ersten Fall hatte ein Ehemann seine Ehefrau vergewaltigt, anschließend die Kellertreppe hinunter geworfen und sie dann mit einer Holzlatte erschlagen. Vor dem Landgericht Osnabrück einigten sich der Angeklagte und die Hinterbliebenen im Adhäsionsverfahren im Vergleichswege über die Zahlung eines Schmerzensgeldes in Höhe von 10.000 €, das dem hinterbliebenen halbwaisen Sohn der Getöteten zu Gute kommt (Vergleich vom 27.10.2004, Aktenzeichen 6 Ks 8/04).

Im zweiten Fall wurden den Hinterbliebenen einer ermordeten Frau 15.000 € Schmerzensgeld zugesprochen. Der Täter war von der Frau bei einem Diebstahl in der Wohnung ertappt worden, daraufhin schlug er sie zunächst, anschließend erdrosselte er sie mit einem Kabel (Landgericht Osnabrück Urteil vom 17.7.2007, Aktenzeichen NZS 6 Ks – 720 JS 4909/07 – 3/07).

Es war ausdrücklicher Wunsch der Hinterbliebenen, dem mutmaßlichen Willen der Ermordeten entsprechend, dieses Schmerzensgeld einer Opferhilfeeinrichtung zuzuführen. Auch dies ein möglicher Weg, im Interesse des Verstorbenen zu handeln und damit die auch pietätsrelevante Frage, nach einem Tötungsdelikt ein Schmerzensgeld zu beanspruchen, zu lösen.

VI. Die Rechte des Adhäsionsantragstellers in der Hauptverhandlung

Der Adhäsionsantragsteller hat zwar ein Teilnahmerecht, aber keine Teilnahmepflicht an der Hauptverhandlung. Dem entsprechend kann er sich durch einen Rechtsanwalt oder eine andere geeignete Person vertreten lassen. Bei der Beurteilung der Geeignetheit sind § 157 ZPO (ungeeignete Vertreter, Prozessagenten) sowie § 138 Absatz 2 StPO entsprechend anzuwenden. Ungeeignete Vertreter kann das Gericht nach diesen Vorschriften zurückweisen.

In § 404 Absatz 3 S. 2 StPO ist dieses Teilnahmerecht des Adhäsionsantragstellers an der Hauptverhandlung normiert. Es gilt auch dann, wenn der Adhäsionsantragsteller als Zeuge vernommen werden soll. Aus diesem Teilnahmerecht kann sich ein Konflikt mit der gleichzeitig bestehenden Pflichten des Zeugen und den sonstigen Bestimmungen der Strafprozessordnung ergeben. Der rechtliche Konflikt mit § 58 Absatz 1 StPO, wonach Zeugen einzeln und in Abwesenheit der später zu hörenden Zeugen zu vernehmen sind, lässt sich zwar dadurch lösen, dass der Adhäsionsantragsteller als erster Zeuge vernommen wird und sodann im Saal verbleibt. Rechtlich auflösen lässt sich dieser Konflikt zwischen dem Grundsatz des Schutzes der Wahrheitsfindung und dem Anspruch auf rechtliches Gehör nicht. Das Gericht sollte den Adhäsionsantragsteller und Zeugen jedoch darauf aufmerksam machen, dass der Beweiswert seiner Zeugenaussage möglicherweise dadurch beeinträchtigt wird, dass er der Hauptverhandlung bereits während der Einlassung des Angeklagten beigewohnt hat. Vor diesem Hintergrund erscheint es aus Sicht des Adhäsionsantragstellers ratsam, auf sein Anwesenheitsrecht während der Hauptverhandlung zu verzichten, bis er selbst als Zeuge vernommen worden ist. Dieser Verzicht erscheint insbesondere in den Fällen zumutbar, in denen sich der Adhäsionsantragsteller während der Hauptverhandlung durch einen Rechtsanwalt vertreten lässt, der während der Abwesenheit des Adhäsionsantragstellers im Saal verbleibt.

Der Bundesgerichtshof hat bereits 1956 entschieden, dass das Recht des Adhäsionsantragstellers auf Teilnahme an der Hauptverhandlung nur dann Sinn macht, wenn ihm in der Hauptverhandlung auch weitere Rechte zustehen, um seinen Antrag näher zu begründen, u. a. das Beweisantragsrecht. Es entspricht einhelliger Auffassung, dass dem Adhäsionsantragsteller in der Hauptverhandlung ein Frage- und Beanstandungsrecht gem. §§ 243, 238 Absatz 2 StPO, ein Erklärungsrecht nach § 257 StPO, das Beweisantragsrecht und das Recht zum Schlussvortrag zustehen.

Ob dem Antragsteller im Adhäsionsverfahren ein Recht zur Ablehnung des Gerichtes wegen Besorgnis der Befangenheit zukommt, war in der juristischen Literatur bislang überwiegend abgelehnt worden. Im Gesetz ist es nicht ausdrücklich geregelt. Durch die Entscheidung des Bundesverfassungsgerichts (Urteil vom 27.12. 2006, Aktenzeichen 2 BvR 958/06) ist jedoch klargestellt, dass auch dem Adhäsionsantragsteller ein Recht auf Richterablehnung zusteht.

Das Bundesverfassungsgericht hat entschieden, dass der Gesetzgeber ein solches Ablehnungsrecht zwar nicht ausdrücklich normiert habe. Dem Gesetzgebungsverfahren lasse sich aber entnehmen, dass der Gesetzgeber mit Blick auf einen die Sach- und Rechtslage einseitig grob verkennenden Vergleichsvorschlag des Gerichtes gem. § 405 Absatz 1 StPO oder Begleitumstände, die Misstrauen gegen die Unparteilichkeit des Richter begründen können, das Stellen eines Befangenheitsantrages auch nicht generell ausschließen wollte.

VII. Schmerzensgeld durch Vergleich

Im Adhäsionsverfahren ist es auch möglich, mit dem Angeklagten im Gericht einen Vergleich zu schließen. Vergleich bedeutet dabei, dass beide Seiten aufeinander zugehen und jeweils von ihrer ursprünglichen Rechtsposition etwas zurückgehen und dann gemeinsam eine Lösung formulieren. Hierzu kann auf Verlangen der Beteiligten auch das Gericht einen Vorschlag unterbreiten, wie in § 405 StPO erläutert:

(1) [1]Auf Antrag des Verletzten oder seines Erben und des Angeklagten nimmt das Gericht einen Vergleich über die aus der Straftat erwachsenen Ansprüche in das Protokoll auf. [2]Es soll auf übereinstimmenden Antrag der in Satz 1 Genannten einen Vergleichsvorschlag unterbreiten.

Nutzt das Opfer die Möglichkeit, einen Vergleich zu schließen, kann ihm diese Verfahrensweise viele Vorteile bieten. Der Rechtsstreit ist dann soweit abgeschlossen. Es besteht Rechtssicherheit. In einem Vergleich können darüber hinaus auch Dinge geregelt werden, die ansonsten vom Gericht nicht zugesprochen werden könnten, z.B. ein Schmerzensgeld auch für bereits verjährte Taten.

Da es sich auf Vergleichsebene um eine einvernehmliche Vereinbarung zwischen Antragsteller und Angeklagten handelt dient dies dem Rechtsfrieden, wenn neben dem strafrechtlichen Sachverhalt der „finanzielle Konflikt" gleichzeitig mit abschließend geregelt wird. Wichtig ist jedoch dabei, dass der Antragsteller seine Rechte und Ansprüche genau kennt, da ihm ansonsten bei einer abschließenden Regelung, die auch Verzicht auf materielle Ansprüche oder andere Rechtspositionen bedeuten kann, möglicherweise irreparable Rechtsverluste drohen.

VIII. Grundsätzlich kein Rechtsmittel

Hinzuweisen ist, dass der Antragsteller im Adhäsionsverfahren grundsätzlich keine eigenen Rechtsmittel hat. Die Entscheidung ist für ihn unanfechtbar. Dies bedeutet, dass das Opfer die Entscheidung des Gerichts, unabhängig davon, ob sie richtig oder falsch ergangen ist, so hinnehmen muss. Grundsätzlich kann dagegen nichts mehr unternommen werden:

§ 406a StPO. [Rechtsmittel]. (1) [1]Gegen den Beschluss, mit dem nach § 406 Abs. 5 Satz 2 von einer Entscheidung über den Antrag abgesehen wird, ist sofortige Beschwerde zulässig, wenn der Antrag vor Beginn der Hauptverhandlung gestellt worden und solange keine den Rechtszug abschließende Entscheidung ergangen ist. [2]Im Übrigen steht dem Antragsteller ein Rechtsmittel nicht zu.

(2) [1]Soweit das Gericht dem Antrag stattgibt, kann der Angeklagte die Entscheidung auch ohne den strafrechtlichen Teil des Urteils mit dem sonst zulässigen Rechtsmittel anfechten. [2]In diesem Falle kann über das Rechtsmittel durch Beschluss in nichtöffentlicher Sitzung entschieden werden. [3]Ist das zulässige Rechtsmittel die Berufung, findet auf Antrag des Angeklagten oder des Antragstellers eine mündliche Anhörung der Beteiligten statt.

(3) [1]Die dem Antrag stattgebende Entscheidung ist aufzuheben, wenn der Angeklagte unter Aufhebung der Verurteilung wegen der Straftat, auf welche die Entscheidung über den Antrag gestützt worden ist, weder schuldig gesprochen noch gegen ihn eine Maßregel der Besserung und Sicherung angeordnet wird. [2]Dies gilt auch, wenn das Urteil insoweit nicht angefochten ist.

Dies gilt auch dann, wenn der Antragsteller gleichzeitig Nebenkläger ist. Diese Verkürzung der Rechtsmittel wird damit gerechtfertigt, dass eine stattgegebene Entscheidung den Antragsteller nicht belastet und eine Absehensentscheidung keine sachliche Entscheidung über den Anspruch selbst enthält, da der Antragsteller seine Rechte im gesonderten Zivilverfahren verfolgen kann. Bei krassen Fehlentscheidungen gibt es in Ausnahmefällen begrenzte Möglichkeiten. Darauf wird in Kapitel G. dieses Buches näher eingegangen.

IX. Recht auf Geheimhaltung der Wohnanschrift

Im Hinblick auf die Notwendigkeit zur Stellung eines bestimmten Antrages, der Grundlage eines Vollstreckungstitels sein soll, ist grundsätzlich bei Antragstellung auch der Antragsteller nicht nur namentlich zu bezeichnen, sondern auch seine Adresse anzugeben. Das ist vielen Opfern nicht zumutbar. Die Angabe der Adresse des Verletzten kann jedoch ausnahmsweise entbehrlich sein, wenn dieser ein berechtigtes Geheimhaltungsinteresse hat. Dies dürfte gerade in Strafverfahren, die massive Straftaten aus dem Bereich der organisierten Kriminalität als Gegenstand haben, oder auch im Bereich der Stalking-Fälle, nicht selten sein.

Es reicht in diesen Fällen aus, also bei begründetem Geheimhaltungsinteresse des Verletzten an seiner aktuellen Adresse, seine Identität über sein Geburtsdatum und seinen Geburtsort zu konkretisieren. Praktikabel ist, die Kanzleianschrift des Rechtsanwaltes anzugeben. Das Geheimhaltungsinteresse ist glaubhaft zu machen, wobei jedoch ein Hinweis auf die Anklageschrift ausreichend sein kann, wenn ein solches Interesse nach dem Inhalt der Anklageschrift offenkundig ist.

X. Sollte das Opfer das Adhäsionsverfahren ohne Rechtsanwalt führen?

In zahlreichen Publikationen bzw. Veröffentlichungen, so z.B. in der Opferfibel des Bundesjustizministeriums – Rechtswegweiser für Opfer einer Straftat – wird oftmals beschrieben, dass dem Antragsteller im Adhäsionsverfahren kein Nachteil durch eine Ablehnung im Adhäsionsverfahren droht. Es wird darauf hingewiesen, dass für die Durchführung des Verfahrens ein Anwalt nicht zwingend erforderlich ist. So werden auch Musteranträge als Hilfsmittel zur Verfügung gestellt. Für das Opfer stellt sich die Frage, ob es überhaupt einen Rechtsanwalt benötigt, wenn doch die Möglichkeit besteht, den Musterantrag auszufüllen und allein aufzutreten. Außerdem könnte das vielleicht zweifelnde Opfer darauf vertrauen, dass das Gericht im Rahmen seiner Fürsorgepflicht dem Opfer helfen wird, seine berechtigten Ansprüche durchzusetzen.

Es gilt, ebenso wie bei der Nebenklage, dass eine Vertretung durch einen Rechtsanwalt nicht zwingend vorgeschrieben ist. Was sollte das Opfer tun?

Von einer selbständigen Durchführung des Adhäsionsverfahrens ist grundsätzlich abzuraten. Es gelten zunächst dieselben Gründe wie bei der Nebenklage. Dazu kommt, dass die Bemessung eines Schmerzensgeldes schwierig ist und das Opfer nicht darauf vertrauen kann, dass das Gericht von sich aus den höchstmöglichen Betrag zuspricht. Außerdem werden Adhäsionsverfahren oftmals durch einen Vergleich beendet. Dann findet sich dort meistens eine Formulierung, dass mit diesem Vergleich sämtliche Ansprüche des Opfers aus dem Vorfall abgegolten sind. Das ist für das Opfer riskant. Kann das Opfer sicher sein, dass es alle seine Ansprüche kennt? Oftmals nicht. Vergleiche bedeuten zudem ein gegenseitiges Nachgeben. Dies ergibt sich aus § 779 BGB. Woher weiß das Opfer, wann und wieweit es nachgeben sollte?

Schließlich wird oft verkannt, dass im Falle einer ablehnenden Entscheidung des Gerichts dem antragstellenden Opfer möglicherweise die Kosten des Verfahrens auferlegt werden können. Dies gilt auch für den Fall, dass dem Opfer ein Schmerzensgeld zwar zugesprochen wurde, allerdings nicht in der beantragten Höhe. Dann droht dem Opfer, die Kosten des Verfahrens, d. h. auch die Kosten des Rechtsanwaltes des Täters, zu tragen.

Außerdem ist zu berücksichtigen, dass das Gericht nicht in jedem Fall über den Antrag entscheiden muss. So kann es komplexe Beweisfragen oder schwierige rechtliche Gestaltungen geben, die es dem Gericht ermöglichen, von einer Entscheidung abzusehen. Obwohl das Opfer dann berechtigt ist, seine Ansprüche in einem gesonderten Zivilverfahren weiter zu verfolgen und insofern kein Rechtsnachteil droht, kann allerdings ein finanzieller Nachteil in der Form der Auferlegung von Kosten eintreten. Das ist für die Betroffenen oftmals unerträglich.

§ 472a StPO. [Adhäsionsverfahren]. (1) Soweit dem Antrag auf Zuerkennung eines aus der Straftat erwachsenen Anspruchs stattgegeben wird, hat der Angeklagte auch die dadurch entstandenen besonderen Kosten und die notwendigen Auslagen des Verletzten zu tragen.

(2) [1]Sieht das Gericht von der Entscheidung über den Antrag ab, wird ein Teil des Anspruchs dem Verletzten nicht zuerkannt oder nimmt der Verletzte den Antrag zurück, so entscheidet das Gericht nach pflichtgemäßem Ermessen, wer die insoweit entstandenen gerichtlichen Auslagen und die insoweit den Beteiligten erwachsenen notwendigen Auslagen trägt. [2]Die gerichtlichen Auslagen können der Staatskasse auferlegt werden, soweit es unbillig wäre, die Beteiligten damit zu belasten.

Daher ist vor einer Antragstellung immer rechtlicher Rat empfehlenswert und im Einzelfall dann zu entscheiden, ob eine Vertretung durch den Rechtsanwalt erfolgen soll.

Sofern das Gericht ein Urteil gesprochen hat oder ein Vergleich geschlossen wurde, verfügt das Opfer über einen so genannten Titel. Das Urteil ist der Titel. Mit einem solchen erlangten Titel kann dann nach den Regeln der Zivilprozessordnung durch einen Gerichtsvollzieher bei Nichtzahlung des Verurteilten versucht werden, das Geld beizutreiben, sofern der Täter nicht freiwillig zahlt. Dazu schreibt die StPO in § 406:

(1) [1]Das Gericht gibt dem Antrag in dem Urteil statt, mit dem der Angeklagte wegen einer Straftat schuldig gesprochen oder gegen ihn eine Maßregel der Besserung und Sicherung angeordnet wird, soweit der Antrag wegen dieser Straftat begründet ist. [2]Die Entscheidung kann sich auf den Grund oder einen Teil des geltend gemachten Anspruchs beschränken; § 318 der Zivilprozessordnung gilt entsprechend. ...

XI. Was sollte der Rechtsanwalt des Opfers wissen und beachten?

Das Adhäsionsverfahren hatte bis vor einigen Jahren nur wenig praktische Bedeutung. Die Strafgerichte hatten von den weit reichenden Möglichkeiten, wegen Nichteignung von einer Entscheidung abzusehen, häufigen Gebrauch gemacht. Deswegen dürften viele Verletzte keine Anträge gestellt haben; auch Rechtsanwälte hielten sich in der Beratung zurück. Außerdem hatte die zivilgerichtliche Streitwertgrenze die Durchführung der Adhäsionsverfahren vor den Amtsgerichten begrenzt. Insbesondere durch die Änderungen des Opferschutzgesetzes vom 18.12.1986, maßgeblich durch das Opferrechtsreformgesetz (OpferRRG) vom 26.4.2004 wurde versucht, dem Adhäsionsverfahren in der Gerichtspraxis mehr Bedeutung zu geben.

Das OpferRRG strebt an, dass das Verfahren die Regel und nicht mehr die Ausnahme ist. Die Möglichkeit der Gerichte, das Verfahren wegen vermuteter Verzögerung abzulehnen wurde eingeschränkt. Über Ansprüche auf Schmerzensgeld ist im Regelfall zu entscheiden. Grund-, Anerkenntnis- und Teilurteile sind ebenso wie ein Vergleichsabschluss vorgesehen. Auch in Verfahren gegen Heranwachsende ist nunmehr das Adhäsionsverfahren uneingeschränkt zulässig. Dies wurde für das Recht des Adhäsionsverfahrens zuletzt durch das 2. Justizmodernisierungsgesetz vom 22.12. 2006 eingeführt. Langsam steigende Zahlen belegen eine vermehrte Akzeptanz. Es bestehen, abgesehen von dem Unwillen einzelner Verfahrensbeteiligter in der Anwendung des Verfahrens, der in der Rechtspraxis gelegentlich mit Äußerungen wie „mit „zivilistischen Ansprüchen befassen wir uns nicht" oder „das Opfer will doch nicht den Eindruck erwecken, es gehe ihm nur um Geld" anzutreffen ist, seit jeher diskussionswürdige Bedenken. Diese sind auch noch nach den jüngsten Gesetzesänderungen festzustellen. Sie basieren vor allem auf der forensischen Verschiedenheit von Straf- und Zivilgerichten.

Die Doppelstellung des Verletzten als Anspruchssteller und Zeuge wird ebenso wie eine mögliche Behinderung der Verteidigung durch evtl. auftretenden Druck auf den Angeklagten kritisiert. Des

Weiteren wird behauptet, die Strafgerichte seien mit der Behandlung von Schadensersatzansprüchen und der Beachtung zivilprozessualer Vorschriften überfordert.

Insbesondere die Kritikpunkte mit dogmatischem Ansatz sind ernst zu nehmen. Allerdings greifen sie letztlich nicht durch. Im Adhäsionsverfahren ist der Verletzte gleichzeitig Partei und Zeuge. Dies ist unstreitig ein Vorteil des Adhäsions- gegenüber dem Zivilverfahren. Ein Ausgleich ist dadurch herzustellen, dass dem zivilrechtliche Ansprüche verfolgenden Opferzeugen vor Augen geführt wird, dass Verfolgungseifer zu eigenen Gunsten vom Richter bemerkt werden wird und die eigene Zeugenaussage bis zur Wertlosigkeit entwerten kann. Der prozessuale Vorteil des Verletzten wird auch dadurch ausgeglichen, dass der Angeklagte nur verurteilt wird, wenn letzte Zweifel gegen seine Unschuld ausgeräumt sind. Im Übrigen ist es unter Glaubwürdigkeitsgesichtspunkten vorteilhaft zu wissen, welche wirtschaftlichen Interessen ein Opferzeuge hat.

Das Verfahren bietet eine Vielzahl von Vorzügen. Für das Opfer besteht die Möglichkeit, seine besonderen tatbedingten Belastungen dem Gericht deutlich zu machen. Es können belastenden Doppelvernehmungen vermieden werden. Das Opfer hat im Vergleich zum Zivilprozess, die Möglichkeit, schneller einen Vollstreckungstitel zu erlangen. Es kann zu seinen Gunsten den strafprozessualen Amtsermittlungsgrundsatz ausnutzen, da es kaum eigene Beweisantritte machen muss. Da das Opfer als Zeuge auftritt, hat es bessere Beweismöglichkeiten als in den so genannten „Aussage gegen Aussage" Fällen. Darüber hinaus ist das Verfahren kostengünstig. Es fallen weder Auslagenvorschüsse für Zeugen noch für Sachverständige an, der sonst übliche Gerichtskostenvorschuss ist ebenfalls nicht erforderlich. Es besteht eine höhere Vergleichsbereitschaft des Angeklagten, da ihm das Verfahren die Chance bietet, für ihn günstige Momente eines informellen Täter-Opfer-Ausgleichs als Strafmilderungsgrund zu berücksichtigen.

Auch für den Angeklagten und die Allgemeinheit, sprich den Steuerzahler, ergeben sich Vorteile: Schadenswiedergutmachung ist für den Angeklagten ein schuldmindernder Gesichtspunkt (§ 49 Abs. 2, § 46a StGB). Seine Belastungen werden minimiert, da auch dem Angeklagten nicht nur ein weiteres Verfahren, sondern auch eine Beschäftigung mit den damit einhergehenden Begleiterscheinungen erspart wird. Er hat eine Kostenersparnis im Falle einer Verurteilung durch Vermeidung eines zusätzlichen oder mehrerer Rechtsmittelverfahren.

Das Verfahren ist auch für die Allgemeinheit von Vorteil. Im Falle einer einvernehmlichen Lösung wird der Rechtsfrieden wiederhergestellt oder gefördert. Die Gerichte und ihr Personal werden entlastet. Die mit dem Verfahren einhergehenden Kosten- und Zeitersparnisse schonen sowohl staatliche Ressourcen als auch die öffentlichen Haushalte.

Der Rechtsanwalt des Verletzten ist gehalten, genau zu überlegen, ob der ihm vorgetragene Lebenssachverhalt, unter besonderer Berücksichtigung der Person seines Mandanten, für die Durchführung eines Adhäsionsverfahrens in Betracht kommt. Die Frage, welche Verfahren als geeignet für das Adhäsionsverfahren anzusehen sind, kann auf verschiedenen Wegen beantwortet werden. Dabei gilt zunächst, dass ein Adhäsionsverfahren vor allem dann in Betracht kommt, wenn es um die Geltendmachung einer Schmerzensgeldforderung geht. Der Rechtsanwalt sollte vor einer Entscheidung über die Durchführung auch immer über andere, außergerichtliche Möglichkeiten, des Schadensersatzes oder einer Schadenswiedergutmachung informieren und beraten. Zu denken ist an den bereits vorgestellten „klassischen" oder „materiellen TOA". Liegt der Schwerpunkt des Opferinteresses im rein materiellen Bereich oder kommt aus verschiedenen Gründen vielleicht nur eine „diskrete" Lösung ohne die grundsätzliche Öffentlichkeit einer Gerichtsverhandlung in Betracht, sollte eine solche Vorgehensweise näher erwogen werden.

Eine in der Stadt München etablierte, im Moment allerdings nur auf Bayern beschränkte Ausgleichsstelle, der Ausgleich München e.V., verfügt über eine langjährige, wissenschaftlich begleitete und evaluierte Erfahrung auf diesem Gebiet. Näheres kann man unter www.ausgleich.de erfahren. Auch in Niedersachsen gibt es derzeit erste Bemühungen, dieses Instrument neben den anderen zu etablieren. Ziel ist effektive Opferhilfe, um den Rechtsfrieden wieder herzustellen.

Es gibt heute verschiedene außergerichtliche und gerichtliche Möglichkeiten, Wiedergutmachung oder Schadensersatz vom Täter zu erlangen. Sämtliche der aufgezeigten Möglichkeiten haben ihre Stärken und Schwächen. Bei qualifizierter Kenntnis und Beherrschung der bestehenden Möglichkeiten bestehen für Opfer die Möglichkeiten, ihre legitimen Interessen so durchzusetzen, dass es für das Opfer weitgehend schonend geschieht.

Der Rechtsanwalt ist verpflichtet, seinen Mandanten über die Chancen und Risiken des Adhäsionsverfahrens aufzuklären. Erhöhter Klärungs- und Beratungsbedarf ergibt sich auch deshalb, weil das Adhäsionsverfahren in weiten Teilen bis zum Jahre 2004 keine große praktische Bedeutung hatte, und neue gesetzliche Regelungen seit Inkrafttreten des OpferRRG seine Anwendung erleichtern.

Neben Akzeptanzproblemen führen einige ungeklärte Rechtsfragen zu Unsicherheiten in der Rechtsanwendung durch die Gerichte. Obwohl das Verfahren in der Literatur immer wieder als „weitgehend risikoarm" bezeichnet wird, hält dies einer näheren Betrachtung nicht stand. Neben den einhergehenden Belastungen für den Verletzten bei negativem Verfahrensverlauf, können ihm auferlegte Verfahrenskosten neben der materiellen auch zu einer viktimisierenden Belastung führen. Daher sind mit dem Mandanten die Kostenrisiken gründlich zu erörtern. Diese verbleiben ihm immer.

Außerdem ist es ein Risiko des Adhäsionsverfahrens, dass nach wie vor einige Gerichte versuchen werden, über einen Adhäsionsantrag wegen dessen Nichteignung, insbesondere der Gefahr der erheblichen Verfahrensverzögerung, nicht oder nicht positiv zu entscheiden. Die Einschränkung der Eignungsklausel durch das OpferRRG in den Regelungen § 406 Absatz 1 S. 4, 5 StPO wird im Einzelfall möglicherweise nicht verhindern, von einer Entscheidung abzusehen, wenn die Zuerkennung eines Anspruchs nicht für begründet betrachtet wird. Es besteht zwar die Beschwerdemöglichkeit nach § 406a Absatz 1 StPO, wenn der Antrag vor Beginn der Hauptverhandlung eingereicht worden ist. Ob diese Vorschrift dann noch greifen kann, wenn das Gericht zunächst von der Eignung ausgeht, dann aber erst in der Hauptverhandlung oder nach der Beweisaufnahme feststellt, dass die Eignung fehlt, ist fraglich.

Die Absehensentscheidung ist mit einem erhöhten Kostenrisiko verbunden. Das Gericht entscheidet in solchen Fällen gem. § 472a Absatz 2 S. 1 StPO nach billigem Ermessen, wer die entstandenen Auslagen des Gerichts und der Verfahrensbeteiligten trägt. Schließlich ist bei Anträgen auf Schmerzensgeld zu beachten, dass diese bei einem nicht vollständigen Zusprechen zu einer negativen Kostenfolge führen können. In der forensischen Praxis ist immer wieder festzustellen, dass einige Gerichte bei der Kostenentscheidung nach § 472a Absatz 2 S. 1 StPO im Rahmen der Billigkeitsentscheidung das Verursacherprinzip nicht beachten. Es wird ausschließlich nach herkömmlichen zivilprozessualen Grundsätzen des Obsiegens bzw. Unterliegens entscheiden.

Daneben besteht für das Gericht auch immer die Möglichkeit, das Verfahren nach § 153a ff. StPO einzustellen oder es durch Strafbefehl zu beenden. Ein zu früh gestellter Adhäsionsantrag läuft dann nicht nur ins Leere, sondern dem Verletzten droht eine Belastung mit den Verfahrenskosten.

In allen geeigneten Fällen, sollte es Aufgabe des Rechtsanwaltes sein, nicht nur seine prozessualen Rechte zu Gunsten des Mandanten auszuschöpfen, sondern regelmäßig auch seine wirklichen Bedürfnisse festzustellen. Über die ohnehin immer gebotene Sachverhaltsklärung, sind neben viktimologischen auch psychologische Überlegungen im Rahmen der Beratung und Festlegung der Verfahrenstaktik zu beachten. Oftmals sind es gerade die Fälle schwerster Gewaltkriminalität, in denen sich das Adhäsionsverfahren zur Vermeidung sekundärer oder tertiärer Viktimisierung geradezu „aufdrängt". Dies sind dann regelmäßig auch die Fälle, in denen parallel die Nebenklage zulässig ist. Diese Konstellationen dürften derzeit bei der Mehrzahl der anhängigen Verfahren vorliegen. Dabei sollte zu Optimierung der prozessualen Möglichkeiten das anwaltliche Vorgehen auf Basis beider Rechtsinstitute aufeinander abgestimmt werden.

Bestehende systemimmanente „strafprozessuale Defizite" können bei der Durchführung des Adhäsionsverfahrens kompensiert werden. Gerade Verletzten, die Opfer schwerster Straftaten geworden sind, fällt es immer wieder schwer, die Besonderheiten des Strafprozesses zu verstehen. Ihnen ist nur schwer zu vermitteln, dass eine Straftat im Rechtssinne nicht primär die Verletzung eines Menschen, sondern die eines Gesetzes ist. Sie können nur sehr schwer verstehen, dass im Strafprozess nur über die Verletzung eines für sie abstrakten Rechtssatzes verhandelt wird. Denn im Strafprozess rankt sich das Prozessrecht im Wesentlichen um die Verletzung eines Gesetzes und den Beweis von Schuld oder Nichtschuld des Angeklagten. Das Defizit der Nebenklage ist, dass es prozessual keine abgesicherte Möglichkeit zur Darstellung der Tatfolgen gibt.

Nach herkömmlichem Verständnis wird dem Nebenkläger im Verfahren Gelegenheit gegeben, seine persönlichen Interessen auf Genugtuung zu verfolgen, durch aktive Beteiligung das Verfahrensergebnis zu beeinflussen und sich gegen die Leugnung und Verharmlosung seiner Verletzungen zu wehren. Der Nebenkläger kann als Verfahrensbeteiligter dazu beitragen, dass der Strafprozess nicht unbemerkt eine täterfreundliche Tendenz annimmt.

Allerdings sollte es nicht unbedingt Interesse der Nebenklage sein, darauf zu dringen, dass der Täter eine möglichst hohe Strafe bekommt. Das ist nicht die Aufgabe des „Opferschutzinstruments" der Nebenklage. Außerdem gibt es auch keinen Anspruch des Nebenklägers, dass das Gericht die Sicht des Verletzten übernimmt. Der Rechtsanwalt ist gut beraten, dies seinem Mandanten im Vorfeld deutlich klar zu machen.

Allerdings muss das Gericht die Sichtweise der Verletzten berücksichtigen. Darauf sollte die Nebenklagevertretung abzielen und die bestehenden Rechte auch in diese Richtung wahrnehmen. Eine Straftat, bei der ein Mensch zum Opfer wird, ist rechtlich betrachtet nicht primär die Verletzung eines Menschen, sondern die eines Gesetzes. Nur über Letzteres wird vor dem Strafgericht verhandelt. Um den angeklagten strafrechtlichen Vorwurf herum rankt, auch trotz der Nebenklagemöglichkeiten, nach wie vor das Prozessrecht. Auch diese Erkenntnis sollte dem Mandanten erklärt werden. Die meisten Opfer verstehen das nicht. Es wurden doch ihr Körper, ihre Ehre und ihre Seele verletzt. Dies führt oftmals zu erheblichen Akzeptanzproblemen des Gerichtsverfahrens.

Oftmals werden die Folgen der Tat nur am Rand des gegen den Angeklagten gerichteten Strafverfahrens abgehandelt. Das Rechtsinstitut der Nebenklage stellt allein durch seine Existenz nicht sicher, dass im Strafverfahren das persönliche Leid der Verletzten Verfahrensgegenstand wird. Erst durch die Vernehmung des Opferzeugen im Rahmen der Beweisaufnahme rückt die persönliche Beeinträchtigung der Persönlichkeitsrechte des Opfers etwas mehr in den Fokus der richterlichen Aufmerksamkeit. Dafür ist allerdings Voraussetzung, dass der Nebenklägervertreter durch entsprechende Beweisanträge darauf hinwirkt und im Laufe der Verhandlung sicherstellt, dass das Gericht dem Opferzeugen auch entsprechenden zeitlichen Raum für seine persönliche Schilderung von der Tat und den Tatfolgen einräumt.

Prozessual abgesichert werden die Folgen der Tat allerdings im Rahmen des Adhäsionsverfahrens. Dort werden sie Prozess- und Verhandlungsstoff. Durch den Adhäsionsantrag werden die Verfahrensbeteiligten „gezwungen", sich mit den Folgen der Tat auseinanderzusetzen. Nur auf diesem Weg gelingt es, dass der verletzte Mensch in das juristische Blickfeld rückt. Dieses Anliegen entspricht den legitimen Opferinteressen. Auch durch die Nebenklage werden im Strafverfahren nicht primär das persönliche Leid und damit die Interessen der Opfer auf gerichtliche Feststellung, dass ihnen persönlich Unrecht zugefügt worden ist, Verfahrensgegenstand.

Die persönliche Betroffenheit wird verfahrensrechtlich erst durch das Adhäsionsverfahren gesichert, als einem eigenen Verfahren im Verfahren mit teilweise anderem nicht generell zum Strafprozessrecht gehörenden Recht. Dem Angeklagten (und auch allen anderen Verfahrensbeteiligten) wird vor Augen geführt, welche Tatfolgen und vor allem welches persönliches Leid entstanden sind.

Letztlich wird dann im Urteil des Strafgerichts deutlich, dass nicht nur eine Strafe wegen einer Straftat verhängt wird; denn die Zuerkennung von Schmerzensgeld und materiellem Schadensersatz ist die staatliche Anerkennung, dass dem Verletzten auch Schmerzen, Leid und sonstige Schäden vom Angeklagten zugefügt wurden.

Der verletzte Mensch rückt im wohlverstandenen Sinne einer

„opferbezogenen Strafrechtspflege" in das juristische Blickfeld. Das Adhäsionsverfahren bietet dem Verletzten die Möglichkeit, seine besonderen tatbedingten Belastungen dem Gericht deutlich zu machen und durch die richterliche Entscheidung staatlicherseits bestätigt zu bekommen.

Allerdings ist zur Vermeidung möglicher Enttäuschungen und Missverständnisse der Mandant im Vorfeld darauf hinzuweisen, dass bereits eine Zahlungsbereitschaft des Angeklagten und selbst auch gescheiterte Vergleichsverhandlungen bei der Bemessung der Strafe als mildernder Umstand berücksichtigt werden können.

Bei anzutreffenden Vorbehalten ist deutlich zu machen, dass die Verletzten ihre, ihnen nach dem Gesetz zustehenden Rechte, wahrnehmen. Nicht mehr und nicht weniger. Erfahrene Opferanwälte stellen immer wieder fest, dass es den meisten Verletzten nicht um Geld, sondern um die Anerkennung des Leids geht. Daher geht es bei der Beauftragung des Rechtsanwaltes in den meisten Fällen zunächst nicht um das Thema Schmerzensgeld. Diese Möglichkeit wird oft erst durch die anwaltliche Beratung in Betracht gezogen. Dabei ist zu bedenken, dass die meisten Leiden durch Geld ohnehin nicht gut zu machen sind. Materieller Ausgleich kann immateriellen Schaden allenfalls punktuell ausgleichen.

XII. Wer trägt die Kosten des Adhäsionsverfahrens?

Die Kosten des Adhäsionsverfahrens sind im Vergleich zum „normalen" Zivilverfahren geringer, da keine Gerichtskosten anfallen und auch die Gebühren der beteiligten Rechtsanwälte geringer sind. Die Höhe der anwaltlichen Gebühren ergibt sich aus dem Rechtsanwaltsvergütungsgesetz (RVG). Weiterhin gilt, dass der „Verlierer" des Prozesses die Kosten übernimmt bzw. zu übernehmen hat. Dies sollte aus Sicht des Opfers der Täter sein. Oftmals stellt sich aber das Problem, dass von dem verurteilten Täter nichts zu bekommen ist. Möglich ist auch ein teilweises Unterliegen, d. h. ein Teil der Kosten bleibt ohnehin beim Opfer. Im Ergebnis verbleibt dem Opfer ein Kostenrisiko.

Das Opfer ist also gut beraten, sich mit diesen Fragen zu beschäftigen. In Deutschland besteht mittlerweile eine Vielzahl von Opferhilfeeinrichtungen, die im Ergebnis dafür Sorge tragen, dass eine berechtigte Verfolgung der rechtlichen Interessen nicht an den Kosten oder an der Sorge darum scheitern muss. Beispielsweise stellen der Weisse Ring und auch die Stiftung Opferhilfe Niedersachsen einen Beratungsscheck für eine Erstberatung durch einen Rechtsanwalt zur Verfügung, oder übernehmen die Kosten dafür. Auch in anderen Bundesländern gibt es ähnliche Möglichkeiten.

Dort erhält man auch Hinweise auf Beratungshilfe und für den Fall, dass ein Gericht in Anspruch genommen wird, Hinweise auf die gesetzlich geregelte Prozesskostenhilfe.

Unbedingt sollte bei Bestehen einer Rechtsschutzversicherung um eine Deckungszusage ersucht werden. Die Durchsetzung von Schadensersatz und Schmerzensgeld nach unerlaubter Handlung ist regelmäßig Bestandteil einer Rechtsschutzversicherung.

XIII. Durchsetzung von Schadensersatz und Schmerzensgeld im Zivilverfahren

Für den Fall, dass sich das Opfer dazu entschließt, seine Ansprüche auf Schadensersatz und Schmerzensgeld weder außergerichtlich noch im Rahmen des Adhäsionsverfahrens durchzusetzen, bleibt der bis vor Jahren übliche Weg, dieses vor einem ordentlichen Gericht, also einem Amts- oder Landgericht, gesondert und weitgehend vom Strafprozess losgelöst, zu betreiben. Das Amtsgericht ist zuständig bei Streitwerten bis 5.000 €; ab 5.001 € ergibt sich die Zuständigkeit des Landgerichts. Obwohl es sich für ein Opfer selten empfehlen wird, ohne anwaltlichen Beistand gegen den Täter vorzugehen, ist darauf hinzuweisen, dass dies nur vor einem Amtsgericht möglich ist. Bei einem Landgericht besteht Anwaltszwang.

Zentrale Vorschrift und Anspruchsgrundlage für die Opfer ist dabei der bereits im Kapitel über das Adhäsionsverfahren vorgestellte § 823 BGB. Dazu kommen dann §§ 249, 253 BGB.

Da es sich bei der Durchsetzung von Schadensersatz nicht um spezielle Opferschutzrechte handelt, verweisen wir für Interessierte auf die ausreichende und umfassende Literatur zu dem Thema. Ansprüche auf Schadensersatz und Schmerzensgeld haben sowohl

Verkehrsunfallopfer wie auch durch Vertragsverletzungen Geschädigte. Daher gibt es eine vielfältige Literatur.

Opfer von Straftaten sollten sich nicht scheuen, eine Opferhilfeeinrichtung und einen auf die Vertretung von Straftatsopfern spezialisierten Rechtsanwalt für die Führung einer Zivilklage zu Rate zu ziehen. Dafür gibt es gute Gründe. Es sind vor allem auch die Gründe, die für die Durchführung eines Adhäsionsverfahrens sprechen. Die Belastungen für ein Opfer, gerade bei Zivilklagen, sind oftmals weitaus höher als im Strafverfahren. Dies resultiert daraus, dass ein solches Verfahren meistens zeitlich lange nach dem Strafverfahren erfolgt. Die Täter sind dann erfahrungsgemäß noch weniger einsichtig und versuchen mit allen Mitteln, die Ansprüche zurückzuweisen. Das Opfer muss noch einmal vor Gericht erscheinen und möglicherweise alles durchleiden. Spezielle Opferschutzrechte kennt die Zivilprozessordnung nicht; möglich ist aber eine analoge Anwendung derjenigen der StPO.

G. Welche Rechte hat das Opfer bei gerichtlichen Fehlentscheidungen?

Es ist bedauerlicherweise immer wieder festzustellen, dass Gerichte in der Sache falsch entscheiden, weil sie das geltende Recht nicht oder nicht richtig anwenden. Was können Opfer dagegen machen? Berufung oder Revision einlegen? Das ist grundsätzlich denkbar. Auch eine Beschwerde wäre denkbar, wobei hier zwischen der einfachen und der sofortigen Beschwerde unterschieden wird. Bei der Revision gibt es auch noch eine Sprungrevision. Die Einzelheiten sind kompliziert, daher beschränken wir uns auf spezielle Opferrechtsproblematiken. Dabei gilt grundsätzlich, dass die Rechtsposition des Opfers im Vergleich zu der des Täters nach wie vor schwächer ausgeprägt ist. Dies gilt vor allem bei den Möglichkeiten, Rechtsmittel einzulegen.

Gerade in der Vertretung von Opfern vor Gericht sind immer wieder Fälle festzustellen, in denen nicht nur das Adhäsionsverfahren, sondern auch das Nebenklageverfahren, mit einer für das Opfer negativem Ergebnis, abschließt. Dazu wiederum drei Beispiele aus der anwaltlichen und gerichtlichen Praxis:

I. Beispiele aus der Gerichtspraxis

1. Adhäsionsverfahren nach sexuellem Missbrauch eines Kindes

Das Opfer, ein zwölfjähriges Mädchen, beantragte nach einem sexuellen Missbrauch ein in das Ermessen des Gerichts gestelltes Schmerzensgeld nicht unter 3.000 € unter dem Vorbehalt der Bewilligung von Prozesskostenhilfe. Bekanntlich werden vor der Bewilligung der Prozesskostenhilfe seitens des Gerichts die Erfolgsaussichten geprüft. Das Gericht bewilligte Prozesskostenhilfe in der beantragten Höhe. Daraufhin wurde der entsprechende Antrag in dieser Höhe gestellt. Unmittelbar danach wurde die Beweisaufnahme geschlossen, ohne das sich an dem der PKH-Bewilligung zugrunde liegenden Sachverhaltes irgendetwas änderte oder abweichendes vorgetragen wurde.

Der Angeklagte wurde wegen sexuellen Missbrauchs verurteilt. Des Weiteren wurde er verurteilt, an die Antragstellerin ein Schmerzensgeld von 1.500 € zu zahlen. Der Antragstellerin wurden die Kosten des Adhäsionsverfahrens zur Hälfte auferlegt.

Das OLG Oldenburg hat eine Gehörsrüge entsprechend § 321 a ZPO als zulässig erachtet; eine Verletzung rechtlichen Gehörs komme in Betracht, weil die „Entscheidung für die Antragstellerin völlig überraschend" war. Die Gehörsrüge ist ein weiteres und spezielles Rechtsmittel. Es findet vor allem dann Anwendung, wenn einem Verfahrensbeteiligten nicht in dem erforderlichen Umfang rechtliches Gehör eingeräumt wurde und prognostisch gesehen, im Falle dass er ordnungsgemäß angehört worden wäre, die Entscheidung des Gerichts wahrscheinlich anders ausgefallen wäre. Der Betroffene soll von der gerichtlichen Entscheidung nicht (völlig) überrascht werden.

Im konkreten Beispiel einer Gehörsrüge führte das OLG weiter aus, dass die Entscheidung des Landgerichts, teilweise von einer Entscheidung abzusehen insoweit völlig überraschend war, als das Landgericht ihr zuvor für ihren Schmerzensgeldantrag uneingeschränkt Prozesskostenhilfe bewilligt hatte. Insoweit sei auch von Bedeutung, dass die Antragstellerin bei einem entsprechenden gerichtlichen Hinweis, teilweise von einer Zuerkennung des begehrten Schmerzensgeldes absehen zu wollen, auch lediglich ein Teilurteil mit der Kostenfolge aus § 472a Abs. 1 StPO hätte beantragen können. (OLG Oldenburg, Beschluss vom 2.4.2007, Aktenzeichen 1 Ws 124/07)

Das Oberlandesgericht hat die Sache dann an das Ausgangsgericht zurückverwiesen. Das Landgericht Osnabrück wies die Gehörsrüge als unbegründet zurück. Bemerkenswert ist die Begründung des Gerichts, wonach sich ein Nebenkläger „der kostenrechtlichen Verantwortung für einen überhöhten Anspruch nicht entziehen könne".

Das Gericht erklärt dem Opfer allerdings nicht, was es hätte anders machen sollen. Es wird auch nicht erklärt, warum der Anspruch plötzlich überhöht ist, wo er doch wenige Minuten zuvor noch Aussicht auf Erfolg hatte, sich die Sachlage nicht verändert und die Richter auch noch dieselben waren.

Die ergangene Entscheidung ist unanfechtbar, gegen sie gibt es keine Rechtsmittel. Allgemein möglich wäre eine Verfassungsbeschwerde an das Bundesverfassungsgericht. Die Hürden einer Verfassungsbeschwerde sind jedoch sehr hoch. Im konkreten Fall waren dafür die Voraussetzungen nicht gegeben.

2. Adhäsionsverfahren nach Tötung eines Säuglings

Eine junge Mutter, deren sechs Monate alte Tochter von dem Vater zu Tode „geschüttelt" worden war, weil sie schrie, trat in dem Verfahren vor dem Schwurgericht in Hamburg als Nebenklägerin und Adhäsionsantragstellerin auf. Der Vater wurde wegen fahrlässiger Tötung zu einer Freiheitsstrafe verurteilt. Das erstinstanzliche Landgericht hatte einem in dem Verfahren gestellten Schmerzensgeldantrag auf 5.000 € mit einem zuerkannten Betrag von 500 € entsprochen. Der Antragstellerin wurden unter Rückgriff auf § 91 ZPO die gesamten Kosten des Verfahrens auferlegt. Sie wurde dazu vorher nicht angehört und auch nicht darauf hingewiesen, dass ihr Antrag möglicherweise zu hoch sei. Über den mit dem Antrag verbundenen Prozesskostenhilfeantrag entschied das Gericht erst einige Tage nach dem Urteil. Rechtliche Gründe dafür gab es nicht. Der Antragstellerin wurde dann PKH für einen Betrag von 1.000 € bewilligt.

Die eingelegte Verfassungsbeschwerde wurde vom Bundesverfassungsgericht verworfen. Der Fall liegt derzeit dem Europäischen Gerichtshof für Menschenrechte in Straßburg vor (Beschwerde Nr. 34287/06 – Albers./.Deutschland).

3. Nebenklageverfahren von Polizeibeamten

Der nachfolgende Fall hat nicht nur in weiten Kreisen der Polizei für Aufsehen gesorgt, sondern auch Wellen in der örtlichen Presse geschlagen. Was war passiert? Drei junge Polizeibeamte wurden im Rahmen eines anderen Hilfseinsatzes von einem Mann plötzlich massiv körperlich und verbal attackiert. Während dessen kamen angetrunkene Schaulustige hinzu und beobachteten das „Schauspiel". Dies schien den Täter zu motivieren und seine Attacken wurden immer heftiger. Er trat, schlug auf die Beamten und spie ihnen mehrfach ins Gesicht. Zwei der Beamten wurden körperlich verletzt. Alle drei erstatteten Anzeige und entschlossen sich, dem Verfahren als Nebenkläger beizutreten. Dies schien das Gericht zu irritieren. So erwiderte der zuständige Richter auf einen Terminverlegungsantrag der verletzten Polizeibeamten:

„Es ist zumindest ungewöhnlich und bislang im hiesigen Bereich nicht praktiziert worden, dass Polizeibeamte sich eines Verletztenbeistandes bedienen, zumal die Verletzungsfolgen glücklicherweise geringfügig geblieben sind."

Mit vorstehender Begründung, angereichert durch die Aussage, dass es sich um ein Berufsrisiko von Polizeibeamten handele; und damit contra legem, also gegen den ausdrücklichen Willen des Gesetzes, wurden den Opfern auch noch die Kosten ihrer Nebenklagevertretung auferlegt. Also dafür, dass sie als Polizeibeamte nur ihre Bürgerrechte wahrgenommen hatten. Diese Entscheidung ist materiell unrichtig. Der Täter wurde wegen der Nebenklagedelikte verurteilt. In einem solchen Fall hat der Täter, der Verursacher, die Kosten des Verfahrens und der Auslagen der Opfer zu tragen hat. So sagt es § 472 Absatz 1 StPO.

Dem Verfasser eines Leserbriefs in der örtlichen Zeitung, der am 7.7. 2007 erschien, ist ohne jede Einschränkung zuzustimmen, wenn er u. a. schreibt:

„... völlig inakzeptabel sind die in einer öffentlichen Verhandlung getätigten Äußerungen des Amtsrichters ..., der die Körperverletzung eines Polizeibeamten als dessen Berufsrisiko anerkannt und somit Gewalt verharmlost und verniedlicht und damit die Hemmschwelle herabsetzt, sich auch körperlich gegen die Polizei zur Wehr zu setzen ... Wer dann den berechtigten Anspruch von Polizeibeamten, sich im Nebenklageverfahren eines juristischen Beistands zu bedienen mit Unverständnis begleitet, verkennt zum einen die bestehende Rechtslage ..."

Die betroffenen Beamten haben gegen die sie belastende Kostenentscheidung, rechtlich gesehen eine Nebenentscheidung, Rechtsmittel eingelegt. Das Landgericht Braunschweig hat diese Beschwerden verworfen, weil diese formal unzulässig seien. Die Kosten dafür wurden wiederum den Beamten auferlegt (Beschluss vom 27.8.2007, Aktenzeichen 5 Qs 219/07 ff.). In seinen Ausführungen scheint das Gericht aber dann dennoch deutlich machen zu wollen, dass das Amtsgericht falsch entschieden hatte, wenn es ausführt:

„Der Ausschluss der sofortigen Beschwerden gilt ohne Rücksicht darauf, ob die Nebenentscheidung gesetzeswidrig unterlassen wurde oder materiell unrichtig ist."

Warum das Landgericht die Ausgangsentscheidung des Amtsgerichts nicht wegen materieller Unrichtigkeit aufgehoben hat, obwohl nicht nur die rechtliche Möglichkeit dafür bestand, sondern auch die rechtlichen Voraussetzungen dafür vorlagen, bleibt das Geheimnis der Richter.

II. Fazit und Folgerungen

Die besten Gesetze helfen nicht, wenn sie nicht oder folgenlos nicht oder gesetzeswidrig angewendet werden. Die Opfer benötigen Hilfseinrichtungen, die ihnen helfen und die auch „für sie sprechen".

Es liegt auf der Hand, dass derartige Entscheidungen die Antragsteller erheblich belasten. Neben der Tat, die sie zu erleiden hatten, werden ihnen nun auch noch – rechtlich betrachtet – die Kosten des Rechtsanwaltes des Angeklagten auferlegt. Im geschilderten Fall der Nebenklage der Polizeibeamten die Kosten für eine sachgerechte Rechtsverfolgung.

Sinn und Zweck der Opferschutzinstrumente Nebenklage und Adhäsionsverfahren werden durch solche Entscheidungen konterkariert. Selbst bei krassen Fehlentscheidungen helfen die vorhandenen rechtlichen Möglichkeiten der Gegenvorstellung, Gehörsrüge oder der Verfassungsbeschwerde nicht immer. Konkret geholfen haben allerdings in den Beispielfällen der Weisse Ring und die Gewerkschaft der Polizei. Die entstandenen finanziellen Belastungen wurden übernommen. Hilfseinrichtungen, sei es im Form eines Vereins oder berufsständisch, die schnell und unbürokratisch reagieren und helfen sind nach wie vor unverzichtbar.

Dort wo nicht nach dem Gesetz Recht gesprochen wird, die Verantwortlichen sich über das Gesetz hinwegsetzen und der Betroffene keine Rechtsschutzmöglichkeiten mehr hat, dort sind Gesetzesänderungen notwendig. Ob solche im Einzelfall politisch auch durchsetzbar sind, ist eine andere Frage. Vorarbeit leisten Opferhilfeeinrichtungen, bundesweit der Weisse Ring. Ob in den geschilderten und ähnlichen Fällen gesetzliche Verbesserungen machbar sind, klären derzeit die Fachgremien des Weissen Ring und der Stiftung Opferhilfe Niedersachsen.

Im Übrigen erinnert wird noch einmal an das Kapitel A. dieses Buches, und zwar an den Rahmenbeschluss des Rates vom

15.3.2001 über die Stellung des Opfers im Strafverfahren. Dieser gewährleistet in Art. 7 den Opfern das Recht auf Auslagenersatz für rechtmäßige Verfahrensbeteiligung:

> Die Mitgliedstaaten bieten Opfern, die Zeuge oder Partei sind, nach den geltenden einzelstaatlichen Vorschriften die Möglichkeit, sich Ausgaben, die ihnen aufgrund ihrer rechtmäßigen Beteiligung am Strafverfahren entstanden sind, erstatten zu lassen.

Damit sollte eigentlich alles klar sein.

H. Opferschutzrechte in der Gerichtsverhandlung

Viele Praktiker stellen in den Gerichtssälen seit einiger Zeit fest, dass sich Zeugen oftmals in einer Art und Weise verhalten, die zumindest für unsere Breiten und unser Verständnis von einem Gerichtsverfahren ungewöhnlich sind. Das Auftreten der Zeugen erinnert dann an den Ablauf der nachmittäglichen Gerichtsshows. Manche Zeugen betreten offensiv den Raum, schauen in die Zuschauerreihen und begrüßen dort Anwesende. Während ihrer Vernehmung „plappern" sie munter drauf los, stellen Fragen an das Gericht und haben Mühe, ohne Kaugummi im Mund zu sprechen.

Also vorweg: Eine Gerichtsverhandlung ist kein Fernsehen und findet auch nicht in der Form statt, wie es nachmittags im Fernsehen zu sehen ist. Zeugen sind gut beraten, sich auch nicht so, wie es im Fernsehen zu sehen ist, zu benehmen. Das gilt selbstverständlich auch für alle anderen Verfahrensbeteiligten. Im Übrigen gilt für alle Verfahrensbeteiligten, respektvoll miteinander und vor allem mit den Opfern umzugehen.

I. Welches Gericht ist zuständig und wie sieht es dort aus?

Welches Gericht für eine Strafsache zuständig ist, hängt im Wesentlichen davon ab, welche Straftat begangen wurde, welche Strafe der Täter zu erwarten hat und wie alt Täter und Opfer sind.

Der Strafrichter bei einem Amtsgericht entscheidet über Vergehen und darf eine Strafe bis maximal zwei Jahre Freiheitsstrafe aussprechen. Das Schöffengericht beim Amtsgericht ist zuständig für Verbrechen und Vergehen, und darf bis zu maximal vier Jahren Freiheitsstrafe aussprechen. Das Schöffengericht besteht aus einem Berufsrichter und zwei Privatpersonen, den Schöffen. Diese sind in der Regel nicht juristisch vorgebildet und fungieren als ehrenamtliche Richter.

Für die Straftaten von Jugendlichen und Heranwachsenden gibt es besondere Jugendrichter, Jugendschöffengerichte und Jugendkammern.

Kammern bestehen bei den Landgerichten. Dort gibt es für Strafsachen verschiedene Kammern. Die Besetzungen sind unterschiedlich. Die großen Strafkammern eines Landgerichts bestehen aus vier oder fünf Richtern. Bei besonders bedeutenden Verfahren und Schwurgerichtssachen bestehen die Kammern aus drei Berufsrichtern und zwei Schöffen. Die großen Strafkammern sind zuständig, wenn eine Freiheitsstrafe oberhalb von vier Jahren Freiheitsstrafe zu erwarten ist. Besondere große Strafkammern sind die Jugend- bzw. Jugendschutz- sowie die Schwurgerichtskammern. Das Schwurgericht ist für Tötungsdelikte zuständig, die Jugendgerichte der Landgerichte für Taten, bei denen Kinder und Jugendliche als Opferzeugen vernommen werden müssen, sowie bei schwersten Straftaten von jugendlichen und heranwachsenden Straftaten, so auch bei Tötungsdelikten. Bei besonderer Schutzbedürftigkeit des Opfers, insbesondere bei Sexualdelikten, werden diese Verfahren heute meistens gleich beim Landgericht angeklagt. Dies erspart den Opfern eine weitere Tatsacheninstanz. Damit ist gemeint, dass im Falle eines Rechtsmittels des Täters eine erneute, d. h. eine erneute zweite richterliche Vernehmung des Opfers nicht notwendig ist. Diese opferfreundliche Regelung wurde im Jahre 2004 durch das Opferrechtsreformgesetz in das Gerichtsverfassungsgesetz (GVG) eingeführt.

Den höheren Gerichte, also den Oberlandesgerichten und dem Bundesgerichtshof, obliegt im Wesentlichen die Rechtsmittelkontrolle der vorinstanzlichen Gerichte.

In einem Gerichtssaal für Strafsachen gibt es eine weitgehend feste Sitzordnung. Diese sieht meistens, aus der Sicht eines den

Saal betretenden Zeugen beschrieben, wie folgt aus: Vor ihm sitzen etwas erhöht der oder die Richter; der oder die Berufsrichter tragen eine schwarze Robe. Daneben sitzen, ebenfalls in Roben, ein Protokollführer des Gerichts und der Staatsanwalt, wobei es aber auch sein kann, dass diese nicht erhöht sitzen. Auf der Seite des Staatsanwaltes ist der Platz des Nebenklägers und seines Anwaltes. Diesen gegenüber sitzen der Angeklagte und sein(e) Verteidiger. Der Nebenklagevertreter und der Verteidiger tragen ebenfalls schwarze Roben. Hinten im Saal ist der Platz für die Öffentlichkeit, also die Zuschauer. Sofern Sachverständige benötigt werden, sitzen diese fast immer auf der Seite der Staatsanwaltschaft. Die Vertreter der Presse haben normalerweise ihren Platz im Zuschauerbereich. Manchmal sitzen sie auch weiter vorn, dort wo normalerweise Sachverständige ihren Platz haben. Die beschriebene Sitzordnung ist von Bundesland zu Bundesland verschieden, geringfügige Abweichungen bei einzelnen Gerichten sind daher möglich.

Eine Zeugenbegleitung und Zeugenbetreuung ist sinnvoll. Bei vielen Gerichten bestehen für die Zeugen, also auch für die Opfer, Möglichkeiten in gesonderten Räumen zu warten oder für Pausen aufzusuchen. Bundesweit gibt es zahlreiche staatliche und auch nichtstaatliche Angebote, sich über den Ablauf eines Prozesses allgemein zu informieren, sich vorbereiten sowie begleiten zu lassen. Informationen bekommt man einerseits bei den Gerichten und den Opferhilfeeinrichtungen, andererseits besteht die Verpflichtung, dass das Opfer über derartige Angebote vom Gericht informiert wird. Diese Information soll zeitgleich mit der Vorladung erfolgen.

§ 48 StPO. [Ladung der Zeugen]. Die Ladung der Zeugen geschieht unter Hinweis auf verfahrensrechtliche Bestimmungen, die dem Interesse des Zeugen dienen, auf vorhandene Möglichkeiten der Zeugenbetreuung und auf die gesetzlichen Folgen des Ausbleibens.

Auch der Weisse Ring hält bundesweit ein Angebot zur Zeugenbetreuung bereit; seine Mitarbeiter sind durch spezielle Schulungen für diese Aufgabe ausgebildet. In Bremen gibt es ein eigenes Zeugenbetreuungszimmer dieser Organisation. Darüber hinaus bieten auch die Mitarbeiter der Opferhilfebüros der Stiftung Opferhilfe Niedersachsen eine Zeugenbetreuung und -begleitung an.

II. Wie ist der Ablauf einer Gerichtsverhandlung?

Der Ablauf der Verhandlung ist in der StPO geregelt. Die Hauptverhandlung beginnt mit dem Aufruf zur Sache, § 243 Abs. 1 Satz 1 StPO. Danach stellt der Richter die Anwesenheit des Angeklagten, des Verteidigers sowie der Beweismittel, insbesondere der geladenen Zeugen und ggf. der Sachverständigen fest. Die Zeugen müssen anschließend vor dem Sitzungssaal warten, bis sie hereingerufen werden.

Als Nächstes wird der Angeklagte zu seinen persönlichen Verhältnissen befragt: Name, Wohnort, Einkommen. Danach liest der Staatsanwalt laut vor, was dem Angeklagten in der Anklageschrift zur Last gelegt wird. Schließlich wird der Angeklagte darüber belehrt, dass es ihm frei steht, sich zur Anklage zu äußern oder nicht zur Sache auszusagen. Macht der Angeklagte Angaben zur Sache, wird er vernommen, zunächst vom Gericht, dann von der Staatsanwaltschaft, im Anschluss vom Nebenklagevertreter, ggf. dann noch von einem Sachverständigen und dann von seinem Verteidiger. Dies ist die weitgehend übliche und gerichtspraktizierte Reihenfolge, Abweichungen sind allerdings gerade für den Nebenklägervertreter möglich.

Danach werden die Zeugen der Reihe nach vernommen. In der Regel wird mit dem Opfer begonnen. Letzteres ist aber nicht zwingend. Im Anschluss erfolgt dann die weitere Beweisaufnahme, es werden weitere Zeugen vernommen, Sachverständige gehört und sichergestellte Gegenstände in Augenschein genommen. Sobald die Beweisaufnahme geschlossen ist, beginnt der Staatsanwalt mit seinem Schlussvortrag, dem Plädoyer. Dieses endet mit einem bestimmten Antrag auf eine Strafe für den Angeklagten. Danach halten der Nebenklagevertreter und der Verteidiger ihre Schlussvorträge. Das letzte Wort hat der Angeklagte. Im Anschluss zieht das Gericht sich zu einer geheimen Beratung über die Entscheidung zurück und gibt dann wiederum in öffentlicher Sitzung das Urteil bekannt. Diese Bekanntgabe erfolgt oftmals nicht am selben Tag, sondern später. Das Gericht gibt dafür rechtzeitig Tag und Uhrzeit bekannt.

Wenn weder der Angeklagte noch sein Verteidiger, der Nebenklagevertreter oder der Staatsanwalt binnen einer Woche ab Verkündung des Urteils ein Rechtsmittel einlegen, wird das Urteil rechtskräftig und die Strafe vollstreckt. Dies bedeutet, dass der Angeklagte entweder eine Geldstrafe zu zahlen hat oder eine Haftstrafe antreten muss.

Gerichtsverhandlungen sind in aller Regel öffentlich. Fernsehaufnahmen während der Verhandlung sind unzulässig.

III. Was sollte das Opfer unbedingt über eine Gerichtsverhandlung wissen?

Hat sich das Opfer dem Verfahren als Nebenkläger angeschlossen, so erhält es zur Hauptverhandlung meistens zwei Ladungen. Dies führt gelegentlich zu Verwirrungen. Das Opfer erhält zunächst zum einen eine Ladung als Nebenkläger, zum anderen eine Ladung als Zeuge. Der Ladung als Zeuge hat das Opfer zur angegebenen Uhrzeit Folge zu leisten. Im Übrigen steht es ihm frei, auf die Ladung als Nebenkläger zu erscheinen. Das Recht des Nebenklägers besteht allerdings darin, schon ab Beginn der Hauptverhandlung anwesend zu sein. Da aber die Anwesenheit während der Vernehmung des Angeklagten eine spätere Aussage des Opfers entwerten könnte, ist es in der Praxis üblich, dass der Nebenkläger erst zu Beginn seiner Vernehmung erscheint.

Nicht nur bei kindlichen und jugendlichen Opferzeugen ist es in aller Regel wichtig, auf dem Gerichtsflur, weder dem Angeklagten noch Personen zu begegnen, die emotional auf der Seite des Angeklagten stehen. Die Zeit im Gerichtsgebäude bis zum Aufruf ist für das Opfer eine Phase besonderer Anspannung. Dies kann gelegentlich bis zu mehreren Stunden dauern. Gefühlsausbrüche bis hin zu Weinkrämpfen sind nichts Ungewöhnliches, aber sie sind etwas Höchstpersönliches. Deshalb sollte sichergestellt sein, dass der Opferzeuge sich in einem Zeugenschutzzimmer zurückziehen kann. Aus diesem Grund empfiehlt es sich, in besonderen Straftatkonstellationen immer einer Opferhilfeeinrichtung und einen spezialisierten Rechtsanwalt für derartige Verfahren hinzuziehen. So holen beispielsweise erfahrene Rechtsanwälte, die als Nebenklägervertreter auftreten, das Opfer selbst im Zeugenzimmer ab und begleiten es dann in den Gerichtssaal. Dies ist für den Rechtsanwalt und für das Verfahren verfahrensunschädlich, da der Rechtsanwalt als Zeugenbeistand und Nebenklägervertreter ein nicht notwendiger Verfahrensbeteiligter in der Hauptverhandlung ist. Die Verhandlung kann also ohne Unterbrechungen in Abwesenheit dieses Anwaltes fortgeführt werden.

Kommt das Opfer in Begleitung eines Opferhelfers, sollte für diesen eine Sitzgelegenheit neben dem Zeugenstand und zur Seite des Angeklagten zur Verfügung stehen, damit der Opferzeuge bei seiner Vernehmung optisch vom Angeklagten „abgeschottet" ist. Erfahrende Opferanwälte setzen sich meistens zwischen Angeklagten und Verteidiger auf der einen und dem Opfer während seiner Vernehmung auf der anderen Seite. Eine weitere Möglichkeit ist, dass das Opfer nach eigener Wahl neben dem Nebenklägervertreter oder zwischen dem Nebenklägervertreter und dem Opferhelfer im Zeugenstand Platz nimmt. Nach der Vernehmung liegt es meist im Interesse des Opfers, schnellstmöglich den Gerichtssaal verlassen zu dürfen. Die für die Zeugenentschädigung notwendigen Formulare kann dann der Opferhelfer oder der Nebenklägervertreter abwickeln.

Sofern das Opfer nicht als Nebenkläger zugelassen ist, kann es sich in besonderen Konstellationen nach § 68b StPO eines Rechtsanwalts als Zeugenbeistand bedienen. Ansonsten umfasst die Nebenklagevertretung automatisch auch den Zeugenbeistand.

Das Opfer, also der Verletzte, kann als Zeuge vernommen werden, auch wenn er gleichzeitig als Nebenkläger zugelassen ist. Eine Zeugenvernehmung in einer Gerichtsverhandlung geht meist förmlicher vonstatten als eine polizeiliche oder staatsanwaltschaftliche Vernehmung. Während bei der Polizei oder bei der Staatsanwaltschaft in der Regel nur die vernehmende Person, das Opfer selbst und ggf. ein Beistand anwesend sind, findet eine Hauptverhandlung vor einem Strafgericht grundsätzlich in Anwesenheit aller Verfahrensbeteiligten statt. Dies sind der Angeklagte, meistens auch sein Verteidiger, das Gericht (mit bis zu fünf Richtern, dann bestehend aus drei hauptamtlichen Richtern in Robe und zwei Schöffen), die Staatsanwaltschaft und manchmal auch Sachverständige und Dolmetscher. Außerdem ist die Öffentlichkeit grundsätzlich zugelassen.

Erfahrungsgemäß ist es so, dass, je näher die Hauptverhandlung heranrückt, desto unruhiger und ängstlicher werden die Opferzeugen und nicht nur diese. Die Hauptverhandlung kann ängstigen. Zeugen müssen sich teilweise unbequeme Fragen gefallen lassen. Oftmals auch, weil es für das Opfer nicht ersichtlich ist, wieso es auf die eine oder andere Frage für das Verfahren überhaupt ankommt. Je genauer das Opfer den Ablauf der Verhandlung kennt, je besser es weiß, ob und wie es auf Fragen reagieren muss, desto sicherer fühlt es sich. Es ist daher enorm wichtig, dass vor der Hauptverhandlung eine Vorbereitung auf den Prozess durch eine Opferhilfeeinrichtung und einen Rechtsanwalt erfolgt. Dies gilt insbesondere bei den Aussage gegen Aussage-Delikten, wie Stalking, und bei den Sexualstraftaten. Dabei ist mit dem Opfer zu besprechen, ob es an der gesamten Verhandlung teilnehmen möchte oder nicht. Eine Verpflichtung hierzu besteht nicht. Ausreichend ist oftmals, dass das Opfer nur im Rahmen seiner Vernehmung anwesend ist. Außerhalb der Vernehmung nimmt das nebenklageberechtigte Opfer in aller Regel neben seinem Anwalt Platz, der traditionsgemäß neben dem Staatsanwalt sitzt. Dies vermittelt den Opfern oftmals ein gutes Gefühl.

IV. Kann die Öffentlichkeit ausgeschlossen werden?

Die gerichtliche Verhandlung ist grundsätzlich öffentlich, §§ 169 bis 175 GVG. Das bedeutet, dass für beliebige Zuschauer die Möglichkeit besteht, dem Prozess beizuwohnen und zuzuhören. Ton-, Rundfunk- und Filmaufnahmen während der Verhandlung zum Zwecke der Veröffentlichung sind aber nicht zugelassen, weil das ein Eingriff in die Persönlichkeitsrechte des Beteiligten darstellt. Um die Verhandlung herum sind allerdings Filmaufnahmen möglich. In allerdings sehr engen Fällen kann die Öffentlichkeit wegen besonders schutzwürdiger Interessen oder aus weiteren besonderen Gründen ausgeschlossen werden. Dies ist zum einen zum

Schutz der Privatsphäre des Opfers möglich, zum anderen bei besonderem Schutzbedürfnis oder Schutzbedürftigkeit der Zeugen. Ein Ausschluss der Öffentlichkeit ist zu beantragen wie in §§ 171b und 172 GVG beschrieben ist:

§ 171b GVG. [Ausschluss der Öffentlichkeit zum Schutz der Privatsphäre]. (1) [1]Die Öffentlichkeit kann ausgeschlossen werden, soweit Umstände aus dem persönlichen Lebensbereich eines Prozessbeteiligten, Zeugen oder durch eine rechtswidrige Tat (§ 11 Abs. 1 Nr. 5 des Strafgesetzbuches) Verletzten zur Sprache kommen, deren öffentliche Erörterung schutzwürdige Interessen verletzen würde, soweit nicht das Interesse an der öffentlichen Erörterung dieser Umstände überwiegt. [2]Dies gilt nicht, soweit die Personen, deren Lebensbereiche betroffen sind, in der Hauptverhandlung dem Ausschluss der Öffentlichkeit widersprechen.

(2) Die Öffentlichkeit ist auszuschließen, wenn die Voraussetzungen des Absatzes 1 Satz 1 vorliegen und der Ausschluss von der Person, deren Lebensbereich betroffen ist, beantragt wird.

(3) Die Entscheidungen nach den Absätzen 1 und 2 sind unanfechtbar.

§ 172 GVG. [Ausschluss der Öffentlichkeit wegen Gefährdung]. (auszugsweise)

Das Gericht kann für die Verhandlung oder für einen Teil davon die Öffentlichkeit ausschließen, wenn

…

3. ein privates Geheimnis erörtert wird, dessen unbefugte Offenbarung durch den Zeugen oder Sachverständigen mit Strafe bedroht ist,
4. eine Person unter sechzehn Jahren vernommen wird.

Die Gerichte üben sich bei Anträgen der Nebenklagevertretung zum Ausschluss der Öffentlichkeit gelegentlich in vornehmer Zurückhaltung. Dies erfolgt deshalb, weil zwar ein unberechtigter Ausschluss der Öffentlichkeit einen absoluten Revisionsgrund nach § 338 Ziffer 6 StPO darstellen kann, nicht aber der unterbliebene Ausschluss auf Antrag des Opfers. Die Verletzung von Opferrechten ist für das Opfer weitgehend nicht revisibel, d. h. darauf kann keine spätere Revision gestützt werden.

Gerade bei Opfern von Sexualstraftaten besteht aber oftmals eine Notwendigkeit, die Öffentlichkeit auszuschließen. In derartigen Fällen ist dies auch leichter durchsetzbar. Auf jeden Fall empfiehlt es sich in einer solchen Konstellation, nicht ohne eine Begleitung durch einen Opferanwalt entsprechende Anträge zu stellen.

V. Muss das Opfer im Beisein des Angeklagten aussagen?

In besonders engen Fällen kann der Angeklagte während der Vernehmung des Opfers aus dem Gerichtssaal entfernt werden. Dies regeln die §§ 247, 247a StPO.

Es kann Konstellationen geben, dass in Anwesenheit des Angeklagten Opfer die Wahrheit nicht sagen wollen oder können, insbesondere bei jugendlichen und kindlichen Zeugen, die gegen Familienangehörige oder Nahestehende aussagen sollen, ist dies denkbar. Hier wäre ein entsprechender Antrag zu stellen, den Angeklagten aus dem Gerichtssaal zu entfernen. Gleiches gilt bei unter 16-jährigen Opferzeugen bei zu befürchtenden erheblichen Nachteilen für deren Wohl und bei anderen Zeugen bei der dringenden Gefahr eines Nachteils für ihre Gesundheit. Dabei ist zu beachten, dass Opferzeugen oft dem gerichtlichen Ansinnen ausgesetzt werden, „versuchen wir es erst noch einmal und dann sehen wir weiter". Dem ist vorzubeugen.

> Es ist ratsam, die dringende Gefahr des schwerwiegenden Gesundheitsnachteils durch ein zuvor eingeholtes ärztliches Attest zu belegen.

§ 247 StPO regelt die Voraussetzungen, unter denen der Angeklagten während der Vernehmung aus dem Gerichtssaal entfernt werden kann. Dies ist möglich, wenn zu befürchten ist, dass der Zeuge im Beisein des Angeklagten nicht die Wahrheit sagen wird. Es muss allerdings eine konkrete Gefahr für die Wahrheitsfindung bestehen. Der bloße Wunsch des Zeugen ist nicht ausreichend. Ist der Zeuge unter 16 Jahren alt, ist der Ausschluss möglich, wenn ein erheblicher Nachteil für das Wohl des Zeugen zu befürchten ist. Ausreichend ist hier ein Abhängigkeitsverhältnis zwischen Zeugen und dem Angeklagten oder die Furcht vor Rache oder anderen Nachteilen.

§ 247 StPO. [Entfernung des Angeklagten]. [1]Das Gericht kann anordnen, dass sich der Angeklagte während einer Vernehmung aus dem Sitzungszimmer entfernt, wenn zu befürchten ist, ein Mitangeklagter oder ein Zeuge werde bei seiner Vernehmung in Gegenwart des Angeklagten die Wahrheit nicht sagen. [2]Das gleiche gilt, wenn bei der Vernehmung einer Person unter sechzehn Jahren als Zeuge in Gegenwart des Angeklagten ein erheblicher Nachteil für das Wohl des Zeugen zu befürchten ist oder wenn bei einer Vernehmung einer anderen Person als Zeuge in Gegenwart des Angeklagten die dringende Gefahr eines schwerwiegenden Nachteils für ihre Gesundheit besteht. [3]Die Entfernung des Angeklagten kann für die Dauer von Erörterungen über den Zustand des Angeklagten und die Behandlungsaussichten angeordnet werden, wenn ein erheblicher Nachteil für seine Gesundheit zu befürchten ist. [4]Der Vorsitzende hat den Angeklagten, sobald dieser wieder anwesend ist, von dem wesentlichen Inhalt dessen zu unterrichten, was während seiner Abwesenheit ausgesagt oder sonst verhandelt worden ist.

Unter revisionsrechtlichen Gesichtspunkten zeigen sich Gerichte bei der Verbindung des Antrages auf Entfernen des Angeklagten nach § 247 StPO mit einem Antrag auf Ausschluss der Öffentlichkeit nach § 171b GVG oftmals antragsresistent. In derartigen Fällen ist aber noch nichts verloren. In vielen Fällen ist es deshalb geboten, diesen Antrag ausführlich und am besten in nichtöffentlicher Ausschließungsverhandlung nach § 174 GVG zu begründen. In einer solchen Konstellation ist allerdings unabdingbar, dass das Opfer von einem Rechtsanwalt vertreten wird.

Zu beachten ist aber, dass der Ausschluss des Angeklagten nicht immer notwendig ist. Dabei stellt sich die Frage, ob ein Antrag auf Ausschluss des Angeklagten aus Sicht des Opfers sinnvoll ist. Es ist oft zu lesen, dass dies zwingend zum Schutz des Opfers geboten ist. Nach den Erfahrungen der Verfasser dieses Buches sollte die Angelegenheit mit dem Opfer genauestens besprochen und die Sorgen und Ängste hinterfragt werden. Gerade Sexualdelikte sind dadurch gekennzeichnet, dass es dabei während der Tatausführung einen „stärkeren und mächtigeren" Täter gibt, der agiert. Das Opfer reagiert allenfalls.

Im Gerichtssaal kann dieses Machtgefälle umgekehrt werden. Das Opfer sagt im Beisein des Angeklagten aus, was dieser ihm angetan hat. Das Opfer agiert, der Täter kann nur noch reagieren. Er ist nicht mehr der „Stärkere". Die Rollen haben sich verändert.

Viele Zeuginnen berichten nach ihren Vernehmungen, dass ihnen gerade dies wichtig war. Flankierend kann sich der Anwalt noch neben das Opfer setzten und es durch unmittelbare Nähe stärken. Auch dadurch wird dem Täter sichtbar, dass das Opfer nicht mehr allein und wehrlos ist.

Im Idealfall ist das Opfer von einem Netzwerk weiterer Helfer getragen. Auch dies wird dem Täter im Gerichtssaal deutlich und stärkt gleichzeitig das Opfer.

VI. Videovernehmung des Opfers

Mit dem Zeugenschutzgesetz vom 30.4.1998 wurde in § 247a StPO die audiovisuelle Vernehmung in der Hauptverhandlung geregelt. Man sieht sie als eine dem Interesse einer schonenden Vernehmung schutzbedürftiger Zeugen gerecht werdende Verfahrensweise an. Der Zeuge wird außerhalb des Gerichtssaals vernommen und diese Vernehmung wird in den Gerichtssaal übertragen. Voraussetzung ist die dringende Gefahr eines schwerwiegenden Nachteils für den Zeugen (§§ 247a, 168e StPO).

Bei der Vernehmung eines erwachsenen Zeugen ist der Ausschluss möglich, wenn eine dringende Gefahr eines schwerwiegenden Nachteils für die Gesundheit besteht. Das ist beispielsweise der Fall, wenn die Anwesenheit des Angeklagten zu einer erheblichen Gesundheitsgefährdung mit der Folge der Vernehmungsunfähigkeit führen kann.

§ 247a StPO. [Vernehmung des Zeugen an anderem Ort]. [1]Besteht die dringende Gefahr eines schwerwiegenden Nachteils für das Wohl des Zeugen, wenn er in Gegenwart der in der Hauptverhandlung Anwesenden vernommen wird, so kann das Gericht anordnen, dass der Zeuge sich während der Vernehmung an einem anderen Ort aufhält; eine solche Anordnung ist auch unter den Voraussetzungen des § 251 Abs. 2 zulässig, soweit dies zur Erforschung der Wahrheit erforderlich ist. [2]Die Entscheidung ist unanfechtbar. [3]Die Aussage wird zeitgleich in Bild und Ton in das Sitzungszimmer übertragen. [4]Sie soll aufgezeichnet werden, wenn zu besorgen ist, dass der Zeuge in einer weiteren Hauptverhandlung nicht vernommen werden kann und die Aufzeichnung zur

Erforschung der Wahrheit erforderlich ist. [5]§ 58a Abs. 2 findet entsprechende Anwendung.

VII. Vorführung einer Video-Konserve anstelle persönlicher Vernehmung

Eine bereits im Ermittlungsverfahren mittels Video aufgenommene Vernehmung kann unter den Voraussetzungen der §§ 255a, 58a StPO anstelle der Vernehmung des Zeugen eingespielt werden. Dies ist beispielsweise dann möglich, wenn alle Verfahrensbeteiligten damit einverstanden sind oder ein Zeuge verstorben ist.

Erleichterte Voraussetzungen gibt es dafür, wenn der Zeuge unter sechzehn Jahre alt ist, das Verfahren wegen eines Sexualdeliktes nach den §§ 174 bis 184f StGB, wegen Straftaten gegen das Leben gem. §§ 211 bis 222 StGB, wegen Misshandlung von Schutzbefohlenen nach § 225 StGB oder wegen Straftaten gegen die persönliche Freiheit nach den §§ 232–233a StGB geführt wird. Voraussetzung ist, dass es sich hierbei um eine frühere richterliche Vernehmung handelt und der Angeklagte und sein Verteidiger daran mitwirken konnten. Wichtig ist, dass das Opfer nach § 58a Absatz 3 StPO einer Weitergabe dieser Aufzeichnung widersprechen kann.

§ 58a StPO. [Aufzeichnung der Vernehmung]. (1) [1]Die Vernehmung eines Zeugen kann auf Bild-Ton-Träger aufgezeichnet werden. [2]Sie soll aufgezeichnet werden

1. bei Personen unter sechzehn Jahren, die durch die Straftat verletzt worden sind, oder
2. wenn zu besorgen ist, dass der Zeuge in der Hauptverhandlung nicht vernommen werden kann und die Aufzeichnung zur Erforschung der Wahrheit erforderlich ist.

(2) [1]Die Verwendung der Bild-Ton-Aufzeichung ist nur für Zwecke der Strafverfolgung und nur insoweit zulässig, als dies zur Erforschung der Wahrheit erforderlich ist. [2]§ 100b Abs. 6 gilt entsprechend. [3]Die §§ 147, 406e sind entsprechend anzuwenden, mit der Maßgabe, dass den zur Akteneinsicht Berechtigten Kopien der Aufzeichnung überlassen werden können. [4]Die Kopien dürfen weder vervielfältigt noch weitergegeben werden. [5]Sie sind an die Staatsanwaltschaft herauszugeben, sobald kein berechtigtes Interesse an der weiteren Verwendung besteht. [6]Die Überlas-

sung der Aufzeichnung oder die Herausgabe von Kopien an andere als die vorbezeichneten Stellen bedarf der Einwilligung des Zeugen.

(3) [1]Widerspricht der Zeuge der Überlassung einer Kopie der Aufzeichnung seiner Vernehmung nach Absatz 2 Satz 3, so tritt an deren Stelle die Überlassung einer Übertragung der Aufzeichnung in ein schriftliches Protokoll an die zur Akteneinsicht Berechtigten nach Maßgabe der §§ 147, 406e. [2]Wer die Übertragung hergestellt hat, versieht die eigene Unterschrift mit dem Zusatz, dass die Richtigkeit der Übertragung bestätigt wird. [3]Das Recht zur Besichtigung der Aufzeichnung nach Maßgabe der §§ 147, 406e bleibt unberührt. [4]Der Zeuge ist auf sein Widerspruchsrecht nach Satz 1 hinzuweisen.

Eine ergänzende Vernehmung des Zeugen vor Gericht im Gerichtssaal ist allerdings trotz der vorherigen Videoaufzeichnung oftmals möglich. Letzteres dürfte der Grund sein, dass diese an sich sinnvolle Möglichkeit nicht sehr oft genutzt wird. Ein geschickter Verteidiger wird immer Fragen haben, die er noch stellen darf. Insoweit läuft die Schutzfunktion dann praktisch ins Leere.

Der besonderen Belastungssituation für kindliche und psychisch strapazierte Zeugen kann dadurch Rechnung getragen werden, dass der Nebenklägervertreter den Zeugen in das Zeugenzimmer begleitet. Das ist auch während laufender Verhandlung zulässig, da der Nebenklägervertreter kein notwendiger Verfahrensbeteiligter ist, was bedeutet, dass die die Verhandlung ohne ihn geführt werden kann.

J. Besonderheiten bei kindlichen, jugendlichen und heranwachsenden Tätern

Als Kind im juristisch strafrechtlichen Sinne gilt ein Mensch bis zur Vollendung des 14. Lebensjahres. Bis dahin ist er strafunmündig, er kann nicht bestraft werden. Zivilrechtlich ist dies anders. Dort wird von der Deliktsfähigkeit gesprochen. Personen, die jünger als 14 Jahre sind, können bei Vorliegen der Voraussetzungen zivilrechtlich zur Verantwortung gezogen werden. Strafrechtlich verantwortlich ist ein Jugendlicher nach Vollendung des 14. Lebensjahres bis zur Vollendung des 18. Lebensjahres. Danach, also bis zur Vollendung des 21. Lebensjahres, ist der Mensch strafrechtlich ein Heranwachsender. Auf diesen Personenkreis kann entweder Erwachsenen- oder Jugendstrafrecht angewendet werden. In der Praxis wird aber fast immer Jugendstrafrecht angewendet, weil die Gerichte den Heranwachsenden meistens Reifeverzögerungen attestieren, was dann zur Anwendung von Jugendstrafrecht führt.

Viele Opfer stellen sich die Frage, warum junge Täter auf der einen Seite privilegiert sind, und die Opfer auf der anderen Seite dann weniger Rechte haben. Warum gibt es diese Sonderstellungen für junge Täter? Zum einen, weil dahinter die Erkenntnis steht, dass junge Menschen in ihrer persönlichen Entwicklung noch nicht ausgereift und daher auch nicht verantwortlich sind; zum anderen weil es so (noch) in den Gesetzen vorgesehen ist und die Gerichte oftmals bei den „Heranwachsenden/Erwachsenen" Reifeverzögerungen annehmen und Jugendrecht anwenden.

Für Opfer, insbesondere von Sexual- und Gewaltstraftaten, ist diese Privilegierung der Täter nicht nachvollziehbar. Es ist für die Opfer oftmals kaum verständlich, dass ein Volljähriger, der nach dem Gesetz alle Rechte eines Erwachsenen hat, als beispielsweise 20-jähriger Straftäter nach dem Jugendrecht, wie ein 14-Jähriger bestraft wird. Dies führt wird für das Opfer oftmals zu erheblichen Mehrbelastungen und nicht immer nachvollziehbaren Einschränkungen. Dazu ein **Beispiel** aus der anwaltlichen und gerichtlichen Praxis:

> Ein 18-jähriger Berufsschüler aus dem Emsland wurde während einer Klassenfahrt im Jahre 2006 auf der spanischen Treppe in Rom von einem 19-Jährigen aus Hamburg plötzlich und unerwartet so heftig zusammengeschlagen und -getreten, dass er lebensgefährliche Verletzungen erlitt. Der junge Mann musste mehrere Wochen in einem römischen Krankenhaus behandelt werden. Die Eltern des Jungen, beide berufstätig, mussten mehrfach nach Rom reisen. Der Verletzte konnte sich dem Strafverfahren gegen den Täter zwar als Nebenkläger anschließen, Schadensersatz und Schmerzensgeld konnte aber nicht im Adhäsionsverfahren durchgesetzt werden, weil auf den Täter Jugendrecht angewendet wurde. Er hatte nach Aussagen des Jugendamtes Reifeverzögerungen. Im Strafverfahren zeigte sich der einschlägig vorbestrafte Täter einsichtig und legte ein Geständnis ab. Dies wurde vom Gericht honoriert, einige Tage Unter-

suchungshaft wurden angerechnet und er bekam eine milde Jugendstrafe auferlegt. Das Strafverfahren fand vor einem Hamburger Amtsgericht, am Wohnort des Täters statt. Dies bedeutete für das Opfer und dessen Familie rund 500 km Reise nach Hamburg zum Gericht und zurück. Ein Antrag des Nebenklägervertreters die Hauptverhandlung am Wohnort des Opfers durchzuführen wurde mangels gesetzlicher Möglichkeiten zurückgewiesen. Sämtliche Tatzeugen stammten ebenfalls aus dem Emsland. Da der Täter kurz vor der Gerichtsverhandlung ein Geständnis abgelegt hatte, brauchten die sieben geladenen Zeugen die Reise zum Gericht in Hamburg nicht anzutreten.

Anfang des Jahres 2007 wurde dann eine Zivilklage gegen den Täter erhoben. Aus rechtlichen Gründen wiederum in Hamburg, obwohl der Leidtragende im Emsland wohnte und die Tat in Rom geschah. Nun passierte etwas, was oft passiert. Der Täter bestritt zwar nicht vehement das, was er wenige Monate zuvor noch vor dem Jugendgericht eingestanden hatte, er behauptete aber, dass das Opfer selbst schuld sei und dass die Verletzungen doch wohl nicht von ein paar Kickboxer-Tritten gegen den Kopf so schlimm gewesen sein könnten. Es zeichneten sich wiederum mehrere Verhandlungstermine vor dem Gericht in Hamburg ab. Opfer und Zeugen stellten sich auf mehrere Reisen nach Hamburg ein. Darüber hinaus drohte ein Kostenrisiko, weil der kurz zuvor im Strafverfahren noch solvente Täter plötzlich angeblich mittellos wurde.

Warum dieses Beispiel? Der aufmerksame Leser wird sagen, „ist doch heute alles kein Problem mehr"; „durch das 2. Justizmodernisierungsgesetz wurde doch das Adhäsionsverfahren gegen Heranwachsende möglich, also das Adhäsionsverfahren kombiniert mit der Nebenklage im Strafverfahren; zwei Verfahren sind heute gar nicht mehr notwendig."

Das ist soweit richtig, aber die Opferfamilie und die Zeugen haben sich gefragt, warum der Täter nicht reisen musste und stattdessen sie und die Zeugen mehrfach viele hundert Kilometer fahren sollten.

Und was wäre gewesen, wenn der Täter 17$\frac{3}{4}$ Jahre alt gewesen wäre? Dann wären weder eine Nebenklage noch ein Adhäsionsverfahren möglich.

Viele empfinden diese und ähnliche Zustände, die zu Ungunsten der eigentlich Leidtragenden bestehen, als dringend verbesserungswürdig. Wegen der Komplexität sind im Vorgehen aber Behutsamkeit und Sachlichkeit angebracht.

Die Beteiligung des Verletzten am Jugendstrafverfahren galt lange Zeit und gilt auch heute noch für viele als erziehungsfeindlich. Im 2. Justizmodernisierungsgesetz vom 22.12.2006 ist aber immerhin die Nebenklage in Verfahren gegen Jugendliche für einige besonders gravierende Verbrechen (Tötungsdelikte und Sexualdelikte, soweit sie ein Verbrechen sind) zulässig. Außerdem können seither Schadensersatz und Schmerzensgeld im Wege des Adhäsionsverfahrens in allen Strafverfahren gegen Heranwachsende geltend gemacht werden. Es sind aber nach wie erhebliche Schlechterstellungen der Opfer gegenüber den Verfahren gegen Erwachsene festzustellen. Dies gilt sowohl für den qualifizierten Verletztenbeistand nach § 406g StPO als auch für die Informationsrechte des Verletzten, sein Recht auf Akteneinsicht und den Zeugenbeistand. Der Gesetzgeber hat diesbezüglich eine recht unübersichtliche und komplizierte Verweisungstechnik gewählt, daher sind einige der Einschränkungen unter Juristen umstritten. Dies näher darzustellen, würde den Umfang dieses Ratgebers sprengen. Es empfiehlt sich eine Beratung durch einen spezialisierten Rechtsanwalt.

K. Recht auf Entschädigung

Vielfach kommt es nach einer Straftat sowohl zu gesundheitlichen als auch wirtschaftlichen Schäden des Opfers. Dafür hat zweifelsfrei der Verursacher, nämlich der Täter, aufzukommen. Grundsätzlich ist dafür wiederum Voraussetzung, dass der Täter in einem Strafverfahren wegen der Straftat verurteilt wird. Das ist aber aus verschiedensten Gründen nicht immer möglich. Selbst wenn es zu einer Verurteilung im Strafverfahren kommt, und selbst wenn es gleichfalls zu einer Verurteilung zu Schadensersatz kommt, passiert es oft, dass das Opfer trotzdem leer ausgeht, weil der Täter nicht leistungs- bzw. zahlungsfähig ist oder sich den Leistungspflichten entziehen kann. Darüber hinaus kann es Schwierigkeiten der Finanzierung im Rahmen der Heilbehandlung nach der Tat geben. Eine vielfach leider unbekannte aber durchaus wirkungsvolle Verbesserung der tatsächlichen und rechtlichen Situation nach einer Straftat kann über einen Antrag auf Anerkennung nach dem Opferentschädigungsgesetz erreicht werden. Die Bundesrepublik Deutschland ist 1976 mit dem Opferentschädigungsgesetz ausländischen Vorbildern gefolgt. Unabhängig und zusätzlich zu Ansprüchen gegen die Täter haben die Opfer von Straftaten Entschädigungsansprüche. Das Opferentschädigungsgesetz (OEG) gewährleistet Opfer von Straftaten einen eigenen Rechtsanspruch auf Beschädigtenversorgung. Dieser richtet sich nicht gegen den Täter, sondern als sozialer Entschädigungsanspruch gegen die Bundesrepublik Deutschland. Leistungen nach dem OEG können auch dann gewährt werden, wenn kein Täter ermittelt worden ist.

I. Warum gibt es und was ist das Opferentschädigungsgesetz?

Das OEG ist ebenso wie das BVG (Bundesversorgungsgesetz) Teil des sozialen Entschädigungsrechts. Dieses wiederum ist ein Unterfall des Sozialrechts. Das Sozialrecht ist, ebenso wie beispielsweise das Polizeirecht, Teil des öffentlichen Rechts. Es regelt das Verhältnis zwischen Staat und Bürger.

In dem speziellen Fällen des Sozialrechts geht es aber nicht um die Ansprüche der Bürger auf Schutz, sondern um Ansprüche auf Leistungen zur Sicherung der Existenz oder im speziellen Fall des OEG um Ansprüche aufgrund eines Sonderopfers. Der Bürger erleidet infolge der Straftat eine Schädigung. Dies stellt im Verhältnis zum Staat ein Sonderopfer dar. Deshalb gewährt der Staat ihm eine Entschädigung. Rechtstheoretisch rechtfertigen sich die Leistungen des Opferentschädigungsgesetzes dadurch, dass der Staat im Rahmen des ihm obliegenden Gewaltmonopols seinen Bürger nicht vor einer Straftat schützen konnte. Dafür gibt es im Schadensfall dann einen Ausgleich.

Das Sozialrecht, auch das Recht der sozialen Ordnung genannt, dient des Weiteren der Erfüllung des grundgesetzlichen Auftrags zur Sicherung des Sozialstaatsprinzips des Grundgesetzes nach Art. 20 Absatz 1 GG. Dies bedeutet, dass der Staat seinen Bürgern die Sicherung existentieller Lebensbedingungen schuldet und dabei auch die Voraussetzungen für die Entfaltung von Freiheit zu sichern hat. Zum Sozialrecht gehören auch die weitaus bekannteren Rechtsgebiete der Ausbildungsförderung der Jugendhilfe oder der Sozialhilfe. Zum besseren Verständnis stellen wir auch diese Vorschrift im Wortlaut vor:

§ 1 SGB I. [Aufgaben des Sozialgesetzbuchs]. (1) Das Recht des Sozialgesetzbuchs soll zur Verwirklichung sozialer Gerechtigkeit und sozialer Sicherheit Sozialleistungen einschließlich sozialer und erzieherischer Hilfen gestalten. Es soll dazu beitragen, ein menschenwürdiges Dasein zu sichern, gleiche Voraussetzungen für die freie Entfaltung der Persönlichkeit, insbesondere auch für junge Menschen, zu schaffen, die Familie zu schützen und zu fördern, den Erwerb des Lebensunterhalts durch eine frei gewählte Tätigkeit zu ermöglichen und besondere Belastungen des Lebens, auch durch Hilfe zur Selbsthilfe, abzuwenden oder auszugleichen.

(2) Das Recht des Sozialgesetzbuchs soll auch dazu beitragen, dass die zur Erfüllung der in Absatz 1 genannten Aufgaben erforderlichen sozialen Dienste und Einrichtungen rechtzeitig und ausreichend zur Verfügung stehen.

Für die Teilhabe an den Leistungen im gesamten Sozialrecht und daher auch im Opferentschädigungsrecht ist immer ein Antrag erforderlich. Voraussetzung ist ein schriftlicher Antrag an das zuständige Versorgungsamt. Leistungen nach dem OEG werden nur auf Antrag bewilligt. Das Opfer muss dies selbst beantragen. Dieser Antrag wird an eine Behörde gerichtet. Wie diese Behörde heißt ist je nach Bundesland unterschiedlich. In vielen Ländern heißt diese Behörde „Versorgungsamt". Das war in Niedersachsen bis vor kurzem auch so. Nun heißt die zuständige Behörde „Landesamt für Soziales, Jugend und Familie." Was das OEG für die Opfer leisten kann, ist an die jeweiligen Tatbestände des BVG gekoppelt. Das Gesetz kann für die Opfer im Einzelfall ein Segen sein, überzogene Erwartungen sollte man aber nicht haben.

Außerdem muss man wissen, der Weg bis zur Leistung ist lang und oft schwierig. Das liegt einerseits daran, dass das Opfer eine Beweispflicht hat und andererseits daran, dass sich gerade für die Opfer von Sexualstraftaten oftmals schwierige Kausalitätsfragen in der Verknüpfung von Tat und Tatfolgen ergeben. Man kann dies besser verstehen, wenn man weiß, dass es sich um eine staatliche Leistung an den Bürger handelt und das Gesetz die Voraussetzungen der Leistung genau definiert hat. Es ist im Prinzip so wie bei Anträgen auf Bafög, Hartz IV oder Schulgeld. Der Staat verknüpft an die Vergabe von Steuergeldern den Nachweis, dass die gesetzlichen Voraussetzungen dafür vorliegen. Durch die Opferentschädigung sollen dauerhafte Belastungen und Einschränkungen ausgeglichen und erleichtert werden. Einmalige Entschädigungsleistungen kennt das Gesetz nicht, Schmerzensgeld gibt es daher nicht. Im Rahmen des OEG werden Sach- und Vermögensschäden nicht erstattet.

Das OEG gewährt bei Vorliegen der Voraussetzungen Heilbehandlungs- und Fürsorgeleistungen, möglich ist auch eine Entschädigungsrente. Leistungen nach dem Opferentschädigungsgesetz können neben den erwähnten Heilbehandlungen sowie laufenden Renten an Geschädigte und Hinterbliebene auch Maßnahmen der Rehabilitation und Bestattungskosten sein. Grundsätzlich wichtig ist eine zügige Antragstellung. Leistungen werden grundsätzlich erst ab Antragseingang gewährt. Ausgenommen ist die Antragstellung innerhalb eines Jahres nach der Tat. Unabhängig davon hat das OEG hat den Vorteil, dass es so gut wie keine Ausschlussfristen kennt.

In einer europäischen Richtlinie zur Entschädigung von Opfern von Straftaten wird auch die Verfahrensweise geregelt, wie bei einer Schädigung im EU-Ausland das Antragsverfahren verläuft (Richtlinie 2004/80/EG des Rates vom 29.4.2004 zur Entschädigung der Opfer von Straftaten, Amtsblatt der Europäischen Union L 261/15). Die örtlichen Versorgungsämter sind verpflichtet zu beraten und zu unterstützen.

Um den Ablauf bis zur Anerkennung nach den OEG besser verstehen zu können, lohnt ein erster Blick auf die zentrale Vorschrift des Gesetzes, den § 1 Absatz 1 OEG:

(1) Wer im Geltungsbereich dieses Gesetzes oder auf einem deutschen Schiff oder Luftfahrzeug infolge eines vorsätzlichen, rechtswidrigen tätlichen Angriffs gegen seine oder eine andere Person oder durch dessen rechtmäßige Abwehr eine gesundheitliche Schädigung erlitten hat, erhält wegen der gesundheitlichen und wirtschaftlichen Folgen auf

Antrag Versorgung in entsprechender Anwendung der Vorschriften des Bundesversorgungsgesetzes.

II. Warum kann das OEG für das Opfer eine herausragende Bedeutung haben?

Es stellt sich die Frage, warum das OEG für ein Opfer eine besondere Bedeutung haben kann. Zur Beantwortung dieser Frage gehen wir noch einmal auf einen bereits geschilderten **Beispielsfall** zurück:

Es geht um die Frau, deren Mann sie erst vergewaltigt, sie dann halb tot geschlagen hat, und der dann vom Gericht freigesprochen wurde. Diese Frau hat gegen den Verursacher keine durchsetzbaren Ansprüche. Sie wurde erwerbsunfähig, da sie ihr Fitnessstudio infolge der körperlichen Tatfolgen nicht mehr führen konnte. Sie lebte ausschließlich von Hartz-IV-Leistungen. Einen finanziellen Ausgleich für ihre tatbedingte Notlage bekam sie staatlicherseits nicht.

Auf Anraten einer Mitarbeiterin des Weissen Ring stellte sie kurz nach der Tat einen Antrag auf Gewährung von Beschädigtenversorgung nach dem OEG. Dieser wurde kürzlich positiv beschieden. Die Frau bekommt mittlerweile neben einer Beschädigtenrente auch eine Ausgleichsrente, weil sie ihren ursprünglichen Beruf aufgrund der körperlichen Dauerschäden nicht mehr ausüben kann.

Sie sagte, nachdem sie den positiven Bescheid des staatlichen Landesamt für Jugend, Soziales und Familie in der Hand hielt, dass wieder etwas Licht in ihr Leben gekommen sei.

Dieses Beispiel zeigt, dass das OEG für ein Opfer im Einzelfall von überragender Bedeutung sein kann. Dies ist insbesondere dann der Fall, wenn weder das Strafverfahren, noch das Zivilverfahren, zu befriedigenden Ergebnissen für das Opfer führen. Dies tritt meistens dann ein, wenn die Straftaten nicht mehr verfolgt werden können, weil sie verjährt sind oder der Täter wegen Schuldunfähigkeit im Sinne von § 20 StGB freigesprochen wird. Meistens sind dann zivilrechtliche Ansprüche auch aus demselben Grund nicht mehr durchsetzbar. Eine Anerkennung als Opfer nach dem OEG ist dann gleichzeitig auch das Zeichen des Staates, dass dem Opfer Unrecht geschehen ist. Es ist für sehr viele Opfer wichtig, dass staatlicherseits festgestellt wird, dass die Straftat als solche nicht

Schicksal, sondern Folge der Handlung eines anderen ist, zu der er nicht befugt war. Dazu zählen auch die Taten, bei denen der Täter unbekannt bleibt.

III. Der Täter muss zahlen

In der Praxis empfinden die Opfer es oftmals auch als Genugtuung, wenn sie erfahren, dass sich die zuständigen Versorgungsämter die verauslagten Gelder, beispielsweise für Renten oder Krankenbehandlungen, beim Täter zurückholen. „Dann merkt er ja doch was." Sehr belastend kann es dann allerdings wieder werden, wenn die betroffenen Opfer in einem Zivilrechtsstreit der Versorgungsverwaltung, d. h. des Staates, gegen den Schädiger als Zeugen aussagen müssen. In diesem vor einem Zivilgericht zu führenden Rechtsstreit, stehen sich die Versorgungsverwaltung und der Täter als Parteien gegenüber. Die Versorgungsverwaltung ist der Kläger und der Täter ist der Beklagte. Im Zivilrechtsstreit hat die Versorgungsverwaltung zu beweisen, dass der Täter verpflichtet ist, die von der Versorgungsverwaltung für das Opfer aufgewendeten Leistungen auch zu erstatten. Für den dafür erforderlichen Beweis im Zivilrecht kann es erforderlich sein, dass das Opfer in diesem Prozess als Zeuge über die erlittene Tat und über die erlittenen Folgen aussagen muss. Dies kann teilweise sehr belastend sein. Das Opfer wird zuvor von der Versorgungsverwaltung angeschrieben und um sein Einverständnis gebeten. Das Opfer ist nicht verpflichtet, seine Zustimmung für einen Regress der Versorgungsverwaltung zu geben. Sofern das Opfer dazu nicht bereit ist, wird der Täter möglicherweise nicht in Regress genommen (vgl. S. 143).

IV. Welche Leistungen kennt das OEG?

Das Opferentschädigungsgesetz gewährt selbst keine Leistungen, sondern verweist hierbei in § 1 OEG auf das Bundesversorgungsgesetz, dort § 9 BVG. Da finden sich auch Bestimmungen zur Kriegsopferversorgung. Dies irritiert viele Betroffene, wenn beim OEG plötzlich neben dem BVG Vorschriften der Kriegsopferversorgung auftauchen. Dies erklärt sich historisch. Man kannte nach den Weltkriegen in Deutschland allenfalls eine Versorgung von Kriegsopfern und deren Hinterbliebenen. Das 1976 eingeführte OEG verweist hinsichtlich der Heilbehandlungen und der sonstigen Rechte auf dieses Gesetz, welches ursprünglich ausschließlich für die Versorgung von Kriegsopfern und deren Hinterbliebenen galt.

1. Welche Opfer sind anspruchsberechtigt?

Es können diejenigen deutschen Staatsbürger einen Anspruch auf Versorgung haben, die infolge eines vorsätzlichen, rechtswidrigen und tätlichen Angriffs eine gesundheitliche Schädigung erlitten haben.

Weitere Leistungsvoraussetzung ist, dass Entschädigungsleistungen (derzeit) nur für Taten im Inland gewährt werden. Die Leistungen werden nur dann gewährt, wenn die Tat entweder in Deutschland, auf einem deutschen Schiff oder Luftfahrzeug geschehen ist. Dies nennt man das Territorial-Prinzip.

Bei Straftaten im Ausland werden grundsätzlich keine Leistungen nach dem OEG erbracht. Entschädigungsleistungen können dann nur nach dem ausländischen Recht geltend gemacht werden. Wer in einem anderen Mitgliedsstaat der Europäischen Union das Opfer einer Straftat geworden ist, kann heute leichter Entschädigung erhalten, wenn die Tat nach dem 30.6.2005 geschehen ist. Die Richtlinie zur Entschädigung der Opfer von Straftaten (Richtlinie 2004/80/EG des Rates vom 29.4.2004 zur Entschädigung der Opfer von Straftaten, Amtsblatt der Europäischen Union L 261/15) soll die Geltendmachung der Entschädigungsansprüche erleichtern. Nach dieser Richtlinie kann jedes Opfer den Antrag auf Entschädigungsleistung in seinem Wohnsitzmitgliedsstaat stellen.

Ausländer haben die gleichen Voraussetzungen für Versorgungsansprüche wie Deutsche, wenn sie Staatsangehörige eines Mitgliedsstaates der Europäischen Union sind, wenn Rechtsvorschriften der Europäischen Union, die eine Gleichbehandlung mit Deutschen erforderlich machen, auf sie anwendbar sind oder wenn die Gegenseitigkeit gewährleistet ist. Letzteres bedeutet, dass ein deutscher Staatsangehöriger im Heimatland des Ausländers vergleichbare Entschädigungsansprüche geltend machen könnte. § 1 OEG auszugsweise:

(4) Ausländer haben einen Anspruch auf Versorgung,
1. wenn sie Staatsangehörige eines Mitgliedstaates der Europäischen Gemeinschaften sind oder
2. soweit Rechtsvorschriften der Europäischen Gemeinschaften, die eine Gleichbehandlung mit Deutschen erforderlich machen, auf sie anwendbar sind oder
3. wenn die Gegenseitigkeit gewährleistet ist.

Andere Ausländer erhalten nach den Bestimmungen von § 1 Abs. 5 und 6 OEG Leistungen in Deutschland, wobei dafür ein rechtmäßiger Aufenthalt Voraussetzung ist.

(5) [1]Sonstige Ausländer, die sich rechtmäßig nicht nur für einen vorübergehenden Aufenthalt von längstens sechs Monaten im Bundesgebiet aufhalten, erhalten Versorgung nach folgenden Maßgaben:
1. Leistungen wie Deutsche erhalten Ausländer, die sich seit mindestens drei Jahren ununterbrochen rechtmäßig im Bundesgebiet aufhalten;
2. ausschließlich einkommensunabhängige Leistungen erhalten Ausländer, die sich ununterbrochen rechtmäßig noch nicht drei Jahre im Bundesgebiet aufhalten.
[2]Ein rechtmäßiger Aufenthalt im Sinne dieses Gesetzes ist auch gegeben, wenn die Abschiebung aus rechtlichen oder tatsächlichen Gründen oder auf Grund erheblicher öffentlicher Interessen ausgesetzt ist. [3]Die in Anlage I Kapitel VIII Sachgebiet K Abschnitt III Nr. 18 des Einigungsvertrages vom 31. August 1990 (BGBl. 1990 II S. 885, 1069) genannten Maßgaben gelten entsprechend für Ausländer, die eine Schädigung im Beitrittsgebiet erleiden, es sei denn, sie haben ihren Wohnsitz, ihren gewöhnlichen Aufenthalt oder ständigen Aufenthalt in dem Gebiet, in dem dieses Gesetz schon vor dem Beitritt gegolten hat.

(6) Versorgung wie die in Absatz 5 Nr. 2 genannten Ausländer erhalten auch ausländische Geschädigte, die sich rechtmäßig für einen vorübergehenden Aufenthalt von längstens sechs Monaten im Bundesgebiet aufhalten,
1. wenn sie mit einem Deutschen oder einem Ausländer, der zu den in Absatz 4 oder 5 bezeichneten Personen gehört, verheiratet oder in gerader Linie verwandt sind oder
2. wenn sie Staatsangehörige eines Vertragsstaates des Europäischen Übereinkommens vom 24. November 1983 über die Entschädigung für Opfer von Gewalttaten sind, soweit dieser keine Vorbehalte zum Übereinkommen erklärt hat.

2. Heilbehandlungen

Bei Vorliegen der Voraussetzungen besteht ein Anspruch auf Heilbehandlung. Dieser umfasst neben der ärztlichen und zahnärztlichen Behandlung die Versorgung mit Arznei-, Verband- und Heilmitteln. Dazu zählt auch Zahnersatz. Diese Leistungen werden üblicherweise nach der Straftat zunächst durch die jeweilige Krankenkasse des Opfers erbracht. Die Krankenkassen bekommen später im Wege eines pauschalen Ausgleichs die verauslagten Leistungen durch die Versorgungsverwaltung zurückerstattet. Besonders erwähnenswert sind die privilegierenden Leistungen auf Basis des Opferentschädigungsgesetzes. So ist beispielsweise eine Praxisgebühr nicht zu entrichten. Zuzahlungen für Medikamente, Krankenbehandlung o. ä. sind nicht zu leisten. Ebenfalls fallen keine Beteiligungen bei Fahrtkosten und Eigenbeteiligungen beim Zahnersatz an. Wichtig ist deshalb, dass die betreffenden Belege für die bereits erbrachten Zuzahlungen gegenüber der Krankenkasse aufbewahrt und dann eingereicht werden.

3. Beschädigtenrente

Voraussetzung für eine Rentenzahlung ist, dass ein Grad der Schädigungsfolgen (GdS) – bis 31.12.2007 eine Minderung der Erwerbsfähigkeit (MdE) – von mehr als 25 eingetreten ist und dieser Zustand länger als sechs Monate andauert. Dann besteht ein so genannter Anspruch auf eine Grundrente. Diese Grundrente ist eine einkommensunabhängige Leistung. Darüber hinaus können neben der Grundrente auch einkommensabhängige Leistungen, wie ein Berufsschadensausgleich oder eine Ausgleichsrente gezahlt werden.

Große Unsicherheiten und viele Fragen ergeben sich oftmals bei der Bewilligung einer Grundrente dahin gehend, ob diese im Rahmen der Sozialhilfe oder anderer Leistungsträger als laufende Rente angerechnet wird. Dies ist grundsätzlich nicht der Fall. Eine Grundrente ist anrechnungsfrei.

Probleme können sich allerdings dann ergeben, wenn größere Nachzahlungsbeträge in erheblichem Umfang einmalig ausgezahlt werden. Diese können dann als Vermögen im Sinne der Leistungsgesetze verstanden werden. In einem derartigen Fall sollte unverzüglich rechtsanwaltliche Hilfe in Anspruch genommen werden, denn nach der ratio legis der Gewährung der Ausgleichsrente sollte entsprechenden Ansinnen entschieden entgegen getreten werden. Eine Ausgleichsrente ist der Ausgleich für das Sonderopfer des Opfers, die insbesondere auch die immateriellen Einbußen wie Verlust von Lebensqualität, einhergehende Ängste und Sorgen und sonstige Beeinträchtigungen die Folge der Straftat sind, ausgleichen soll. Daher kann es nicht einer Anrechnung kommen. Die Leistungen sind Folge des vom Opfer erbrachten „Sonderopfers" und stehen ihm uneingeschränkt zu.

4. Hinterbliebenenrente

Ist das Opfer an den Folgen der Tat verstorben, so haben die Hinterbliebenen über § 1 Abs. 8 OEG nach den §§ 38 bis 52 BVG einen Anspruch auf Hinterbliebenenrente. Diesen Anspruch haben die Witwe, die Waisen und die Verwandten der aufsteigenden Linie. Die Rente für die Hinterbliebenen regelt § 38 BVG.

§ 38 BVG. [Anspruch auf Hinterbliebenenrente]. (1) Ist ein Beschädigter an den Folgen einer Schädigung gestorben, so haben die Witwe, der hinterbliebene Lebenspartner, die Waisen und die Verwandten der aufsteigenden Linie Anspruch auf Hinterbliebenenrente. Der Tod gilt stets dann als Folge einer Schädigung, wenn ein Beschädigter an einem Leiden stirbt, das als Folge einer Schädigung rechtsverbindlich anerkannt und für das ihm im Zeitpunkt des Todes Rente zuerkannt war.

(2) Die Witwe oder der hinterbliebene Lebenspartner haben keinen Anspruch, wenn die Ehe oder die Lebenspartnerschaft erst nach der Schädigung geschlossen worden ist und nicht mindestens ein Jahr gedauert hat, es sei denn, dass nach den besonderen Umständen des Falles die Annahme nicht gerechtfertigt ist, dass es der alleinige oder überwiegende Zweck der Heirat oder der Begründung der Lebenspartnerschaft war, der Witwe oder dem hinterbliebenen Lebenspartner eine Versorgung zu verschaffen.

(3) Ein hinterbliebener Lebenspartner hat keinen Anspruch auf Versorgung, wenn eine Witwe, die im Zeitpunkt des Todes mit dem Beschädigten verheiratet war, Anspruch auf eine Witwenversorgung hat.

Daneben können sowohl Bestattungsgeld (§ 36 BVG) als auch Sterbegeld (§ 37 BVG) gewährt werden.

§ 36 BVG. [Bestattungsgeld]. (1) Beim Tode eines rentenberechtigten Beschädigten wird ein Bestattungsgeld gewährt. Es beträgt 1.506 Euro, wenn der Tod die Folge einer Schädigung ist, sonst 755 Euro. Der Tod gilt stets dann als Folge einer Schädigung, wenn ein Beschädigter an einem Leiden stirbt, das als Folge einer Schädigung rechtsverbindlich anerkannt und für das ihm im Zeitpunkt des Todes Rente zuerkannt war.

(2) Vom Bestattungsgeld werden zunächst die Kosten der Bestattung bestritten und an den gezahlt, der die Bestattung besorgt hat. Das gilt auch, wenn die Kosten der Bestattung aus öffentlichen Mitteln bestritten worden sind. Bleibt ein Überschuss, so sind nacheinander der Ehegatte, der Lebenspartner die Kinder, die Eltern, die Stiefeltern, die Pflegeeltern, die Enkel, die Großeltern, die Geschwister und die Geschwisterkinder bezugsberechtigt, wenn sie mit dem Verstorbenen zur Zeit des Todes in häuslicher Gemeinschaft gelebt haben. Fehlen solche Berechtigte, so wird der Überschuss nicht ausgezahlt.

(3) Stirbt ein nichtrentenberechtigter Beschädigter an den Folgen einer Schädigung, so ist ein Bestattungsgeld bis zu 1.506 Euro zu zahlen, soweit Kosten der Bestattung entstanden sind.

(4) Eine auf Grund anderer gesetzlicher Vorschriften für denselben Zweck zu gewährende Leistung ist auf das Bestattungsgeld anzurechnen.

(5) Stirbt ein Beschädigter an den Folgen einer Schädigung außerhalb seines ständigen Wohnsitzes, so sind die notwendigen Kosten für die Leichenüberführung dem zu erstatten, der sie getragen hat. Das gilt nicht, wenn der Tod während eines Aufenthalts im Ausland eingetreten ist, jedoch kann eine Beihilfe gewährt werden.

(6) Stirbt ein Beschädigter während einer nach den Vorschriften dieses Gesetzes durchgeführten stationären Heilbehandlung nicht an den Folgen einer Schädigung, so sind die notwendigen Kosten der Leichenüberführung nach dem früheren Wohnsitz des Verstorbenen dem zu erstatten, der sie getragen hat.

§ 37 BVG. [Sterbegeld]. (1) Beim Tode eines Beschädigten ist ein Sterbegeld in Höhe des Dreifachen der Versorgungsbezüge zu zahlen, die ihm für den Sterbemonat nach den §§ 30 bis 33, 34 und 35 zustanden, Pflegezulage jedoch höchstens nach Stufe II. Minderungen der nach Satz 1 maßgebenden Bezüge, die durch Sonderleistungen im Sinne des § 60a Abs. 4 bedingt sind, sowie Erhöhungen dieser Bezüge, die auf Einkommensminderungen infolge des Todes beruhen, bleiben unberücksichtigt.

(2) Anspruchsberechtigt sind in nachstehender Rangfolge die Ehegatte, der Lebenspartner die Kinder, die Eltern, die Stiefeltern, die Pflegeeltern, die Enkel, die Großeltern, die Geschwister und die Geschwisterkinder, wenn sie mit dem Verstorbenen zur Zeit des Todes in häuslicher

Gemeinschaft gelebt haben. Hat der Verstorbene mit keiner dieser Personen in häuslicher Gemeinschaft gelebt, so ist das Sterbegeld in vorstehender Rangfolge dem zu zahlen, den der Verstorbene unterhalten hat.

(3) Sind Anspruchsberechtigte im Sinne des Absatzes 2 nicht vorhanden, kann das Sterbegeld dem gezahlt werden, der die Kosten der letzten Krankheit oder der Bestattung getragen oder den Verstorbenen bis zu seinem Tode gepflegt hat.

V. Welche Voraussetzungen müssen für eine Versorgung erfüllt sein?

Der mittlerweile 14 Absätze umfassende § 1 OEG regelt die rechtlichen Voraussetzungen und den Kreis der Berechtigten, die einen Anspruch auf Versorgung stellen können. Während die Absätze 4 bis 7 OEG den Kreis der anspruchsberechtigten Ausländer konkretisiert, regelt der Absatz 1 für alle Berechtigten die rechtlichen Voraussetzungen. Das Opfer muss grundsätzlich nachweisen, dass es aufgrund eines vorsätzlichen, rechtwidrigen tätlichen Angriffs eine gesundheitliche Schädigung erlitten hat.

§ 1 OEG. [Anspruch auf Versorgung]. (1) Wer im Geltungsbereich dieses Gesetzes oder auf einem deutschen Schiff oder Luftfahrzeug infolge eines vorsätzlichen, rechtswidrigen tätlichen Angriffs gegen seine oder eine andere Person oder durch dessen rechtmäßige Abwehr eine gesundheitliche Schädigung erlitten hat, erhält wegen der gesundheitlichen und wirtschaftlichen Folgen auf Antrag Versorgung in entsprechender Anwendung der Vorschriften des Bundesversorgungsgesetzes. Die Anwendung dieser Vorschrift wird nicht dadurch ausgeschlossen, dass der Angreifer in der irrtümlichen Annahme von Voraussetzungen eines Rechtfertigungsgrunds gehandelt hat.

(2) Einem tätlichen Angriff im Sinne des Absatzes 1 stehen gleich

1. die vorsätzliche Beibringung von Gift,
2. die wenigstens fahrlässige Herbeiführung einer Gefahr für Leib und Leben eines anderen durch ein mit gemeingefährlichen Mitteln begangenes Verbrechen.

(3) Einer Schädigung im Sinne des Absatzes 1 stehen Schädigungen gleich, die durch einen Unfall unter den Voraussetzungen des § 1 Abs. 2 Buchstabe e oder f des Bundesversorgungsgesetzes herbeigeführt worden sind; Buchstabe e gilt auch für einen Unfall, den der Geschädigte bei der unverzüglichen Erstattung der Strafanzeige erleidet.

...

(11) Dieses Gesetz ist nicht anzuwenden auf Schäden aus einem tätlichen Angriff, die von dem Angreifer durch den Gebrauch eines Kraftfahrzeugs oder eines Anhängers verursacht worden sind.

1. Tätlicher Angriff

Im Gegensatz zum Strafrecht erfordert das Opferentschädigungsgesetz als Tatbestandsmerkmal den tätlichen Angriff. Oftmals wird in der Praxis gestritten, was ein tätlicher Angriff im Sinne des Opferentschädigungsgesetzes ist. Der maßgebliche Kommentar zum OEG von Eduard Kunz und Gerhard Zellner (Kunz/Zellner, Opferentschädigungsgesetz, 4. Aufl.) definiert den tätlichen Angriff als ein gewaltsames Vorgehen gegen eine Person in feindseliger Willensabsicht. Gefordert wird eine unmittelbar auf die körperliche Integrität eines anderen abzielende feindliche Aktion ohne Rücksicht auf ihren Erfolg.

Relativ zweifelsfrei sind die Sachverhalte, in denen es zu einer Körperverletzung, zu einem versuchten oder zu einem vollendeten Tötungsdelikt gekommen ist. Wenn in derartigen Tatbegehungen das erforderliche Handeln gegeben ist, das unmittelbar gegen den Körper des Opfers gerichtet ist, liegt unstrittig das Merkmal vor. Der Täter muss dabei allerdings auch noch in feindlicher Absicht handeln.

Problematisch war und ist dieses Merkmal vor allem im Bereich der Sexualstraftaten. Es ist aber in den vielen Jahren seiner Existenz durch die Rechtsprechung des Bundessozialgerichts näher konkretisiert worden. So ist ein tätlicher Angriff im Sinne des Opferentschädigungsgesetzes auch ein Fall des gewaltfreien sexuellen Missbrauchs. Das Bundessozialgericht hat entschieden, dass der Täter dabei nicht dem Opfer gegenüber feindlich gesinnt sein muss. Entscheidend für die Beurteilung nach dem Opferentschädigungsgesetz ist auch die Rechtsfeindlichkeit. Wann diese vorliegt, sagt das Strafgesetzbuch (Bundessozialgericht, Urteil vom 18.10.1995, Aktenzeichen 9 RVg 4/93). Dazu zählen beispielsweise alle in § 176 StGB geschilderten Begehungsweisen ohne Rücksicht darauf, welche innere Einstellung der Täter zum Opfer hatte und wie das Opfer die Tat empfunden hat.

Auch das Stalking kann einen tätlichen Angriff im Sinne des § 1 OEG darstellen. So hat das Landessozialgericht Niedersachsen-Bremen in einer Entscheidung vom 22.6.2006 (Aktenzeichen L 13 VG 7/05) entschieden, dass die schwere Belästigung oder Nachstellung, das Stalking, in seiner Gesamtheit einen tätlichen Angriff im Sinne des § 1 OEG darstellen kann. Dies ist jedenfalls dann immer anzunehmen, wenn es auch zu einem direkten körperlichen Übergriff kommt.

Anders als beim Mobbing wird beim Stalking allerdings die Schwelle zum kriminellen Unrecht deutlich überschritten. Dies gelte insbesondere für das schwere Stalking, unter welches Beschimpfungen, Beleidigungen, Bedrohungen von Opfern selbst oder Dritter tatsächlich körperliche Angriffe und sexuelle Belästigungen fallen. Es wäre, unabhängig von der strafrechtlichen Problematik, nicht sachgerecht, jedes einzelne Element für sich zu betrachten und nur die isolierte, auf einzelne Tathandlungen zurückzuführenden Gesundheitsstörungen zu entschädigen. Es handelt sich jedenfalls dann nach natürlicher Betrachtungsweise und nach der gesellschaftlichen Wahrnehmung um ein einheitliches Phänomen.

Ein tätlicher Angriff im Sinne von § 1 Absatz 1 OEG liegt auch immer dann vor, wenn der Täter das Opfer vorsätzlich mit einer scharf geladenen, entsicherten Schusswaffe bedroht (Bundessozialgericht, Urteil vom 24.7.2002, Aktenzeichen B 9 VG 4/01 R). Damit können auch alle diejenigen Opfer erfasst werden, die beispielsweise bei einem Banküberfall im Schalterraum sind und der Täter auf alle Anwesenden die Waffe richtet.

2. Vorsätzlicher Angriff

Der Täter muss dem Opfer die gesundheitliche Schädigung vorsätzlich zugefügt haben. Um vorsätzlich zu handeln, also mit Wissen und Wollen, reicht es aus, wenn der Täter die körperliche Beeinträchtigung zumindest für möglich gehalten und billigend in Kauf genommen hat. In der juristischen Fachsprache handelt es sich dabei um die Vorsatzform des dolus eventualis. Dies bedeutet, dass der Täter bei seiner Tathandlung sich zumindest darüber im Klaren gewesen ist, dass ein Verletzungserfolg eintreten kann und er diese Verletzung billigend in Kauf genommen hat. Der Vorsatz muss sich daher nur auf den Angriff als solchen, nicht aber auf den entstandenen Körperschaden, gerichtet haben. Der Vorsatzbegriff wird dabei im Sozialrecht nicht nach zivilrechtlichen, sondern vorrangig nach strafrechtlichen Gesichtspunkten festgestellt. In der Regel wird dabei davon ausgegangen, dass bei einer Verurteilung des Täters im Strafverfahren wegen einer Vorsatztat auch ein vorsätzlicher tätlicher Angriff vorliegt.

Lauten dagegen Anklage oder Strafurteil auf Fahrlässigkeit, so lässt dies keinesfalls den zwingenden Schluss zu, ein vorsätzlicher Angriff im Sinne des OEG läge nicht vor. Das Opferentschädigungsgesetz gebietet eine vom Straf- und Zivilverfahren unabhängige Beweiswürdigung. Es ist wichtig zu wissen, dass in OEG-Verfahren eine eigenständige Beweiswürdigung erfolgt.

Das Bundessozialgericht hat auch in einer Entscheidung von 1999 den dolus eventualis für einen vorsätzlichen Angriff im Sinne des OEG als ausreichend erachtet. Der Entscheidung lag folgender Fall zugrunde:

Das zur Tatzeit 9-jährige Opfer zündete zusammen mit anderen Kindern Feuerwerkskörper. Eines dieser Kinder, damals zehn Jahre alt, steckte dem anderen Kind einen angezündeten Feuerwerkskörper in die Hosentasche. Es sollte ein Scherz sein. Das Opfer hatte in dieser Hosentasche eigene Feuerwerkskörper, die in Brand gerieten. Es erlitt schwerste Verbrennungen. Der minderjährige Junge hatte angegeben, dass ihm bekannt gewesen sei, dass von Feuerwerkskörpern eine Verletzungsgefahr ausgehen könne.

Das Gericht führte in seiner Begründung aus, dass das Handeln des Täters vorsätzlich und auf Rechtsbruch gerichtet gewesen ist; der Annahme der Voraussetzungen des § 1 OEG steht nicht entgegen, dass der Angreifer möglicherweise nur einen groben oder gewaltigen Scherz erlauben wollte und gegenüber dem Opfer keine feindselige Einstellung gehabt habe. Lediglich soweit Handlungen im Rahmen des sozialen Üblichen geschehen, etwa durch körperliche Kontakte auf Volksfesten, ist ihre Rechtswidrigkeit zu verneinen und es sind etwa fahrlässige Verletzungsfolgen von der staatlichen Entschädigungspflicht ausgeschlossen. Die Leistungspflicht des Versorgungsträgers ist auch nicht durch die Schuldunfähigkeit des jugendlichen Täters ausgeschlossen. Das OEG verlangt nur einen natürlichen Vorsatz, nicht Verantwortlichkeit im strafrechtlichen Sinne (Bundessozialgericht, Urteil vom 3.2.1999, Aktenzeichen B 9 VG 7/97 R)

Dieses Beispiel zeigt auch die besondere Ausgestaltung des sozialrechtlichen Anspruchs nach dem OEG. Im Strafrecht wäre der Täter schuldunfähig, da er bei der Begehung der Tat noch nicht vierzehn Jahre alt war. Auf die Schuldfähigkeit oder das Unrechtsbewusstsein des Täters kommt es im Recht der Opferentschädigung nicht immer an. Auch ein schuldunfähiger Täter, der deswegen im Strafverfahren, freigesprochen wird, kann einen vorsätzlichen tätlichen rechtswidrigen Angriff im Sinne des OEG begehen.

3. Rechtswidriger Angriff

Der tätliche und vorsätzliche Angriff muss rechtswidrig sein. Ein Angriff ist dann rechtswidrig, wenn er objektiv im Widerspruch zur Rechtsordnung steht. Ein Angriff, der den Tatbestand einer strafbaren Handlung erfüllt, ist grundsätzlich rechtswidrig. Die Tatbestandsmäßigkeit indiziert die Rechtswidrigkeit. Dies gilt auch für das OEG. Eine Ausnahme besteht nur dann, wenn ein Rechtfertigungsgrund in Betracht kommt. Ist ein solcher gegeben, entfällt die Rechtswidrigkeit. Als Rechtfertigungsgründe kommen die Notwehr nach § 32 StGB, der rechtfertigende Notstand nach § 34 StGB oder das Jedermann-Festnahmerecht nach § 127 StPO in Betracht. Auch das rechtmäßige Handeln aufgrund von Amtsrechten und Dienstpflichten führt zum Ausschluss der Rechtswidrigkeit.

Problematisch kann die Prüfung werden, wenn tatsächlich oder behauptet eine Einwilligung des Verletzten vorliegt. Die Einwilligung des Verletzten stellt sich als ein durch das Selbstbestimmungsrecht legitimierter Verzicht auf Rechtsschutz dar. So hat es der Bundesgerichtshof vor vielen Jahren einmal definiert. Voraussetzung für eine rechtfertigende Einwilligung ist, dass der Einwilligende Inhaber des verletzen Rechtsguts ist, dass er die Dispositionsbefugnis darüber hat und die Fähigkeit der Einwilligung besitzt.

Eine rechtlich wirksame Einwilligung liegt nicht vor, wenn der Täter dem Opfer die Einwilligung durch Täuschung entlockt oder es dem Opfer aus sonstigen Gründen an der Fähigkeit mangelt, Bedeutung und Tragweite der Einwilligung zu erkennen. So fehlt es beispielsweise bei Kindern an der Einwilligungsfähigkeit, solange sie noch nicht strafmündig sind. Dies gilt vor allem bei den Straftaten gegen die sexuelle Selbstbestimmung.

Ferner darf die Einwilligung nicht gegen die guten Sitten verstoßen. Trotz der für machen Leser vielleicht etwas „ältlichen" Formulierung ist es nach wie vor juristisches Allgemeingut, dass ein Verstoß gegen die guten Sitten dann vorliegt, wenn „eine Handlung dem Anstandsgefühl aller billig und gerecht Denkenden zuwiderläuft".

VI. Wer muss den vorsätzlichen tätlichen Angriff nachweisen?

Das Opfer steht in der Beweispflicht. Im Opferentschädigungsgesetz gilt die objektive Beweis- bzw. Feststellungslast. Dies bedeutet, dass grundsätzlich das Opfer beweisen muss, dass der schädigende Vorfall, so wie er vom Opfer geschildert worden ist, sich tatsächlich auch ereignet hat. Nach diesem Grundsatz der objektiven Beweis- bzw. Feststellungslast gehen Beweisschwierigkeiten grundsätzlich zu Lasten des Antragstellers. Dies kann allerdings nicht bedeuten, dass sich der strafrechtliche Grundsatz in dubio pro reo, d. h. im Zweifel für den Angeklagten, im sozialen Entschädigungsrecht zu Lasten des Antragstellers auswirken darf. Dies hatte bereits das Bundesverfassungsgericht in einem Beschluss vom 19.12.1989 (Aktenzeichen 1 BVR 1444/98) entschieden. Der entsprechende Nachweis ist insbesondere dann schwierig, wenn ein Täter nicht ermittelt werden kann oder keine Zeugen für den Tatablauf zur Verfügung stehen.

Aus dieser Beweislast, die das Opfer trägt, darf aber nicht geschlossen werden, dass ein Täter bekannt oder sogar straffällig verurteilt sein muss. Beides fordert das OEG gerade nicht. Darüber hinaus gibt es im Opferentschädigungsgesetz eine Beweiserleichterung für das Opfer nach § 15 des Gesetzes für das Verwaltungsverfahren der Kriegsopferversorgung.

Insgesamt sind die Fragen des Nachweises schwierig. Es stellt sich zudem die Frage der Glaubhaftigkeit einer Aussage und dann möglicherweise auch noch die Frage der Glaubwürdigkeit der Person. Ganz besonders schwierig ist die Frage, wenn die Tat viele Jahre zurückliegt. Dazu wieder ein **Beispiel** aus der anwaltlichen Praxis:

> Eine Frau von Mitte vierzig, verheiratet, drei Kinder, verspürt, anlässlich einer erbrechtlichen Auseinandersetzung, plötzlich ihrem älterem Bruder gegenüber ein Ohnmachts- und Unterlegenheitsgefühl. Im Laufe der nächsten Wochen bekommt sie massive körperliche Beschwerden. Daneben treten Schlafstörungen und innere Unruhe vermehrt auf. Sie sucht Ärzte und Heilpraktiker auf. Die Beschwerden werden nicht besser. Es kommt zwischenzeitlich zu einer erneuten persönlichen Auseinandersetzung mit dem Bruder. Die Beschwerden verstärken sich erheblich. Die Frau erkennt, dass diese mit ihrem Bruder zusammenhängen könnten. Ihr fällt im Rahmen einer Psychotherapie nach und nach ein, dass sie von ihrem Bruder im Alter von 9–12 Jahren missbraucht wurde. Sie erstattet Strafanzeige. Der Bruder beruft sich zunächst darauf, sich daran nicht erinnern zu können. Später bestreitet er nach anwaltlicher Beratung entschieden.
>
> Das Strafverfahren wird wegen Verjährung eingestellt. Der Antrag nach dem OEG wird mit der Begründung abgelehnt, der Täter bestreite die Tat und daher sei der Nachweis der Straftat vom Opfer nicht ausreichend geführt. Der Rechtsanwalt des Opfers legt gegen den Bescheid Widerspruch ein. Dieser ist insoweit erfolgreich, dass nunmehr doch das zuständige Amt eine eigenständige Beweiswürdigung vornimmt und die Frau noch weitere Angaben machen darf. Möglicherweise wird ein Glaubhaftigkeitsgutachten durchgeführt.

Diese und ähnliche Fälle sind vermehrt festzustellen. Sie bereiten sowohl den Opfern als auch den Sachbearbeitern der Versorgungsämter viele Schwierigkeiten. Die aufgezeigte Problematik ist vielschichtig, so dass sie im Rahmen dieses Buches nicht vertieft werden kann. Aber aus der Erfahrung heraus dazu einige Anmerkungen:

Das Opfer muss für eine Anerkennung gewisse Mindestangaben machen können. Die Aussage „Ich bin als 11-Jährige missbraucht worden" reicht als Nachweis eines vorsätzlichen, tätlichen und rechtswidrigen Angriffs nicht aus. Die Diagnose eines Therapeuten, z. B. „Posttraumatische Belastungsstörung" oder „Borderline-Störung", reicht als Nachweis der Straftat ebenfalls nicht aus.

Besondere Schwierigkeiten der Zuordnung von Beschwerden zur Ursache stellen sich bei Personen, die entweder in irgendeiner Form vorgeschädigt sind oder bei denen auch noch andere Ursachen in Betracht kommen können. Das Fazit lautet auch für diese und ähnliche Fälle für die Durchführung eines OEG-Verfahrens, dass die Opfer gut beraten sind, wenn sie Unterstützung durch eine kompetente Opferhilfeeinrichtung und ggf. auch durch einen spezialisierten Rechtsanwalt bekommen.

Dabei ist nach unserer Erfahrung wesentlich, dass alle Berater, auch die behandelten Therapeuten, bei aller Empathie und Sympathie für das Opfer eine gesunde Distanz bewahren und sich und dem Opfer immer vor Augen halten, dass jeder Anspruch nach eigenen Regeln in unterschiedlichen Verfahrensordnungen durchgesetzt werden muss.

VII. Versagung einer Entschädigung

Selbst wenn die vorstehenden tatbestandlichen Voraussetzungen nach § 1 OEG komplett vorliegen, kann dennoch die beantragte Beschädigtenversorgung versagt werden. Das ist dann der Fall, wenn das Verhalten des Opfers einer Entschädigungsleistung durch den Staat entgegensteht. Derartige Versagungsgründe sind abschließend in § 2 OEG geregelt.

§ 2 OEG. [Versagungsgründe]. (1) [1]Leistungen sind zu versagen, wenn der Geschädigte die Schädigung verursacht hat oder wenn es aus sonstigen, insbesondere in dem eigenen Verhalten des Anspruchstellers liegenden Gründen unbillig wäre, Entschädigung zu gewähren. [2]Leistungen sind auch zu versagen, wenn der Geschädigte oder Antragsteller

1. an politischen Auseinandersetzungen in seinem Heimatstaat aktiv beteiligt ist oder war und die Schädigung darauf beruht oder

2. an kriegerischen Auseinandersetzungen in seinem Heimatstaat aktiv beteiligt ist oder war und Anhaltspunkte dafür vorhanden sind, dass die Schädigung hiermit in Zusammenhang steht, es sei denn, er weist nach, dass dies nicht der Fall ist oder

3. in die organisierte Kriminalität verwickelt ist oder war oder einer Organisation, die Gewalttaten begeht, angehört oder angehört hat, es sei denn, er weist nach, dass die Schädigung hiermit nicht in Zusammenhang steht.

(2) Leistungen können versagt werden, wenn der Geschädigte es unterlassen hat, das ihm Mögliche zur Aufklärung des Sachverhalts und zur Verfolgung des Täters beizutragen, insbesondere unverzüglich Anzeige bei einer für die Strafverfolgung zuständigen Behörde zu erstatten.

In § 2 OEG wird zwischen zwei Gruppen von Versagungsgründen entschieden. Absatz 1 führt die zwingenden, Absatz 2 diejenigen auf, die in das pflichtmäßige Ermessen der Versorgungsbehörde gestellt sind. Einige der aufgeführten Gründe erklären sich aus sich selbst heraus. Das Verhalten des Opfers stellt dann kein Sonderopfer dar. In der Praxis sind allerdings die Merkmale der Unbilligkeit und der mangelnden Mithilfe besonders problematisch

1. Unbilligkeit

Eine soziale Entschädigung ist dann unbillig, wenn sie dem Zweck des OEG, nämlich der Hilfe für Opfer, die ohne jede Schuld ein Sonderopfer erbracht haben, widerspräche. Der Begriff der Unbilligkeit ist wiederum ein unbestimmter Rechtsbegriff. Er ist gerichtlich voll überprüfbar. Damit sind die Gerichte auch immer wieder beschäftigt. Probleme bereiten vor allem die Fälle, wenn Opfer und Täter in häuslicher Gemeinschaft zusammenleben oder zusammengelebt haben. OEG-Ansprüche werden von den Versorgungsverwaltungen häufig dann versagt, wenn Frauen jahrelang Misshandlungen durch den Partner geduldet haben. Dies sind häufig die Fälle der häuslichen Gewalt. In der Versorgungsverwaltung ist gelegentlich noch die Auffassung anzutreffen, dass eine Entschädigung abzulehnen sei, weil die Frauen die Beziehung hätten beenden können, sie seien also freiwillig zu einer Selbstgefährdung verblieben. Dazu wieder ein **Beispiel** aus der anwaltlichen Praxis:

> Anfang des Jahres 2006 wurde einer Frau aus dem Emsland von der Versorgungsverwaltung eine Anerkennung nach dem OEG wegen Unbilligkeit versagt, weil sie sich freiwillig mit ihrem ehemaligen Lebensgefährten nachts auf einem Parkplatz getroffen hat und dort von ihm vergewaltigt wurde. Er hatte sie unter dem Vorwand, bei ihr bestehende Schulden zu bezahlen, dorthin gelockt. Das zuständige Amt teilte der Frau mit, sie habe sich durch ihr leichtsinniges Verhalten unnötig selbst gefährdet. Daher sei ihr ein Anspruch zu versagen.

Allerdings hat die Rechtsprechung in derartigen Fällen bereits korrigierend eingegriffen und klargestellt, dass keine Unbilligkeit vorliegt, wenn das Opfer über Jahre hinweg von dem Lebensgefährten misshandelt wurde und aufgrund der letzten Misshandlung schwere und dauerhafte Schäden davon getragen hat. Ein solches Verhalten des Opfers sei nicht selbstschädigend (Sozialgericht Dortmund, Urteil vom 20.9.2002, Aktenzeichen S 43 VG 329/99).

Unter Hinweis auf diese Entscheidung wurde in dem Fall der Frau aus dem Emsland die ursprünglich ablehnende Entscheidung korrigiert. Auf ihren Antrag hin wurde ihr Beschädigtenversorgung nach dem OEG gewährt.

Unbilligkeit liegt aber beispielsweise dann vor, wenn das Opfer zum „Milieu" oder zur „Szene" gehört, in denen Straftaten üblich sind. Dem Bundessozialgericht wurde nachfolgender **Beispielsfall** zur Entscheidung vorgelegt:

Der Anspruchsteller gehörte zu einer Gruppe junger Arbeitsloser. Opfer wie Täter tranken tage- und nächtelang gemeinsam Alkohol und konsumierten Drogen. Sie führten zudem Schießübungen in der Wohnung durch und der Antragsteller hatte vor Tat an den Täter Kokain verkauft. Darüber gerieten sie dann in Streit, in dessen Verlauf es zu den Schäden kam.

Das BSG führte in seiner Entscheidung wie folgt aus: „Unbillig ist eine Leistungsgewährung dann, wenn sie mit der grundlegenden Wertung des Gesetzes im Widerspruch steht. Rechtsgrund für Opferentschädigung ist das Einstehen der staatlichen Gemeinschaft für die Folgen bestimmter Gesundheitsstörungen nach versorgungsrechtlichen Grundsätzen. Aufgabe des Staates ist es u. a., den Bürger vor Gewalttaten zu schützen. Kann er dieser Aufgabe nicht gerecht werden, so besteht ein Bedürfnis für eine allgemeine Entschädigung. Stellt sich jemand jedoch bewusst außerhalb der staatlichen Gemeinschaft, so kann er – wenn sich die damit verbundene Gefahr verwirklicht – keine staatlichen Leistungen verlangen. Dabei ist nicht danach zu unterscheiden, ob dieses gefahrbringende Verhalten des Geschädigten in mittelbarem oder unmittelbarem Zusammenhang mit dem schädigenden Ereignis steht. Eine derart missbilligenswerte Selbstgefährdung kann nach ständiger Rechtsprechung des Bundessozialgerichts auch schon in der Zugehörigkeit zu einem sozialwidrigen, mit besonderen Gefahren verbundenen „Milieu" bestehen." (Bundessozialgericht, Urteil vom 6.7.2006, Aktenzeichen B 9 a VG 1/05 R).

2. Versagung einer Entschädigung mangels Strafanzeige?

Es gilt, dass eine Strafanzeige für einen Antrag nach dem OEG nicht zwingend erforderlich ist. Leistungen können zwar versagt werden, wenn das Opfer nicht das ihm Zumutbare zur Aufklärung der Tat beigetragen hat, insbesondere keine Strafanzeige erstattet hat. Das ist aber nicht zwingend. Die Versorgungsverwaltung entscheidet darüber nach pflichtmäßigem Ermessen. Oftmals verlangen die Sachbearbeiter in den Behörden aber eine Strafanzeige. Dieses Verlangen geht meistens nicht mit einer Begründung einher. Dabei bedeutet aber Ermessen, dass hier nicht rein formal oder schematisch zu entscheiden ist, sondern es sind alle denkbaren Umstände bei der Entscheidung zu berücksichtigen. Es kommt also auf die konkreten Umstände des Einzelfalls an.

Besondere Umstände liegen oft bei Sexualstraftaten vor. Insbesondere im Bereich des sexuellen Missbrauchs an Kindern und speziell dann, wenn als Täter Familienangehörige oder Personen aus dem direkten persönlichen Umfeld in Betracht kommen, gibt es gute Gründe, zunächst von einer Anzeige abzusehen oder generell davon abzusehen. Dies darf aber nicht zur Ablehnung von Opferentschädigungsleistungen führen. Diese Auffassung wird von einigen Versorgungsverwaltungen nicht immer geteilt. Infolgedessen hatten sich die Gerichte mit derartigen Fällen auseinander zu setzen:

So hat das Sozialgericht Frankfurt (Urteil vom 10.7.2002, Aktenzeichen S 24 VG 886/01) entschieden, dass in dem Fall, dass das Opfer nicht unverzüglich nach dem Vorfall eine Strafanzeige erstattet hat, dieser Umstand nicht zur Versagung der Leistung führt, wenn es für das Opfer aus medizinischen Gründen unzumutbar war, eine Anzeige zu erstatten. Das Sozialgericht führte dazu überzeugend aus, dass zwar durch die Nichterstattung einer Strafanzeige die Strafverfolgung des Schädigers verhindert worden sei, es stelle sich aber insbesondere die Frage, ob mit dem Verlangen, das Opfer hätte dem Schädiger in zeitlichem Zusammenhang mit den Taten anzeigen sollen, noch „das ihm Mögliche", also das ihm Zumutbare, abverlangt wird.

Insbesondere aus medizinischen Gründen, wegen einer psychischen Belastung, beispielsweise vor Beendigung einer therapeutischen Behandlung, würde dem Opfer mehr abverlangt als ihm zuzumuten ist. In einem solchen Fall kommt die mangelnde Strafanzeige nicht als Versagungsgrund in Betracht.

VIII. Furcht des Opfers vor Rache des Täters bei Antragstellung

Die Versorgungsbehörden sind grundsätzlich verpflichtet, nach Eingehen des Opferentschädigungsantrages den Täter anzuschreiben und ihn über den Antrag zu informieren. Die Behörde macht damit in dem Verhältnis zwischen ihr und dem Täter ihre zustehenden Ersatzansprüche geltend bzw. kündigt diese an.

Dies verursacht bei den Opfern in vielen Fällen große Ängste. Viele fürchten Rachehandlungen seitens des Täters. Die Versorgungsverwaltung hat in eng begrenzten Ausnahmefällen die Möglichkeit, auf die Information des Täters und die Geltendmachung der Regressansprüche zu verzichten.

Dies hat das Bundesministerium für Gesundheit und Soziale Sicherung bereits in einem Rundschreiben vom 26.11.2002 klargestellt. Das Versorgungsamt kann auf die Geltendmachung übergegangener Schadensersatzansprüche verzichten, obwohl es nach § 81 BVG i.V.m. § 5 Abs. 1 OEG grundsätzlich dazu verpflichtet ist. Bei Fällen, in denen der Schutz des Kindeswohls gefährdet ist, ist ausnahmsweise eine derartige Verfahrensweise möglich. Das Opfer kann den Sachbearbeiter der Versorgungsverwaltung vorher auf die Problematik ansprechen. Erfahrungsgemäß scheuen aber viele Opfer davor zurück. In diesen Fällen und falls keine Einigung erzielt werden kann, sollte Hilfe gesucht werden.

> In Fällen, in denen Opfer sich vor Racheaktionen des Täters fürchten, ist vor der Antragstellung unbedingt anwaltliche Beratung und Hilfe einer Opferhilfeeinrichtung in Anspruch zu nehmen.

IX. Versorgung nur bei gesundheitlicher Schädigung

Wenn das Opfer es geschafft hat, einen vorsätzlichen, rechtswidrigen und tätlichen Angriff nachzuweisen und keine Versagungsgründe vorliegen, besteht der Anspruch dem Grunde nach. Zu klären ist dann noch, ob die durch den vorsätzlichen, rechtswidrigen und tätlichen Angriff eingetretene Schädigung gesundheitlicher Art ist. Dabei ist zwischen dem schädigenden Vorgang, der Tathandlung als solcher, und der daraus kausal resultierenden Folge als Schädigung zu unterscheiden. Schädigung ist nicht der schädigende Vorgang, sondern die Folge dieses Vorgangs.

Das OEG geht dabei von den gleichen Voraussetzungen wie das Bundesversorgungsgesetz (BVG) aus. Dabei ist wichtig, dass der in § 1 Abs. 1 OEG geforderte Vorsatz die gesundheitliche Schädigung nicht erfassen muss. Der Vorsatz muss nur den rechtswidrigen und tätlichen Angriff umfassen. Die gesundheitliche Schädigung bzw. Störung kann eine Krankheit im medizinischen Sinne oder eine Verletzung sein; aber auch eine geistige oder seelische Störung, die neu entstanden oder sich als bestehende Störung verschlimmert hat. Eine Versorgung wird nur gewährt, wenn ein Schaden an der Gesundheit eingetreten ist. Die Schädigung einer Sache begründet keinen Anspruch auf Entschädigung entsprechend den Leistungen des BVG, ausgenommen § 1 Absatz 10 OEG:

(10) Einer gesundheitlichen Schädigung im Sinne des Absatzes 1 steht die Beschädigung eines am Körper getragenen Hilfsmittels, einer Brille, von Kontaktlinsen oder von Zahnersatz gleich.

Die Beurteilung der Auswirkung der Schädigung erfolgt durch die Feststellung des Grades der Schädigungsfolgen (GdS). Dieser Grad der Schädigungsfolgen wird unabhängig vom ausgeübten oder angestrebten Beruf festgelegt. Die Feststellung erfolgt in der Regel nach einer Untersuchung durch einen Sachverständigen, den die zuständige Versorgungsbehörde beauftragt. Sie erfolgt nach Anhaltspunkten (AHP), die vom Bundesministerium für Arbeit und Soziales herausgegeben werden. Eine Anerkennung erfolgt nur, wenn die Störung länger als 6 Monate andauert. Näheres regelt das Bundesversorgungsgesetz in § 30:

§ 30 BVG. [Minderung der Erwerbsfähigkeit; Berufsschadensausgleich]. (1) [1]Der Grad der Schädigungsfolgen ist nach den allgemeinen Auswirkungen der Funktionsbeeinträchtigungen, die durch die als Schädigungsfolge anerkannten körperlichen, geistigen oder seelischen Gesundheitsstörungen bedingt sind, in allen Lebensbereichen zu beurteilen. [2]Der Grad der Schädigungsfolgen ist nach Zehnergraden von 10 bis 100 zu bemessen; ein bis zu fünf Grad geringerer Grad der Schädigungsfolgen wird vom höheren Zehnergrad mit umfasst. [3]Vorübergehende Gesundheitsstörungen sind nicht zu berücksichtigen; als vorübergehend gilt ein Zeitraum bis zu sechs Monaten. [4]Bei beschädigten Kindern und Jugendlichen ist der Grad der Schädigungsfolgen nach dem Grad zu bemessen, der sich bei Erwachsenen mit gleicher Gesundheitsstörung ergibt. [5]Für erhebliche äußere Gesundheitsschäden können Mindestgrade festgesetzt werden.

(2) [1]Der Grad der Schädigungsfolgen ist höher zu bewerten, wenn Beschädigte durch die Art der Schädigungsfolgen im vor der Schädigung ausgeübten oder begonnenen Beruf, im nachweisbar angestrebten oder in dem Beruf besonders betroffen sind, der nach Eintritt der Schädigung ausgeübt wurde oder noch ausgeübt wird. [2]Das ist insbesondere der Fall, wenn

1. auf Grund der Schädigung weder der bisher ausgeübte, begonnene oder nachweisbar angestrebte noch ein sozial gleichwertiger Beruf ausgeübt werden kann,

2. zwar der vor der Schädigung ausgeübte oder begonnene Beruf weiter ausgeübt wird oder der nachweisbar angestrebte Beruf erreicht wurde, Beschädigte jedoch in diesem Beruf durch die Art der Schädigungsfolgen in einem wesentlich höheren Ausmaß als im allgemeinen Erwerbsleben erwerbsgemindert sind, oder

3. die Schädigung nachweisbar den weiteren Aufstieg im Beruf gehindert hat.

Hinzuweisen ist darauf, dass für Opfer von Sexualstraftaten Dauerleistungen nur dann in Betracht kommen, wenn ein Grad der Schädigungsfolgen von mindestens 25 über eine Dauer von sechs Monaten vorliegt.

Zum Abschluss dieses Unterkapitals der Entschädigungsleistungen noch ein Blick in das Bundesversorgungsgesetz. Dieses nennt die Höhe der monatlichen Leistungen, die möglich sind. Die Beschädigtengrundrente ist in § 31 BVG geregelt (Stand 1.3.2008).

(1) Beschädigte erhalten eine monatliche Grundrente bei einem Grad der Schädigungsfolgen

von 30 in Höhe von	120 Euro,
von 40 in Höhe von	164 Euro,
von 50 in Höhe von	221 Euro,

von 60 in Höhe von	279 Euro,
von 70 in Höhe von	387 Euro,
von 80 in Höhe von	468 Euro,
von 90 in Höhe von	562 Euro,
von 100 in Höhe von	631 Euro.

Die Grundrente erhöht sich für Schwerbeschädigte, die das 65. Lebensjahr vollendet haben, bei einem Grad der Schädigungsfolgen

von 50 und 60	um 24 Euro,
von 70 und 80	um 30 Euro,
von mindestens 90	um 37 Euro.

Die Voraussetzungen sowie die Höhe einer Ausgleichsrente im Falle der Einschränkung der Erwerbstätigkeit ergeben sich aus § 32 BVG.

(1) Schwerbeschädigte erhalten eine Ausgleichsrente, wenn sie infolge ihres Gesundheitszustands oder hohen Alters oder aus einem von ihnen nicht zu vertretenden sonstigen Grunde eine ihnen zumutbare Erwerbstätigkeit nicht oder nur in beschränktem Umfang oder nur mit überdurchschnittlichem Kräfteaufwand ausüben können.

(2) Die volle Ausgleichsrente beträgt monatlich bei einem Grad der Schädigungsfolgen

von 50 oder 60	387 Euro,
von 70 oder 80	468 Euro,
von 90	562 Euro,
von 100	631 Euro.

X. Wichtige Gerichtsentscheidungen zum OEG

Das Opferentschädigungsrecht ist ähnlich wie das Arbeitsrecht, aber im Gegensatz zu den meisten anderen Rechtsbereichen, weitgehend durch eine Einzelfallrechtsprechung der Sozialgerichte, insbesondere des Bundessozialgerichts geprägt. Die Kenntnis der nachfolgenden Entscheidungen erleichtert den Umgang mit der schwierigen Materie der Opferentschädigung.

Stalking ist tätlicher Angriff im Sinne des OEG. Schwere Belästigung oder Nachstellung kann in seiner Gesamtheit einen tätlichen Angriff im Sinne von § 1 OEG darstellen. Dies ist jedenfalls dann anzunehmen, wenn es auch zu direkten körperlichen Übergriffen kommt. Anders als beim Mobbing wird beim Stalking in aller Regel die Schwelle zum kriminellen Unrecht deutlich überschritten. Dies gilt insbesondere für das

„schwere Stalking", unter welches Beschimpfungen, Beleidigungen, Bedrohungen von Opfern selbst oder Dritter, tatsächliche körperliche Angriffe und sexuelle Belästigungen fallen. Es wäre – unabhängig von strafrechtlicher Dogmatik – nicht sachgerecht, jedes einzelne Element für sich zu betrachten und nur die isoliert auf einzelne Tathandlungen zurückzuführenden Gesundheitsstörungen zu entschädigen. Es handelt sich jedenfalls nach der gesellschaftlichen Wahrnehmung um ein einheitliches Phänomen (Landessozialgericht Niedersachsen - Bremen, Urteil vom 22.6.2006, Aktenzeichen L 13 VG 7/05).

Ein Einbruchsdiebstahl ist kein tätlicher Angriff. Am Fall eines Einbruchsdiebstahls in eine Gaststätte während der Abwesenheit des Wirtes wurde klargestellt, dass nicht zur entschädigungspflichtigen Gewaltkriminalität solche Einwirkungen gehören, die nicht unmittelbar und in der Regel nicht gewaltsam auf den Körper eines anderen einwirken (Thüringer Landessozialgericht, Urteil vom 12.5.1998, Aktenzeichen L 5 V 292/97).

Recht auf Begleitung zur Begutachtung. Das Opfer hat bei der ärztlichen Begutachtung grundsätzlich das Recht, eine Person seines Vertrauens zur Untersuchung mitzunehmen. Der Sachverständige kann die Begutachtung in Anwesenheit der Begleitperson nur dann ablehnen, wenn dies auf sachlichen überzeugenden Gründen beruht (Landessozialgericht Mainz, Urteil vom 23.2.2006, Aktenzeichen L 4 B 33/06).

Leistungszeitraum der Versorgung bei Sexualstraftaten. Im Bereich der Sexualstraftaten gibt es immer wieder Situationen, in denen das Opfer ohne eigenes Verschulden nicht in der Lage war, einen Antrag innerhalb der vorgenannten Fristen zu stellen. Oftmals werden Ansprüche aus zurückliegenden Zeiten allein aufgrund der angeblich nicht eingehaltenen Fristen verwehrt. Auch diesbezüglich hat das Bundessozialgericht Klarheit geschaffen (Urteil vom 28.4.2005, Aktenzeichen B 9 a VG 1/04 R). In dieser Entscheidung hatte sich das Bundessozialgericht mit der Frage zu befassen, ob dem jugendlichen Opfer eines sexuellen Missbrauchs durch den eigenen Vater das Versäumnis der Mutter zugerechnet werden kann, nicht rechtzeitig einen Antrag nach dem OEG gestellt zu haben. Die Entscheidung beschäftigt sich mit der besonderen Konfliktsituation, in der sich die Mutter als Ehefrau des Täters und Mutter des Opfers befunden hat. Einerseits hat sie zur Vermeidung von Ansehensverlust im Strafverfahren ein Interesse daran, die Tat nicht offenbar werden zu lassen. Andererseits wäre sie im Interesse des Kindes verpflichtet gewesen, einen Versorgungsantrag nach dem OEG zu stellen und dabei auch den Täter zu benennen. Falls der Elternteil in einer solchen Konstellation seinen eigenen Interessen und damit den eng verflochtenen Interessen des Vaters den Vorrang einräumt, kommt er der Sorgfaltspflicht gegenüber seinem Kind nicht nach. Ein solches tatbestimmtes und täterbezogenes Verhalten des Elternteils darf dem Opfer aber nicht als Verschulden angelastet werden.

Diesbezüglich hat auch das Bundesministerium für Arbeit und Soziales in einem Rundschreiben vom 1.8.2006 klargestellt, dass diese besonderen Konfliktsituationen nicht zu Lasten des Opfers gehen dürfen. Ein Verschulden liegt auch dann nicht vor, wenn das Opfer selbst die soziale Handlungsfähigkeit nach § 36 SGB I durch Vollendung des 15. Lebensjahres erreicht hat. Opfer sexuellen Missbrauchs sind emotional häufig nicht in der Lage, ihre Ansprüche aus solchen Taten selbst zu verfolgen. Damit können in Fällen des sexuellen Missbrauchs für Minderjährige OEG-Leistungen auch für mehr als ein Jahr vor den Antragstellung liegenden Zeiträumen erbracht werden.

Schockschaden einer Mutter nach Angriff auf ihr Kind/Wer ist „Wer" im Sinne des OEG? Eine Mutter, die aufgrund der Nachricht von einem vorsätzlichen rechtswidrigen tätlichen Angriff gegen ihr Kind (hier Ermordung der Tochter) einen Schockschaden in Gestalt einer dauerhaften psychischen Gesundheitsstörung erleidet, hat wegen der gesundheitlichen und wirtschaftlichen Folgen Anspruch auf Versorgung nach dem OEG. Sie ist als „Zuschauerin von dem Tathergang überfallen". Gleichzeitig ist sie damit unmittelbar beeinträchtigt und als „Wer" nach § 1 Absatz 1 OEG anspruchsberechtigt (Bundessozialgericht, Urteil vom 7.11.1979, Aktenzeichen 9 RVg 1/78).

Kind kann Täter im Sinne des OEG sein. Anspruch auf Leistungen nach dem OEG hat auch derjenige, der durch den bedingt vorsätzlichen (dolus eventualis) vorsätzlichen, rechtswidrigen tätlichen Angriff eines im strafrechtlichen Sinne schuldunfähigen, aber handlungsfähigen Kindes eine gesundheitliche Schädigung erleidet. Dies kann auch ein erst 4½-jähriges Kind sein. Das OEG kennt insoweit keine Starre Altersgrenze (Bundessozialgericht, Urteil vom 8.11.2007, Aktenzeichen B 9/9a VG 2/06 R).

Unterlassene Hilfeleistung. Bei unterlassener Hilfeleistung besteht kein Anspruch auf Entschädigungsleistung nach dem Opferentschädigungsgesetz (Landessozialgericht Niedersachsen-Bremen vom 24.12.2005, Aktenzeichen L 5 VG 1/03)

Sozial übliches Verhalten/Grober Scherz/Verhalten auf Volksfesten. Ist das Handeln des Täters vorsätzlich und auf Rechtsbruch gerichtet gewesen, steht der Annahme der Voraussetzungen des § 1 Absatz 1 OEG nicht entgegen, dass sich der Angreifer möglicherweise nur einen Scherz erlauben wollte und gegenüber dem Täter keine feindselige Einstellung gehabt hat. Lediglich soweit Handlungen im Rahmen des sozial Üblichen geschehen, etwa durch körperliche Kontakte auf Volksfesten, ist ihre Rechtswidrigkeit zu verneinen und fahrlässige Verletzungsfolgen von der Entschädigungspflicht ausgenommen (Bundessozialgericht, Urteil vom 7.11.1979, Aktenzeichen 9 RVg 1/78).

Schussverletzung durch einen unbekannten Täter. Nach den Grundsätzen des Beweises des ersten Anscheins kann bei so genannten typischen Geschehensabläufen von einer festgestellten Ursache bei bestimmtem Erfolg oder von einem bestimmten Erfolg auf eine bestimmte Ursache geschlossen werden. Allein schon der in der Regel rechtswidrige von der Rechtsordnung nicht gedeckte Gebrauch einer Schusswaffe durch einen sich zu seiner Tat nicht bekennenden und unbekannt bleibend wollenden Täter spricht zwangsläufig dafür, dass er mit seinem Schuss eine Körperverletzung nicht ausschließen wollte und mithin mit bedingtem Vorsatz gehandelt hat (Landessozialgericht Berlin Urteil vom 29.10.2002, Aktenzeichen L 13 VG 2/01).

Irrtümliche Festnahme durch die Polizei. Eine sich infolge eines Identitätsirrtums gegen die falsche Person richtende gewaltsame polizeiliche Festnahme erfolgt in feindlicher Willensrichtung und stellt deshalb einen tätlichen Angriff im Sinne des OEG dar. Die bei einer rechtswidrigen Festnahme geleistete Gegenwehr des Opfers stellt, soweit sie durch Notwehr gerechtfertigt ist, keine Mitverursachung im Sinne des § 2 OEG dar (Landessozialgericht Niedersachsen-Bremen, Urteil vom 18.10.2006, Aktenzeichen L 5 VG 6/05)

OEG ist unabhängig vom Strafrecht. Eine sich infolge eines Identitätsirrtums gegen die falsche Person richtende gewaltsame polizeiliche Festnahme erfolgt in feindlicher Willensrichtung und stellt deshalb einen tätlichen Angriff im Sinne des OEG dar. Der Irrtum über die Identität des Festgenommenen ist als so genannter error in persona bzw. als Erlaubnistatbestandsirrtum (§ 1 Absatz 1 Satz 2 OEG) unbeachtlich. Das Opferentschädigungsrecht ist frei von der strafrechtlichen Dogmatik und verzichtet im Falle des Erlaubnistatbestandsirrtums auf einen Vorsatz im strafrechtlichen Sinne (Landessozialgericht Niedersachsen-Bremen, Urteil vom 18.10.2006, Aktenzeichen L 5 VG 6/05).

L. Initiativ- und Schutzrechte des Opfers bei häuslicher Gewalt und Stalking

Gewalt zwischen Eheleuten und Lebenspartnern ist keine Seltenheit. Diese Gewalttätigkeiten münden häufig in oder gehen parallel mit Sexual- und Gewaltstraftaten. Das war bis noch vor wenigen Jahren ein Tabuthema. Neben dem schon bereits erwähnten gesellschaftlichen Wertewandel führte eine deutliche Positionierung des Gesetzgebers zu einer positiven Veränderung der Situation der Betroffenen. Nicht mehr das Opfer hat die Wohnung zu verlassen, der Täter hat zu gehen. Am 1. Januar 2002 trat das Gesetz zur Verbesserung des zivilrechtlichen Schutzes bei Gewalttaten und Nachstellungen sowie zur Erleichterung der Überlassung der Ehewohnung bei Trennung (Gewaltschutzgesetz) in Kraft. Die vier Paragrafen des Gesetzes richten sich in der Praxis meistens an die Opfer von Körperverletzungen, Bedrohungen, Nötigungen, sexuellen Übergriffen, Freiheitsberaubungen, aber auch seit jeher an die Opfer von Stalking, was vielfach nicht bekannt ist. Dabei liegt der Schwerpunkt in der Bekämpfung von Gewalt im häuslichen Umfeld und der Hilfe für die dadurch Betroffenen.

I. Wer schlägt, muss gehen – wer stalkt, muss weichen

Das Gewaltschutzgesetz steht neben den herkömmlichen Instrumentarien von Straf- und Polizeirecht. In vielen Bundesländern besteht ein Handlungskonzept, dass den Betroffenen möglichst schnell und effektiv helfen soll. Diese Bemühungen stehen unter dem Leitbegriff „Wer schlägt, muss gehen". Der Schwerpunkt ist dabei die zivilrechtliche Verfügung eines Zivilgerichts, die den Lebenskreis des Opfers schützt und den Wirkungsradius des Täters begrenzt. Zentrale Vorschrift ist **§ 1 Gewaltschutzgesetz**:

(1) [1]Hat eine Person vorsätzlich den Körper, die Gesundheit oder die Freiheit einer anderen Person widerrechtlich verletzt, hat das Gericht auf Antrag der verletzten Person die zur Abwendung weiterer Verletzungen erforderlichen Maßnahmen zu treffen. [2]Die Anordnungen sollen befristet werden; die Frist kann verlängert werden.

Das Gewaltschutzgesetz soll auch vor Stalkern schützen, **§ 1 Absatz 2 GewSchG** lautet wie folgt:

(2) [1]Absatz 1 gilt entsprechend, wenn …
b) eine andere Person dadurch unzumutbar belästigt, dass sie ihr gegen den ausdrücklich erklärten Willen wiederholt nachstellt oder sie unter Verwendung von Fernkommunikationsmitteln verfolgt.

[2]Im Falle des Satzes 1 Nr. 2 Buchstabe b liegt eine unzumutbare Belästigung nicht vor, wenn die Handlung der Wahrnehmung berechtigter Interessen dient.

Eine wesentliche Frage war und ist, wer von den Beteiligten in der gemeinsamen Wohnung verbleiben darf. Früher gingen die Frauen, entweder zu Verwandten und Freunden, meistens jedoch ins Frauenhaus. Dort mussten sie oft lange bleiben. Der § 2 GewSchG eröffnet dem Gericht die Möglichkeit, dem Opfer eine an sich gemeinsame Wohnung zum alleinigen Gebrauch zuzuweisen, unabhängig davon, wem die Wohnung eigentumsrechtlich gehört oder wer den Mietvertrag unterschrieben hat. Voraussetzung ist ein bestehender, auf Dauer angelegter Haushalt.

§ 2 GewSchG. [Überlassung einer gemeinsam genutzten Wohnung].
(1) Hat die verletzte Person zum Zeitpunkt einer Tat nach § 1 Abs. 1 Satz 1, auch in Verbindung mit Abs. 3, mit dem Täter einen auf Dauer angelegten gemeinsamen Haushalt geführt, so kann sie von diesem verlangen, ihr die gemeinsam genutzte Wohnung zur alleinigen Benutzung zu überlassen.

(2) [1]Die Dauer der Überlassung der Wohnung ist zu befristen, wenn der verletzten Person mit dem Täter das Eigentum, das Erbbaurecht oder der Nießbrauch an dem Grundstück, auf dem sich die Wohnung befindet, zusteht oder die verletzte Person mit dem Täter die Wohnung gemietet hat. [2]Steht dem Täter allein oder gemeinsam mit einem Dritten das Eigentum, das Erbbaurecht oder der Nießbrauch an dem Grundstück zu, auf dem sich die Wohnung befindet, oder hat er die Wohnung allein oder gemeinsam mit einem Dritten gemietet, so hat das Gericht die Wohnungsüberlassung an die verletzte Person auf die Dauer von höchstens sechs Monaten zu befristen. [3]Konnte die verletzte Person innerhalb der vom Gericht nach Satz 2 bestimmten Frist anderen angemessenen Wohnraum zu zumutbaren Bedingungen nicht beschaffen, so kann das Gericht die Frist um höchstens weitere sechs Monate verlängern, es sei denn, überwiegende Belange des Täters oder des Dritten stehen entgegen. [4]Die Sätze 1 bis 3 gelten entsprechend für das Wohnungseigentum, das Dauerwohnrecht und das dingliche Wohnrecht.

Neben der Wohnungszuweisung besteht nach § 1 Absatz 1 S. 2 GewSchG die Möglichkeit zum Schutz der Opfer individuelle Schutzanordnungen zu erlassen. Auf diese wird im nachfolgenden noch näher eingegangen.

Die von einem Gericht erlassene Anordnung erhält ein besonderes Gewicht dadurch, dass für den Fall der Nichtbeachtung durch den Täter, sich dieser allein deswegen erneut strafbar macht.

§ 4 GewSchG. [Strafvorschriften]. [1]Wer einer bestimmten vollstreckbaren Anordnung nach § 1 Abs. 1 Satz 1 oder 3, jeweils auch in Verbindung mit Abs. 2 Satz 1, zuwiderhandelt, wird mit Freiheitsstrafe bis zu einem Jahr oder mit Geldstrafe bestraft. [2]Die Strafbarkeit nach anderen Vorschriften bleibt unberührt.

Verstößt der Täter gegen eine Schutzanordnung des Gerichts, ist das Opfer befugt, sich einem möglicherweise betriebenen Strafverfahren als Nebenkläger gem. § 395 Absatz 1 Nr. 1 c StPO anzuschließen

II. Polizei und Gewaltschutzgesetz

Oftmals nach einem langen Leidensweg oder in großer Not wenden sich die Opfer an die Polizei, damit ihnen geholfen wird. Stellen die Beamten eine Straftat fest, wird eine Strafanzeige gefertigt. Es erfolgen Spurensuche, Dokumentationen und Vernehmungen von Zeugen etc. Das Opfer wird gefragt, ob es einen Strafantrag stellen will. Das muss es aber nicht zwingend. Die Polizei ist gehalten, auch ohne einen ausdrücklichen Strafantrag einzuschreiten.

Mit Inkrafttreten des Gewaltschutzgesetzes wurden parallel in den Polizeigesetzen der Länder Möglichkeiten geschaffen, sofort zu helfen. Es gibt den Platzverweis. Die Polizei hat die Möglichkeit, den Täter in der Regel für maximal zwei Wochen aus seiner Wohnung zu verweisen. Polizei ist Ländersache. In den jeweiligen Polizeigesetzen finden sich in etwa dazu gleich gefasste Möglichkeiten.

Während der Zeit des Platzverweises hat das Opfer nun die Möglichkeit, sich weiteren Rat und Hilfe zu holen. Es kann beispielsweise entscheiden, ob es in dieser Zeit eine gerichtliche Schutzanordnung nach dem Gewaltschutzgesetz beantragt. Für eine solche ist aber ein polizeilicher Platzverweis nicht erforderlich. In der Praxis ist dies aber meistens der Regelfall. Der entscheidende Vorteil ist, dass aufgrund der polizeiliche gesicherten Beweise, das Opfer leichter in der Lage ist, die Verfügung vor Gericht zu erwirken. Das Opfer ist nämlich grundsätzlich beweispflichtig, d.h. es ist selbst dafür verantwortlich, die erforderlichen Beweise für die Übergriffe beizubringen. Man spricht hier vom Beibringungsgrundsatz. Dies ist ein wichtiger Unterschied zum Strafverfahren, in dem der Amtsermittlungsgrundsatz gilt.

Übrigens: Die vor Inkrafttreten des Gewaltschutzgesetzes häufig geäußerte Sorge, wo denn die zumeist männlichen Täter nach dem Platzverweis oder dem Auszug aus der Wohnung bleiben, ist nicht zu einem praktischen Problem geworden. Die Täter kommen oft bei Freunden oder Eltern unter, gelegentlich ist allerdings hin und wieder mal ein kurzer Hotelaufenthalt notwendig.

III. Wen schützt das Gewaltschutzgesetz?

Das Gesetz ist als Gesetz zum Schutz erwachsener Opfer vor gewalttätigen Erwachsenen konzipiert. Es wird nicht angewendet, wenn eine unter elterlicher Sorge, Vormundschaft oder unter Pflegschaft stehende Person verletzt wird. Damit sind die minderjährigen Kinder gemeint. Sofern das Wohl des Kindes durch eine Gewalttat gefährdet ist, gilt das Kindschafts- bzw. Vormundschaftsrecht. Alle anderen Personen, gleichgültig wie alt sie sind oder welches Geschlecht sie haben, können Opfer im Sinne des Gewaltschutzgesetzes ein. Dies ergibt sich aus § 3 GewSchG.

Sofern der Täter bei der Tat betrunken oder berauscht ist, beeinflusst dies die Möglichkeiten des Gesetzes nicht. Wenn der Täter aber dauerhaft zurechnungsunfähig ist, wäre er wahrscheinlich schuldunfähig und Maßnahmen nach dem Gewaltschutzgesetz wären nicht möglich. Es verblieben dann aber noch polizeirechtliche oder strafrechtliche Möglichkeiten.

IV. Welche Schutzmöglichkeiten gibt es?

Das Opfer hat ein Recht auf individuelle Schutzanordnungen. Das Gewaltschutzgesetz enthält keine abschließende Aufzählung der möglichen Schutzanordnungen. Je nach Einzelfall können auch andere Schutzanordnungen beantragt und angeordnet werden. Die jeweilige Schutzmaßnahme kann so ausgestaltet werden, dass sie der Gefährdung- und Bedrohungslage des jeweiligen Opfers ge-

recht wird. Wichtig ist, dass im Falle eines Antrages nicht formu-
larmäßig alle Anträge gestellt werden, die das Gesetz erwähnt.
Wenn keine Notwendigkeit für eine bestimmte Maßnahme besteht,
sollte sie auch nicht beantragt werden. Dies ist im ureigensten Interesse des Opfers. Ansonsten droht eine Belastung mit Kosten,
die durch individuelle Anträge vermeidbar ist. Dies gilt vor allem
auch in Stalking-Fällen. Dort gilt die Zivilprozessordnung (ZPO).
Aufgrund des dort geltenden Verhandlungsgrundsatzes bekommt
man maximal das, was beantragt wurde, ne ultra petita. Wird dann
einem Teil des zu weit gefassten Antrages seitens des Gerichts nicht
entsprochen, dann verliert die Antragstellerin insoweit das Verfahren. Diesbezüglich hat das Opfer dann die Kosten für sein Unterliegen zu tragen, § 91 ZPO.

Die Schutzanordnungen sind im Regelfall zu befristen. Auf Antrag kann die Frist verlängert werden. Längerfristige Schutzanordnungen sind möglich. Dabei orientieren sich die Gerichte oftmals
an den Fristen zur Wohnungsüberlassung, also bis zu sechs Monaten Dauer.

1. Recht des Opfers auf alleinige Nutzung der gemein-
samen Wohnung

Voraussetzung für die alleinige Nutzung der gemeinsamen Wohnung ist eine Gewalttat, bei der der Täter den Körper, die Gesundheit oder die Freiheit einer anderen Person widerrechtlich verletzt
hat, §§ 2 Absatz i.V.m. § 1 Absatz 1 S. 1 GewSchG.

Weitere Voraussetzung für die Überlassung einer gemeinsam genutzten Wohnung ist, dass der Opfer der Straftaten und der Täter
einen auf Dauer angelegten gemeinsamen Haushalt führen. Dies
ist dann der Fall, wenn die Lebensgemeinschaft auf Dauer angelegt
ist, keine weiteren Bindungen gleicher Art zulässt und sich durch
innere Verbundenheit auszeichnet, die ein gegenseitiges Füreinan-
derstehen begründet. Schließlich muss diese Beziehung über eine
reine Wohn- und Wirtschaftsgemeinschaft hinausgehen. Weitere
inhaltliche Forderungen sind nicht erforderlich. Entscheidend ist
die auf Dauer angelegte Lebensgemeinschaft.

Sofern der Täter mit Verletzungen des Körpers, der Gesundheit
oder der Freiheit droht, hat das Opfer nur dann einen Anspruch

auf Überlassung der gemeinsamen Wohnung, wenn dies erforderlich ist, um eine „unbillige Härte" zu vermeiden. Auch dieser Begriff ist ein unbestimmter Rechtsbegriff. Ausdrücklich liegt eine unbillige Härte dann vor, wenn das Kindeswohl der im Haushalt lebenden Kinder beeinträchtigt wird. Die Bedürfnisse der Kinder nach einer geordneten, ruhigen und weitgehend entspannten Situation innerhalb der Familie genießen den gesetzlich erklärten Vorrang. Dazu **§ 2 Absatz 6 GewSchG**:

> (6) [1]Hat die bedrohte Person zum Zeitpunkt einer Drohung nach § 1 Abs. 2 Satz 1 Nr. 1, auch in Verbindung mit Abs. 3, einen auf Dauer angelegten gemeinsamen Haushalt mit dem Täter geführt, kann sie die Überlassung der gemeinsam genutzten Wohnung verlangen, wenn dies erforderlich ist, um eine unbillige Härte zu vermeiden. [2]Eine unbillige Härte kann auch dann gegeben sein, wenn das Wohl von im Haushalt lebenden Kindern beeinträchtigt ist. [3]Im Übrigen gelten die Absätze 2 bis 5 entsprechend.

Im Übrigen ist es nicht immer eindeutig, wann eine unbillige Härte vorliegt. Viele Gerichte haben sich damit befasst. Sicherlich liegt eine unbillige Härte dann vor, wenn „der Ehegatte durch sein Verhalten einen unerträglichen Zustand hervorgerufen hat". Auch müssen es „mehr Unannehmlichkeiten und Belästigungen sein", als sie ansonsten bei einer zerrütteten Beziehung regelmäßig auftreten können. Wie so oft, eine Frage des Einzelfalls. Die Gesamtumstände und die Heftigkeit des Vorgehens des Täters werden gewichtet.

Der Anspruch auf Wohnungsüberlassung muss innerhalb von drei Monaten schriftlich gegenüber dem Täter geltend gemacht werden. Weitere Ausschlussgründe nennt das Gesetz in § 2 Absatz 3 GewSchG. Eine Wohnungsüberlassung an das Opfer kommt beispielsweise dann nicht mehr in Betracht, wenn die Interessen des Täters überwiegen. Das ist z. B. dann der Fall, wenn der Täters körperlich oder geistig schwer behindert ist, die Wohnung entsprechend angepasst ausgestattet ist und eine vergleichbare Wohnung kaum zu beschaffen ist.

> (3) Der Anspruch nach Absatz 1 ist ausgeschlossen,
> 1. wenn weitere Verletzungen nicht zu besorgen sind, es sei denn, dass

der verletzten Person das weitere Zusammenleben mit dem Täter wegen der Schwere der Tat nicht zuzumuten ist oder

2. wenn die verletzte Person nicht innerhalb von drei Monaten nach der Tat die Überlassung der Wohnung schriftlich vom Täter verlangt oder

3. soweit der Überlassung der Wohnung an die verletzte Person besonders schwerwiegende Belange des Täters entgegenstehen.

2. Wie lange kann das Opfer allein in der Wohnung leben?

Die Antwort ist davon abhängig, wem die Rechte an der Wohnung zustehen § 2, Absatz 2 GewSchG. Im Falle, dass das Opfer alleiniger Eigentümer oder Mieter ist, kann das Gericht dem Opfer die Wohnung sofort und dauerhaft zuweisen. Befristungen gibt es nicht. Falls der Täter alleiniger Eigentümer oder Mieter ist, ist eine Zuweisung von bis zu maximal sechs Monaten möglich. Eine weitere Verlängerung um sechs Monate ist möglich, sofern keine überwiegenden Belange des Täters entgegenstehen. Sofern Opfer und Täter gemeinschaftliches Eigentum haben oder gemeinsam Mieter sind (d. h. sie haben zusammen den Mietvertrag unterschrieben) hat das Gericht ebenfalls eine Befristung vorzunehmen. Das Gesetz beinhaltet keine zeitlichen Vorgaben. In der Praxis orientieren sich die Gerichte beispielsweise oftmals an der Dauer des Mietvertrages oder an Kündigungsfristen.

(2) [1]Die Dauer der Überlassung der Wohnung ist zu befristen, wenn der verletzten Person mit dem Täter das Eigentum, das Erbbaurecht oder der Nießbrauch an dem Grundstück, auf dem sich die Wohnung befindet, zusteht oder die verletzte Person mit dem Täter die Wohnung gemietet hat. [2]Steht dem Täter allein oder gemeinsam mit einem Dritten das Eigentum, das Erbbaurecht oder der Nießbrauch an dem Grundstück zu, auf dem sich die Wohnung befindet, oder hat er die Wohnung allein oder gemeinsam mit einem Dritten gemietet, so hat das Gericht die Wohnungsüberlassung an die verletzte Person auf die Dauer von höchstens sechs Monaten zu befristen. [3]Konnte die verletzte Person innerhalb der vom Gericht nach Satz 2 bestimmten Frist anderen angemessenen Wohnraum zu zumutbaren Bedingungen nicht beschaffen, so kann das Gericht die Frist um höchstens weitere sechs Monate verlängern, es sei denn, überwiegende Belange des Täters oder des Dritten stehen entgegen. [4]Die Sätze 1 bis 3 gelten entsprechend für das Wohnungseigentum, das Dauerwohnrecht und das dingliche Wohnrecht.

Zu beachten ist, dass der Täter vom Opfer eine Nutzungsvergütung verlangen kann, § 2 Absatz 5 GewSchG

(5) Der Täter kann von der verletzten Person eine Vergütung für die Nutzung verlangen, soweit dies der Billigkeit entspricht.

Wenn keine weiteren Übergriffe des Täters drohen, besteht kein Anspruch auf Wohnungsüberlassung. Im Falle schwerster Gewalttaten, insbesondere bei Sexualstraftaten oder versuchten Tötungsdelikten kann dem Opfer selbst dann, wenn keine Wiederholungsgefahr besteht, die Wohnung wegen der Schwere der Tat zugewiesen werden. Im Übrigen gehen die Gerichte davon aus, dass bereits nach einer einmaligen Gewalttat eine Wiederholungsgefahr besteht. Dann muss der Täter beweisen, dass dies nicht der Fall ist.

3. Betretungs-, Näherungs- und Kontaktaufnahmeverbot

Sofern der Täter den Körper, die Gesundheit oder die Freiheit des Opfers nach § 1 Absatz S. 1 GewSchG verletzt hat, kann das Gericht die erforderlichen Maßnahmen treffen, um das Opfer zu schützen. Dabei kommt es auf den Einzelfall an. Das Gesetz nennt exemplarisch Möglichkeiten in § 1 Absatz 1 S. 3 GewSchG.

[3]Das Gericht kann insbesondere anordnen, dass der Täter es unterlässt,

1. die Wohnung der verletzten Person zu betreten,
2. sich in einem bestimmten Umkreis der Wohnung der verletzten Person aufzuhalten,
3. zu bestimmende andere Orte aufzusuchen, an denen sich die verletzte Person regelmäßig aufhält,
4. Verbindung zur verletzten Person, auch unter Verwendung von Fernkommunikationsmitteln, aufzunehmen,
5. Zusammentreffen mit der verletzten Person herbeizuführen,

soweit dies nicht zur Wahrnehmung berechtigter Interessen erforderlich ist.

> Näherungs- und Kontaktaufnahmeverbote sind auch bei Stalking möglich.

Voraussetzungen für Schutzanordnungen sind somit Gewalttaten im Sinne des Gewaltschutzgesetzes, namentlich die Verletzung des Körpers, der Gesundheit, der Freiheit oder die Drohung mit solchen Verletzungen, das Eindringen in die Wohnung einer anderen Person sowie unzumutbare Belästigungen oder Nachstellungen (Stalking). Bei Stalking ist für den Erlass einer Schutzanordnung keine persönliche Nähebeziehung oder ein gemeinsamer Hausstand Voraussetzung.

V. Welches Gericht entscheidet über das Recht auf eine Schutzmaßnahme?

Das Opfer hat ein Recht darauf, dass sich ein Gericht mit dem schriftlichen Antrag des Opfers beschäftigt, der das Ziel einer oder mehrerer Schutzanordnungen verfolgt. Es stellt sich dann die Frage, welches Gericht dafür zuständig ist. Es wurde bereits deutlich, dass dafür weder Polizei noch Staatsanwaltschaft zuständig sind. Ein Gericht muss entscheiden. Es geht nicht um die Verfolgung einer Straftat, sondern um eine Regelung, die zwischen zwei Menschen, also zwei Parteien im rechtlichen Sinne, ergehen soll. Diese beiden Parteien stehen sich rechtlich gesehen gleichwertig gegenüber. Ein Zivilgericht, das Amtsgericht, in dessen Zuständigkeitsbereich die Wohnung ist, ist zuständig. Welcher funktionelle Teil des Amtsgerichts, Zivil- oder Familiengerichts in Frage kommt, ist zum einen davon abhängig, ob eine Schutzmaßnahme nach § 1 GewSchG oder nach § 2 GewSchG angestrebt wird; zum anderen ob, und wenn ja, wie lange, Opfer und Täter zusammengelebt haben. Diese Frage ist nicht nur für den Antrag beim richtigen Gericht wichtig. Es folgt daraus nämlich, welches Prozessrecht anzuwenden ist.

Exkurs – Prozessrecht: In den Kapiteln zum Strafverfahren und zum Opferentschädigungsgesetz wurde deutlich, dass auch diesen Verfahren unterschiedliche Verfahrensordnungen zugrunde liegen. Dies gilt auch für den polizeirechtlichen Platzverweis, der im Rahmen des Schutzkonzeptes für Opfer häuslicher Gewalt häufig angewendet wird.

Für jede Verfahrensart gibt es unterschiedliche prozessuale Regelungen, die Prozessordnungen. Für das Strafverfahren gilt die Strafprozessordnung, für das Verfahren nach dem Opferentschädigungsgesetz das Sozialgerichtsgesetz und für den Platzverweis die Verwaltungsgerichtsordnung (VwGO). Daneben ist noch das Gerichtsverfassungsgesetz

(GVG) zu beachten. Dieses regelt Aufbau und Organisation der Gerichte, in den verschiedenen Zweigen der Justiz. Man spricht von den „ordentlichen Gerichten", die zuständig sind für die Zivil- und Strafjustiz, Verwaltungsgerichten, Sozialgerichten und so weiter. Das Gerichtsverfassungsgesetz bestimmt, wie viele Rechtsmittelinstanzen es gibt, mit wie vielen Richtern ein Gericht besetzt sein muss und wann sie zuständig sind. Dagegen regelt das Prozessrecht den Ablauf des einzelnen Prozesses. Wie wird eine Klage erhoben? Wie wird ein Beweis geführt? Welche Fristen sind einzuhalten? Auch wird dort geregelt, wie ein Urteil vollstreckt wird.

Das Amtsgericht als Zivilgericht handelt aufgrund der Zivilprozessordnung (ZPO); das Amtsgericht als Familiengericht arbeitet auf Basis des Gesetzes über die Angelegenheiten der freiwilligen Gerichtsbarkeit von 1898 (FGG). Aus Sicht des Opfers ist daran überhaupt nichts freiwilliges, ein Gericht wegen einer Gewalttat anrufen zu müssen. Das prozessuale Recht der Freiwilligen Gerichtsbarkeit ist auch das Verfahrensrecht für Vormundschaftsgericht, Nachlassgerichte, Vereinsregister sowie auch Handelsregister und Grundbuchangelegenheiten. Die Unterschiede zwischen ZPO und FGG sind für das Opfer von Bedeutung. Abgesehen von den unterschiedlichen Bezeichnungen für Opfer und Täter, Kläger und Beklagter in der ZPO, Antragsteller und Antragsgegner (FGG), Urteile (ZPO), Beschlüsse (FGG) gibt es wesentliche Unterschiede. Verfahren nach dem FGG erfolgen nach dem Amtsermittlungsgrundsatz, was bedeutet, dass Gericht selbst bestimmt, welche Ermittlungen es anstellt, und welche Beweismittel es für notwendig erachtet; Beschlüsse des Gerichts können auch über die Anträge hinausgehen und die Öffentlichkeit ist im Verfahren ausgeschlossen. Dagegen gilt in der ZPO neben dem Verhandlungsgrundsatz der Beibringungsgrundsatz, was bedeutet, dass die Parteien durch ihre Anträge den Prozessstoff und die Beweismittel bestimmen; Urteile des Gerichts sind an die Anträge der Parteien gebunden, sie gehen nicht darüber hinaus und die Verhandlungen sind in aller Regel öffentlich.

1. Anträge auf Schutzmaßnahmen bei häuslicher Gewalt

Die Lebens- und Wohnsituation des Opfers bestimmt die „sachliche Zuständigkeit" des Gerichts. Lebt das Opfer mit dem Täter in einem gemeinsamen Haushalt, ist das Familiengericht zuständig. Gleiches gilt, wenn eine Trennung nicht länger als 6 Monate vor der Tat erfolgte. Dies ergibt sich aus den §§ 23 Absatz 1 Nr. 8 a GVG und 621 Absatz 1 Nr. 13 ZPO.

Bei der örtlichen Zuständigkeit kann das Opfer wählen, ob es den Antrag bei dem Gericht am Wohnsitz des Täters, am Ort der gemeinsamen Wohnung oder am Tatort stellt. Diese freie Wahl gilt nur bei einem Antrag nach dem Gewaltschutzgesetz, also nicht bei Anträgen auf Zuweisung der Ehewohnung nach § 1361b BGB.

Für Anträge nach dem Ablauf von sechs Monaten seit Trennung ist das allgemeine Zivilgericht zuständig.

2. Anträge auf Schutzmaßnahmen bei Stalking

Für Anträge aufgrund von Stalking ist grundsätzlich das Zivilgericht zuständig. Für den Fall, dass das Opfer mit dem Täter einen gemeinsamen Haushalt geführt hatte oder hat, ist wieder das Familiengericht zuständig. Für Anträge nach dem Ablauf von sechs Monaten seit Trennung ist das allgemeine Zivilgericht zuständig.

VI. Ordnungsgeld und Ordnungshaft beantragen

Gerade bei Stalkern steht zu befürchten, dass sie sich von bloßen Schutzanordnungen nicht beeindrucken lassen. Auch ein Strafverfahren nach § 4 GewSchG schreckt oftmals nicht gleich ab. Bekanntlich kann es lange dauern.

In der Praxis ist die drohende Zahlung von Geld meistens wirksamer. Das Opfer sollte daher immer beantragen, dass dem Täter im Falle eines Verstoßes Ordnungsgeld oder Ordnungshaft angedroht wird. Dies wird durch § 890 ZPO ermöglicht.

§ 890 ZPO. [Erzwingung von Unterlassungen und Duldungen]. (1) [1]Handelt der Schuldner der Verpflichtung zuwider, eine Handlung zu unterlassen oder die Vornahme einer Handlung zu dulden, so ist er wegen einer jeden Zuwiderhandlung auf Antrag des Gläubigers von dem Prozessgericht des ersten Rechtszuges zu einem Ordnungsgeld und für den Fall, dass dieses nicht beigetrieben werden kann, zur Ordnungshaft oder zur Ordnungshaft bis zu sechs Monaten zu verurteilen. [2]Das einzelne Ordnungsgeld darf den Betrag von 250.000 Euro, die Ordnungshaft insgesamt zwei Jahre nicht übersteigen.

(2) Der Verurteilung muss eine entsprechende Androhung vorausgehen, die, wenn sie in dem die Verpflichtung aussprechenden Urteil nicht enthalten ist, auf Antrag von dem Prozessgericht des ersten Rechtszuges erlassen wird.

(3) Auch kann der Schuldner auf Antrag des Gläubigers zur Bestellung einer Sicherheit für den durch fernere Zuwiderhandlungen entstehenden Schaden auf bestimmte Zeit verurteilt werden.

VII. Was kann das Opfer tun, wenn es eilt?

Das Opfer hat die Möglichkeit entweder ein normales Verfahren oder ein Eilverfahren (einstweilige Anordnung) durchzuführen. Ein Eilverfahren hat gegenüber dem normalen Hauptsacheverfahren – was die Bezeichnung schon nahe legt – den Vorteil, dass das Opfer eine gerichtliche Entscheidung schneller erhalten kann. Dies liegt an den Besonderheiten dieser Verfahrensart. In eiligen Fällen ist eine Entscheidung ohne mündliche Verhandlung möglich, die Tatsachen müssen nicht bewiesen, sondern lediglich glaubhaft gemacht werden. Die überwiegende Wahrscheinlichkeit der dargestellten Tatsachen reicht dann für einen Beschluss des Gerichts aus.

Ein Antrag muss immer begründet werden. Beweismittel (für das Hauptsacheverfahren erforderlich) sind Zeugen, Sachverständige, Urkunden, Augenscheinsnahme des Gerichts und unter bestimmten Voraussetzungen auch die Parteivernehmung. Als Mittel zur Glaubhaftmachung kommen darüber hinaus eine eidesstattliche Versicherung des Opfers, ärztliche Atteste und polizeiliche Berichte in Betracht. Gleichfalls kann die Vorgangsnummer der Polizei genannt werden, da das Gericht diese Unterlagen dann beiziehen kann.

Für die Frage, ob ein Eilantrag gestellt werden soll, ist die Sichtweise des Opfers entscheidend. Wie dringend sind sofortige Maßnahmen? Wenn ein polizeilicher Platzverweis zuvor erfolgt, ist ein lückenloser Schutz nur innerhalb von 14 Tagen zu erreichen. Dieser Zeitraum ist grundsätzlich der regelmäßige Zeitraum, den die Polizei kraft ihrer polizeirechtlichen Kompetenz festsetzen kann.

VIII. Wer sorgt dafür, dass der Täter sich an die Schutzanordnungen hält?

Die Durchsetzung der Schutzanordnungen, die so genannte Vollstreckung, ist Aufgabe des Gerichtsvollziehers. Für den Gerichtsvollzieher besteht die Möglichkeit, die Schutzanordnungen auch mittels Gewalt oder unter Zuhilfenahme der Polizei durchzusetzen. Der Gerichtsvollzieher stellt dem Täter die Schutzanordnung in der Form eines gerichtlichen Beschlusses zu. Das Opfer muss aber im Rahmen der Zustellung aufpassen, zumindest immer dann, wenn es keinen Rechtsanwalt beauftragt hat: Im Normalfall werden gerichtliche Entscheidungen wirksam mit dem Zeitpunkt, zu dem sie demjenigen, für den sie bestimmt sind, bekannt gegeben werden. Diese Wirksamkeit tritt dann ein, wenn die Entscheidungen rechtskräftig sind, d. h. dagegen ist kein Rechtsmittel mehr möglich oder wenn das Gericht sie für „vorläufig vollstreckbar" erklärt hat. Normalerweise muss das Opfer in Verfahren nach dem Gewaltschutzgesetz den Gerichtsvollzieher selbst beauftragen, damit die Wirksamkeit gegenüber dem Täter eintritt. Nur damit ist überhaupt eine Vollstreckung möglich. Sofern das Opfer einen Rechtsanwalt beauftragt hat, kümmert sich dieser darum. Eine Erleichterung ergibt sich für das Opfer allerdings über **§ 64 Absatz 3 FGG**:

[3]Das Gericht kann anordnen, dass die Vollziehung der einstweiligen Anordnung vor ihrer Zustellung an den Antragsgegner zulässig ist. [4]Im Falle des Erlasses der einstweiligen Anordnung ohne mündliche Verhandlung wird die Anordnung auch mit Übergabe an die Geschäftsstelle zum Zwecke der Bekanntmachung wirksam. [5]Das Gericht hat den Zeitpunkt der Übergabe auf der Entscheidung zu vermerken. [6]Der Antrag auf Erlass der einstweiligen Anordnung gilt im Falle des Erlasses ohne mündliche Verhandlung als Auftrag zur Zustellung durch den Gerichtsvollzieher unter Vermittlung der Geschäftsstelle und zur Vollziehung; auf Verlangen des Antragstellers darf die Zustellung nicht vor der Vollziehung erfolgen.

Das Gericht kann von Amts wegen – sicherheitshalber sollte es aber immer beantragt werden – die sofortige Wirksamkeit anordnen. Das hat zur Folge, dass die Geschäftsstelle des Gerichts den Auftrag an den Gerichtsvollzieher selbst weitergibt.

IX. Sollte das Opfer die Anträge auf Schutzanordnungen selbst bei Gericht stellen?

In Gewaltschutzsachen besteht kein Anwaltszwang. Ein Antrag kann über eine Rechtsantragsstelle des Gerichts oder über eine spezialisierte Beratungseinrichtung gestellt werden. Dafür gibt es auch Musterformulare.

Ob ein solches Vorgehen sinnvoll ist, steht auf einem anderen Blatt. Eine individuelle Rechtsberatung dürfen weder die Rechtsantragstelle noch die Beratungseinrichtung durchführen. Ein Rechtsanwalt kümmert sich außerdem um alles, die richtigen Anträge, die Vollstreckung. Auf die Kostenrisiken wurde ja bereits hingewiesen.

Oftmals legen auch die Täter ihrerseits Rechtsmittel ein oder halten sich nicht an die Schutzanordnungen oder es stellen sich zusätzliche Fragen, wie beispielsweise Umgangsrechtsfragen für die Kinder oder auch Fragen im Zusammenhang mit dem Strafverfahren.

Was ist zu tun, wenn der Täter sich erst an die Schutzanordnungen hält, dann nicht mehr, oder er kündigt die Wohnung? Was ist zu tun, wenn der Stalker seine Vorgehensweise ändert? Was ist, wenn der stalkende Täter plötzlich behauptet, dass das Opfer nun seinerseits Stalker ist und dafür Zeugen benennt? Es stellen sich dann oftmals komplexe Fragen aus verschiedensten Rechtsbereichen, Strafrecht, Familienrecht, allgemeines und besonderes Zivilrecht und so weiter.

In Opferfällen bestehen sehr viele Schnittstellen und Schnittmengen unterschiedlichster Rechtsmaterien. Sehr oft scheuen die Opfer die tatsächlichen oder vermeintlichen Kosten. Diese können aber bei Bedürftigkeit der Opfer in den allermeisten Fällen über Prozesskostenhilfe oder eine Opferhilfeeinrichtung gedeckt werden.

Es sollte immer mit einer spezialisierten Opferhilfeeinrichtung gesprochen werden. So gibt es in Niedersachsen die spezialisierten Beratungs- und Interventionsstellen (BISS). Diese staatlich geförderten Beratungsstellen werden nach einem polizeilichen Einsatz direkt von der Polizei informiert und nehmen mit den betroffenen Opfern aufgrund eines pro-aktiven Konzeptes direkt Verbindung auf. Dort erhält man auch Tipps zu weitergehenden Hilfen und spezialisierten Rechtsanwälten, sofern dafür Bedarf besteht.

M. Nebenrechte des Opfers im Strafverfahren und außerhalb

Das Opfer hat über die Hauptrechte der Nebenklage und des Adhäsionsverfahrens im Strafverfahren sowie den praktisch bedeutsamen Rechten nach dem Gewaltschutzgesetz weitere Nebenrechte, die sich aus der Rechtsstellung des Verletzten ableiten. Von diesen „sonstigen Befugnissen des Verletzten" (so die Überschrift des Vierten Abschnitts der StPO) wurden bereits das Rechte auf Information sowie die Rechte des Opfers auf einen Verletzten- und Zeugenbeistand vorgestellt.

Die Wahrnehmung der nachfolgenden Rechte hängt weder von einer Zulassung als Nebenkläger noch von einer Durchführung des Adhäsionsverfahrens ab. Diese Rechte sollen jedem Opfer eine gesicherte Rechtsposition für bestimmte Interessen gewährleisten. Das Gesetz ist insoweit in weiten Teilen selbsterklärend.

I. Recht auf Information über Verfahrensausgang und Aufenthaltsort des Täters

Das Opfer hat ein Recht, über den Ausgang des ihn betreffenden Verfahrens informiert zu werden. Darüber hinaus besteht ein grundsätzliches Recht, Informationen über den Aufenthaltsort des Täters zu bekommen. Geregelt ist dies in § 406d StPO.

§ 406d StPO. [Mitteilungen an den Verletzten]. (1) Dem Verletzten sind auf Antrag die Einstellung des Verfahrens und der Ausgang des gerichtlichen Verfahrens mitzuteilen, soweit es ihn betrifft.

(2) Dem Verletzten ist auf Antrag mitzuteilen, ob

1. dem Verurteilten die Weisung erteilt worden ist, zu dem Verletzten keinen Kontakt aufzunehmen oder mit ihm nicht zu verkehren;

2. freiheitsentziehende Maßnahmen gegen den Beschuldigten oder den Verurteilten angeordnet oder beendet oder ob erstmalig Vollzugslockerungen oder Urlaub gewährt werden, wenn er ein berechtigtes Interesse darlegt und kein überwiegendes schutzwürdiges Interesse des Betroffenen am Ausschluss der Mitteilung vorliegt; in den in § 395 Abs. 1 Nr. 1 Buchstabe a, c und d und Nr. 2 genannten Fällen bedarf es der Darlegung eines berechtigten Interesses nicht.

(3) [1]Mitteilungen können unterbleiben, sofern sie nicht unter einer An-

schrift möglich sind, die der Verletzte angegeben hat. [2]Hat der Verletzte einen Rechtsanwalt als Beistand gewählt, ist ihm ein solcher beigeordnet worden oder wird er durch einen solchen vertreten, so gilt § 145a entsprechend.

Ähnliche oder erweiterte Informationsrechte der Opfers hinsichtlich des Aufenthaltsortes des Täters werden aller Voraussicht nach, zumindest teilweise, in die Justizvollzugsgesetze der Länder aufgenommen. So beinhaltet das Niedersächsische Justizvollzugsgesetz weitergehende Informationsmöglichkeiten als die StPO. Die Entwicklung insgesamt bleibt abzuwarten, da sich der Großteil dieser Gesetze noch in den parlamentarischen Gesetzgebungsverfahren befindet (Stand 1.1.2008).

II. Recht auf Akteneinsicht

§ 406e StPO gewährt dem Opfer ein Akteneinsichtsrecht. Das Opfer muss ein berechtigtes Interesse nachweisen. Ein solches liegt beispielsweise dann vor, wenn die Akteneinsicht der Prüfung der Frage dienen soll, in welchem Umfang der Verletzte zivilrechtliche Ansprüche gegen den Täter geltend machen kann, oder ob eine Beschwerde oder ein Klageerzwingungsverfahren nach § 172 StPO betrieben werden kann.

§ 172 StPO. [Klageerzwingungsverfahren]. (1) [1]Für den Verletzten kann ein Rechtsanwalt die Akten, die dem Gericht vorliegen oder diesem im Falle der Erhebung der öffentlichen Klage vorzulegen wären, einsehen sowie amtlich verwahrte Beweisstücke besichtigen, soweit er hierfür ein berechtigtes Interesse darlegt. [2]In den in § 395 genannten Fällen bedarf es der Darlegung eines berechtigten Interesses nicht.

(2) [1]Die Einsicht in die Akten ist zu versagen, soweit überwiegende schutzwürdige Interessen des Beschuldigten oder anderer Personen entgegenstehen. [2]Sie kann versagt werden, soweit der Untersuchungszweck gefährdet erscheint oder durch sie das Verfahren erheblich verzögert würde.

(3) [1]Auf Antrag können dem Rechtsanwalt, soweit nicht wichtige Gründe entgegenstehen, die Akten mit Ausnahme der Beweisstücke in seine Geschäftsräume oder seine Wohnung mitgegeben werden. [2]Die Entscheidung ist nicht anfechtbar.

(4) [1]Über die Gewährung der Akteneinsicht entscheidet im vorbereitenden Verfahren und nach rechtskräftigem Abschluss des Verfahrens die

Staatsanwaltschaft, im übrigen der Vorsitzende des mit der Sache befassten Gerichts. [2]Gegen die Entscheidung der Staatsanwaltschaft nach Satz 1 kann gerichtliche Entscheidung nach Maßgabe des § 161a Abs. 3 Satz 2 bis 4 beantragt werden. [3]Die Entscheidung des Vorsitzenden ist unanfechtbar. [4]Diese Entscheidungen werden nicht mit Gründen versehen, soweit durch deren Offenlegung der Untersuchungszweck gefährdet werden könnte.

Die Kosten vorstehender Rechtswahrnehmungen hat das Opfer grundsätzlich selbst zu tragen, zumindest dann, wenn sie ausschließlich als Nebenrechte wahrgenommen werden. Das ist beispielsweise der Fall, wenn keine Nebenklage geführt wird.

III. Welche Rechte hat das Opfer bei einer Einstellung des Verfahrens?

Für Opfer ist es oftmals weder nachvollziehbar noch verständlich, dass „ihr" Verfahren eingestellt wird, was bedeutet, dass der Täter nicht zur Rechenschaft durch ein Gericht gezogen wird. Es stellt sich die Frage, was kann das Opfer dagegen tun. Diese Problematik wird besser verstanden, wenn man weiß, wann die Staatsanwaltschaft eine Anklage erheben kann, und wann eine Einstellung des Verfahrens in Betracht kommt.

Kann die Staatsanwaltschaft einen hinreichenden Tatverdacht begründen, ist der Sachverhalt schwierig oder streitig und ist eine höhere Strafe zu erwarten, dann erhebt die Staatsanwaltschaft Anklage zum Gericht. Hinreichender Tatverdacht bedeutet dabei, dass der Staatsanwalt in einer Prognose die Verurteilung des Beschuldigten für wahrscheinlicher hält als einen Freispruch. Die öffentliche Klage wird erhoben. Anderenfalls würde das Ermittlungsverfahren eingestellt.

§ 170 StPO. [Erhebung der öffentlichen Klage; Einstellung des Verfahrens]. (1) Bieten die Ermittlungen genügenden Anlass zur Erhebung der öffentlichen Klage, so erhebt die Staatsanwaltschaft sie durch Einreichung einer Anklageschrift bei dem zuständigen Gericht.

(2) [1]Andernfalls stellt die Staatsanwaltschaft das Verfahren ein. [2]Hiervon setzt sie den Beschuldigten in Kenntnis, wenn er als solcher vernommen worden ist oder ein Haftbefehl gegen ihn erlassen war; dasselbe gilt, wenn er um einen Bescheid gebeten hat oder wenn ein besonderes Interesse an der Bekanntgabe ersichtlich ist.

1. Einstellung des Verfahrens und Klageerzwingungsverfahren

Klarzustellen ist, dass nicht die Polizei, sondern die Staatsanwaltschaft über die Art der Beendigung des Ermittlungsverfahrens entscheidet. Die Staatsanwaltschaft hat mehrere Möglichkeiten der Vorgehensweise. Das Ermittlungsverfahren wird eingestellt, wenn dem tatverdächtigen Beschuldigten nicht nachgewiesen werden kann, dass er die Tat, wegen der ermittelt wurde, begangen hat, § 170 Abs. 2 StPO.

Gegen eine solche Einstellung hat das Opfer ein Beschwerderecht. Das Opfer erhält in diesem Fall zuvor von der Staatsanwaltschaft einen Einstellungsbescheid. Dies regelt § 171 StPO. Das Opfer hat die rechtliche Chance, eine öffentliche Klage zu „erzwingen".

§ 171 StPO. [Bescheidung des Antragstellers]. [1]Gibt die Staatsanwaltschaft einem Antrag auf Erhebung der öffentlichen Klage keine Folge oder verfügt sie nach dem Abschluss der Ermittlungen die Einstellung des Verfahrens, so hat sie den Antragsteller unter Angabe der Gründe zu bescheiden. [2]In dem Bescheid ist der Antragsteller, der zugleich der Verletzte ist, über die Möglichkeit der Anfechtung und die dafür vorgesehene Frist (§ 172 Abs. 1) zu belehren.

Für den Fall, dass die Staatsanwaltschaft das eingeleitete Verfahren nicht durch die Erhebung einer öffentlichen Klage fortführen will, m. a. W. das Verfahren gem. § 170 Absatz 2 StPO einstellt, hat der Antragsteller (i. d. R. der Anzeigeerstatter), wenn er zugleich Verletzter ist, die Möglichkeit, nach einer erfolglosen Beschwerde an die Staatsanwaltschaft eine gerichtliche Entscheidung zu beantragen. Der Antrag wird an das zuständige Oberlandesgericht gerichtet. Hält dies den Antrag für begründet, wird angeordnet, dass die Staatsanwaltschaft Anklage erhebt.

§ 172 StPO. [Klageerzwingungsverfahren]. (1) [1]Ist der Antragsteller zugleich der Verletzte, so steht ihm gegen den Bescheid nach § 171 binnen zwei Wochen nach der Bekanntmachung die Beschwerde an den vorgesetzten Beamten der Staatsanwaltschaft zu. [2]Durch die Einlegung der Beschwerde bei der Staatsanwaltschaft wird die Frist gewahrt. [3]Sie läuft nicht, wenn die Belehrung nach § 171 Satz 2 unterblieben ist.

(2) [1]Gegen den ablehnenden Bescheid des vorgesetzten Beamten der Staatsanwaltschaft kann der Antragsteller binnen einem Monat nach der Bekanntmachung gerichtliche Entscheidung beantragen. [2]Hierüber und über die dafür vorgesehene Form ist er zu belehren; die Frist läuft nicht, wenn die Belehrung unterblieben ist. [3]Der Antrag ist nicht zulässig, wenn das Verfahren ausschließlich eine Straftat zum Gegenstand hat, die vom Verletzten im Wege der Privatklage verfolgt werden kann, oder wenn die Staatsanwaltschaft nach § 153 Abs. 1, § 153a Abs. 1 Satz 1, 7 oder § 153b Abs. 1 von der Verfolgung der Tat abgesehen hat; dasselbe gilt in den Fällen der §§ 153c bis 154 Abs. 1 sowie der §§ 154b und 154c.

(3) [1]Der Antrag auf gerichtliche Entscheidung muss die Tatsachen, welche die Erhebung der öffentlichen Klage begründen sollen, und die Beweismittel angeben. [2]Er muss von einem Rechtsanwalt unterzeichnet sein; für die Prozesskostenhilfe gelten dieselben Vorschriften wie in bürgerlichen Rechtsstreitigkeiten. [3]Der Antrag ist bei dem für die Entscheidung zuständigen Gericht einzureichen.

(4) [1]Zur Entscheidung über den Antrag ist das Oberlandesgericht zuständig. [2]§ 120 des Gerichtsverfassungsgesetzes ist sinngemäß anzuwenden.

Das Verfahren bietet nach dem Gesetz dem Opfer die Möglichkeit, seine Interessen im Strafprozess durchzusetzen. Das eigentliche Problem liegt allerdings in der Praxis. Nur ca. 0,4 % aller Klageerzwingungsverfahren enden mit einer Klageanordnung. Selbst dann stellt sich ein weiteres Problem: „Jagdhunde, die man zum Jagen tragen muss, jagen erfahrungsgemäß eher zurückhaltend, und gegen eine müde Staatsanwaltschaft ist in der Praxis des Ermittelns und Prozessierens nicht viel Kraut gewachsen", so haben es Winfried Hassemer und Jan Philipp Reemtsma in ihrem Buch über Verbrechensopfer beschrieben (Hassemer/Reemtsma, Verbrechensopfer, Gesetz und Gerechtigkeit).

Darüber hinaus hat im Falle der Ablehnung der Antragsteller die Kosten des Verfahrens über den Antrag zu tragen (§ 177 StPO).

2. Einstellungen ohne Möglichkeiten eines Rechtsmittels

Nicht in allen Fällen, in denen es zu einer Einstellung des Verfahrens kommt, kann das Opfer dagegen etwas unternehmen. Ein eigenes Rechtsmittel gibt es nicht durchgängig bei sämtlichen Handlungsmöglichkeiten der Staatsanwaltschaft. Das Ermittlungsverfahren wird auch dann eingestellt, wenn die Staatsanwaltschaft, in manchen Fällen mit der Zustimmung des Gerichts, ein Gerichtsverfahren nicht für erforderlich hält. Das heißt, die Tat wird geahndet, ohne dass ein Richter mit der Sache unmittelbar befasst ist und es zu einer Gerichtsverhandlung kommt. Eine solche Einstellung kann auch mit einer Auflage für den Beschuldigten zugunsten des Opfers verbunden werden. Als Auflagen kommen neben einer Schadenswiedergutmachung zugunsten des Opfers eine Geldbuße an eine gemeinnützige Einrichtung oder die Teilnahme an Beratungsstunden in einer Fachberatungsstelle für Suchtfragen, Partner-/Familienberatung oder bei Drogen- und Alkoholproblemen in Betracht. Vorstehendes wird in den §§ 153, 153a StPO geregelt.

§ 153 StPO. [Absehen von Verfolgung wegen Geringfügigkeit]. (1) [1]Hat das Verfahren ein Vergehen zum Gegenstand, so kann die Staatsanwaltschaft mit Zustimmung des für die Eröffnung des Hauptverfahrens zuständigen Gerichts von der Verfolgung absehen, wenn die Schuld des Täters als gering anzusehen wäre und kein öffentliches Interesse an der Verfolgung besteht. [2]Der Zustimmung des Gerichts bedarf es nicht bei einem Vergehen, das nicht mit einer im Mindestmaß erhöhten Strafe bedroht ist und bei dem die durch die Tat verursachten Folgen gering sind.

(2) [1]Ist die Klage bereits erhoben, so kann das Gericht in jeder Lage des Verfahrens unter den Voraussetzungen des Absatzes 1 mit Zustimmung der Staatsanwaltschaft und des Angeschuldigten das Verfahren einstellen. [2]Der Zustimmung des Angeschuldigten bedarf es nicht, wenn die Hauptverhandlung aus den in § 205 angeführten Gründen nicht durchgeführt werden kann oder in den Fällen des § 231 Abs. 2 und der §§ 232 und 233 in seiner Abwesenheit durchgeführt wird. [3]Die Entscheidung ergeht durch Beschluss. [4]Der Beschluss ist nicht anfechtbar.

§ 153a StPO. [Einstellung des Verfahrens bei Erfüllung von Auflagen und Weisungen]. (auszugsweise) (1) [1]Mit Zustimmung des für die Eröffnung des Hauptverfahrens zuständigen Gerichts und des Beschuldigten kann die Staatsanwaltschaft bei einem Vergehen vorläufig von der Erhebung der öffentlichen Klage absehen und zugleich dem Beschuldigten Auflagen und Weisungen erteilen, wenn diese geeignet sind, das öffentliche Interesse an der Strafverfolgung zu beseitigen, und die Schwere der Schuld nicht entgegensteht. [2]Als Auflagen und Weisungen kommen insbesondere in Betracht,

1. zur Wiedergutmachung des durch die Tat verursachten Schadens eine bestimmte Leistung zu erbringen,

2. einen Geldbetrag zugunsten einer gemeinnützigen Einrichtung oder der Staatskasse zu zahlen,
3. sonst gemeinnützige Leistungen zu erbringen,
4. Unterhaltspflichten in einer bestimmten Höhe nachzukommen,
5. sich ernsthaft zu bemühen, einen Ausgleich mit dem Verletzten zu erreichen (Täter-Opfer-Ausgleich) und dabei seineTat ganz oder zum überwiegenden Teil wieder gut zu machen oder deren Wiedergutmachung zu erstreben, oder
6. an einem Aufbauseminar nach § 2b Abs. 2 Satz 2 oder § 4 Abs. 8 Satz 4 des Straßenverkehrsgesetzes teilzunehmen.

Ein Ermittlungsverfahren kann auch wegen anderer anhängiger Verfahren eingestellt werden, vor allem dann, wenn der Täter in einem anderen Verfahren eine höhere Strafe zu erwarten hat. Dies ist auch noch in der Gerichtsverhandlung möglich. Das Opfer hat gegen eine solche Entscheidung kein Rechtsmittel.

§ 154 StPO. [Unwesentliche Nebenstraftaten]. (auszugsweise) (1) Die Staatsanwaltschaft kann von der Verfolgung einer Tat absehen,
1. wenn die Strafe oder die Maßregel der Besserung und Sicherung, zu der die Verfolgung führen kann, neben einer Strafe oder Maßregel der Besserung und Sicherung, die gegen den Beschuldigten wegen einer anderen Tat rechtskräftig verhängt worden ist oder die er wegen einer anderen Tat zu erwarten hat, nicht beträchtlich ins Gewicht fällt oder
2. darüber hinaus, wenn ein Urteil wegen dieser Tat in angemessener Frist nicht zu erwarten ist und wenn eine Strafe oder Maßregel der Besserung und Sicherung, die gegen den Beschuldigten rechtskräftig verhängt worden ist oder die er wegen einer anderen Tat zu erwarten hat, zur Einwirkung auf den Täter und zur Verteidigung der Rechtsordnung ausreichend erscheint.

(2) Ist die öffentliche Klage bereits erhoben, so kann das Gericht auf Antrag der Staatsanwaltschaft das Verfahren in jeder Lage vorläufig einstellen.

3. Einstellung bei Gegenanzeige des Täters

Immer wieder erstatten die Täter nach einer Anzeigeerstattung des Opfers eine Strafanzeige wegen falscher Verdächtigung oder Beleidigung gegen das Opfer. In diesen Fällen kann das Verfahren solange eingestellt werden, bis die eigentliche Frage der Schuld des Täters zuvor geklärt ist. Dies ermöglicht § 154e StPO.

§ 154e StPO. [Straf- der Disziplinarverfahren wegen falscher Verdächtigung oder Beleidigung]. (1) Von der Erhebung der öffentlichen Klage wegen einer falschen Verdächtigung oder Beleidigung (§§ 164, 185 bis 188 des Strafgesetzbuches) soll abgesehen werden, solange wegen der angezeigten oder behaupteten Handlung ein Straf- oder Disziplinarverfahren anhängig ist.

(2) Ist die öffentliche Klage oder eine Privatklage bereits erhoben, so stellt das Gericht das Verfahren bis zum Abschluss des Straf- oder Disziplinarverfahrens wegen der angezeigten oder behaupteten Handlung ein.

(3) Bis zum Abschluss des Straf- oder Disziplinarverfahrens wegen der angezeigten oder behaupteten Handlung ruht die Verjährung der Verfolgung der falschen Verdächtigung oder Beleidigung.

Die mit einer Gegenanzeige für das Opfer zusammenhängenden Fragen werden in Kapitel C. IV. näher behandelt.

IV. Strafe ohne Gerichtsverhandlung: der Strafbefehl

Kann die Staatsanwaltschaft dem Beschuldigten eine Straftat beweisen, wird in aller Regel auch dann auf eine Gerichtsverhandlung verzichtet, wenn für die Bestrafung eine Geldstrafe oder eine Freiheitsstrafe mit Bewährung bis zu einem Jahr in Betracht kommt und der Sachverhalt einfach gelagert ist. Ein Strafbefehl ist von der rechtlichen Wirkung her ein Urteil, wie es sonst vor einem Gericht nach einer öffentlichen Verhandlung ergeht. Eine Hauptverhandlung vor einem Gericht findet nur dann statt, wenn der Beschuldigte Einspruch gegen diesen Strafbefehl einlegt.

V. Privatklage

Sofern die Staatsanwaltschaft das öffentliche Verfolgungsinteresse der angezeigten Straftat verneint, weil das Ereignis nur den unmittelbaren Kreis von Täter und Opfer berührt, so kann bei bestimmten Delikten an die Stelle der öffentlichen Klage der Staatsanwaltschaft, auch ohne ihre vorherige Anrufung, die private Klage des Verletzten treten. „Diese Privatklagedelikte" sind in § 374 StPO abschließend aufgeführt, dazu zählen die Delikte mit geringer Belastungsintensität für das Opfer, z. B. Hausfriedensbruch, Beleidigung, Sachbeschädigung oder Verletzung des Briefgeheimnisses.

Die Privatklageverfahren haben in der Praxis keine große Bedeutung. Das mag daran liegen, dass es sehr kompliziert ist. So hat der Privatkläger für die dem Beschuldigten voraussichtlich erwachsenden Kosten, Sicherheit zu leisten und sich einem Sühneversuch zu unterziehen. (§§ 379, 379a, 380 StPO). Er muss sich auch darauf einstellen, dass der Beschuldigte eine Widerklage mit einem Antrag auf seine eigene Bestrafung, nämlich die des Opfers einreichen kann (§ 388 StPO). Es verwundert daher nicht, wenn davon gesprochen wird, dass diese Regelungen eher der Abschreckung als der Einladung des Verletzten dienen, in diesem Verfahren sein Recht zu suchen.

VI. Was ist, wenn der Täter wegen der Tat Geld von den Medien erhält?

Das Gesetz zu Sicherung der zivilrechtlichen Ansprüche der Opfer von Straftaten (Opferanspruchssicherungsgesetz – OASG) vom 8.5.1998 will verhindern, dass der Täter aus der Tat noch finanzielles Kapital schlägt. Sobald der Täter aus der Tat durch Vermarktung in den Medien Honorar erhält, besteht daran kraft Gesetzes ein zivilrechtliches Pfandrecht.

§ 1 OASG. [Gesetzliches Forderungspfandrecht]. (1) [1]Es besteht ein Pfandrecht an einer Forderung, die ein Täter oder Teilnehmer einer rechtswidrigen Tat im Sinne des § 11 Abs. 1 Nr. 5 des Strafgesetzbuches (Gläubiger) im Hinblick auf eine öffentliche Darstellung der Tat gegen einen Dritten (Schuldner) erwirbt. [2]Ein Pfandrecht besteht auch, wenn die öffentliche Darstellung die Person des Täters oder Teilnehmers, insbesondere seine Lebensgeschichte, seine persönlichen Verhältnisse oder sein sonstiges Verhalten, zum Gegenstand hat und wenn die rechtswidrige Tat für die öffentliche Darstellung bestimmend ist; dies gilt nicht, wenn zwischen der Tat und der öffentlichen Darstellung mehr als fünf Jahre verstrichen sind. [3]Die Frist beginnt, sobald die Tat beendet ist. [4]Die §§ 187, 188 des Bürgerlichen Gesetzbuchs finden Anwendung.

(2) Eine Forderung nach Absatz 1 kann vor ihrem Entstehen nicht abgetreten werden.

(3) Pfandgläubiger ist, wer als Verletzter im Sinne des § 172 Abs. 1 der Strafprozessordnung anzusehen ist und infolge der rechtswidrigen Tat einen Schadensersatzanspruch gegen den Täter oder Teilnehmer hat; das Pfandrecht sichert diese Forderung.

Gegenüber allen daran Beteiligten, also auch gegenüber den Medien, besteht ein Auskunftsanspruch.

§ 4 OASG. [Auskunftpflicht]. [1]Liegen Tatsachen, die die Annahme begründen, dass ein gesetzliches Pfandrecht nach § 1 Abs. 1 Satz 1 oder 2 entstanden ist und der Verletzte Pfandgläubiger geworden ist, so kann dieser von dem Täter, dem Teilnehmer, einem an der Veröffentlichung beteiligten Dritten und einem sonstigen Begünstigten Auskunft über das Bestehen und den Umfang einer Forderung nach § 1 Abs. 1 Satz 1 oder 2 und § 7 verlangen. [2]Gesetzliche Auskunfts- oder Aussageverweigerungsrechte sowie Verschwiegenheitspflichten bleiben unberührt.

Im Rahmen dieses Opferratgebers muss es genügen, auf diese Möglichkeit hinzuweisen. Nicht, weil sie kaum bekannt ist oder weil sie nicht oft angewendet wird, sondern auch deshalb, weil die Details und Einzelheiten komplex und schwierig sind, bis das Opfer zu seinem Recht kommt. Qualifizierte Beratung ist daher sinnvoll.

VII. Welche Rechte hat das Opfer bei Nothilfe?

Personen, die anderen bei einer Notsituation oder Notlage, beispielsweise einem Opfer bei Vergewaltigung oder Raubüberfall zu Hilfe kommen und dabei einen körperlichen oder materiellen Schaden erleiden, verfügen über einen Anspruch auf Ausgleich der Schäden. Für diese Nothelfer besteht eine Versicherung kraft Gesetzes. Sollte der Nothelfer bei oder infolge der Hilfeleistung versterben, gibt es Hilfsmöglichkeiten nach dem Bundesversorgungsgesetz (BVG). § 2 SGB VII verweist auf das BVG.

§ 2 SGB VII. [Versicherung kraft Gesetzes]. (auszugsweise) (1) Kraft Gesetzes sind versichert

...

13. Personen, die
    a) bei Unglücksfällen oder gemeiner Gefahr oder Not Hilfe leisten oder einen anderen aus erheblicher gegenwärtiger Gefahr für seine Gesundheit retten,
    b) Blut oder körpereigene Organe, Organteile oder Gewebe spenden,
    c) sich bei der Verfolgung oder Festnahme einer Person, die einer Straftat verdächtig ist oder zum Schutz eines widerrechtlich Angegriffenen persönlich einsetzen,

(8) [1]Die Hinterbliebenen eines Geschädigten erhalten auf Antrag Versorgung in entsprechender Anwendung der Vorschriften des Bundesversorgungsgesetzes. [2]Die in den Absätzen 5 bis 7 genannten Maßgaben sowie § 10 Satz 3 sind anzuwenden. [3]Soweit dies günstiger ist, ist bei der Bemessung der Abfindung nach Absatz 7 auf den Aufenthalt der Hinterbliebenen abzustellen. [4]Partner einer eheähnlichen Gemeinschaft erhalten Leistungen in entsprechender Anwendung der §§ 40, 40a und 41 des Bundesversorgungsgesetzes, sofern ein Partner an den Schädigungsfolgen verstorben ist und der andere unter Verzicht auf eine Erwerbstätigkeit die Betreuung eines gemeinschaftlichen Kindes ausübt; dieser Anspruch ist auf die ersten drei Lebensjahre des Kindes beschränkt.

…

(10) Einer gesundheitlichen Schädigung im Sinne des Absatzes 1 steht die Beschädigung eines am Körper getragenen Hilfsmittels, einer Brille, von Kontaktlinsen oder von Zahnersatz gleich.

Im Falle einer Schädigung kann ein Antrag an die Gemeinde- bzw. Stadtverwaltung am Wohnsitz des Opfers gerichtet werden.

N. Wer trägt die Kosten des Opfers?

Es gilt auch für Opfer grundsätzlich, dass weder Gerichte noch Rechtsanwälte umsonst arbeiten. Derjenige, der diese in Anspruch nimmt, ist zunächst der erste Ansprechpartner für die Begleichung der Kosten. Damit ist er der Kostenschuldner. Weiterhin gilt, dass der „Verlierer" des Prozesses alle Kosten auch zu übernehmen hat. Dies sollte aus Sicht des Opfers der Täter sein. Das ist aber nicht sicher. Sicher ist oftmals auch nicht, ob von dem Verurteilten etwas zu bekommen ist. Möglich ist auch ein teilweises Unterliegen, d. h. ein Teil der Kosten bleibt beim Opfer.

Das Opfer ist also gut beraten, sich mit diesen Fragen zu beschäftigen. In Deutschland besteht mittlerweile eine Vielzahl von Opferhilfeeinrichtungen, die im Ergebnis dafür Sorge tragen, dass eine berechtigte Verfolgung der rechtlichen Interessen nicht an den Kosten oder an der Sorge darum scheitern muss. Beispielsweise stellen der Weisse Ring und auch die Stiftung Opferhilfe Niedersachsen einen Erstberatungsscheck für eine Erstberatung durch einen Rechtsanwalt zur Verfügung, oder übernehmen die Kosten dafür. Dort erhält man auch Hinweise auf Beratungshilfe und für den Fall, dass ein Gericht in Anspruch genommen wird, Hinweise auf die gesetzlich geregelte Prozesskostenhilfe. Auch gibt es den Opferanwalt auf Staatskosten, d. h. die Kosten des Opfers werden ohne Einkommensprüfung vom Staat übernommen. Im Rahmen dieses Rechtsratgebers wurde an den relevanten Stellen bereits auf Kosten, Kostenrisiken und auf die Möglichkeiten hingewiesen, Hilfen zu bekommen.

Unbedingt sollte bei Bestehen einer Rechtsschutzversicherung um eine Deckungszusage ersucht werden. Selbst wenn aktive Vertretung im Strafverfahren nicht versichert ist, bestehen oftmals Kulanzmöglichkeiten. In neueren Verträgen ist oftmals ein Opferrechtsschutz beitragsfrei vom Versicherungsschutz umfasst.

In der Praxis, insbesondere in Verfahren der häuslichen Gewalt und in Adhäsionsverfahren, hat die Prozesskostenhilfe große Bedeutung. Im Rahmen der Nebenklage spielt die Prozesskostenhilfe ebenfalls eine Rolle, obwohl in vielen Fällen der „Opferanwalt auf Staatskosten" greift. Dann gilt lediglich die Ausnahme, dass im Rahmen der Prüfung der Bewilligung von Prozesskostenhilfe nicht die Erfolgsaussicht des Begehrens eine Rolle spielt, sondern die Sach- oder Rechtslage schwierig sein muss, der Verletzte seine Interessen nicht selbst wahrnehmen kann oder ihm dies nicht zuzumuten ist.

Das Verfahren der Bewilligung von Prozesskostenhilfe wird wegen seiner großen Praxisrelevanz im Folgenden näher dargestellt.

I. Die Bewilligung von Prozesskostenhilfe

Die §§ 397a Absatz 2 und 404 Absatz 5 StPO verweisen für die Nebenklage und das Adhäsionsverfahren auf die Vorschriften bei bürgerlichen Rechtsstreitigkeiten. Damit sind die §§ 114 ff. ZPO gemeint. Im Sozialgerichtsgesetz gibt es eine entsprechende Verweisungsnorm. Verfahren nach dem Gewaltschutzgesetz sind bürgerliche Rechtsstreitigkeiten. Zentrale Vorschrift ist somit § 114 ZPO.

§ 114 ZPO. [Voraussetzungen]. [1]Eine Partei, die nach ihren persönlichen und wirtschaftlichen Verhältnissen die Kosten der Prozessführung nicht, nur zum Teil oder nur in Raten aufbringen kann, erhält auf Antrag Prozesskostenhilfe, wenn die beabsichtigte Rechtsverfolgung oder Rechtsverteidigung hinreichende Aussicht auf Erfolg bietet und nicht mutwillig erscheint. [2]Für die grenzüberschreitende Prozesskostenhilfe innerhalb der Europäischen Union gelten ergänzend die §§ 1076 bis 1078.

II. Die Antragstellung

Der Antrag auf Bewilligung von Prozesskostenhilfe kann gestellt werden, sobald die Klage oder der Antrag erhoben ist. Er ist bei dem Prozessgericht zu stellen und kann auch zu Protokoll der Geschäftsstelle erklärt werden, und zwar nach § 129a ZPO auch zu Protokoll der Geschäftsstelle an einem anderen Amtsgericht. Der Antrag auf Bewilligung von Prozesskostenhilfe kann bis zum Abschluss der Instanz gestellt werden. Im Regelfall wirkt die Bewilligung auf den Zeitpunkt des Antragseingangs zurück. Das Verfahren, in dem über den Prozesskostenhilfeantrag entschieden wird, richtet sich nach §§ 117 f. StPO. Die Antragstellung ist in § 117 ZPO geregelt. Nach § 117 Absatz 1 Satz 2 ZPO ist in dem Antrag das Streitverhältnis unter Angabe der Beweismittel darzustellen.

Vorzutragen ist also der beabsichtigte Antrag sowie die tatsächlichen Behauptungen unter Angabe der Beweismittel. Es kann dabei auf die Anklage und den Akteninhalt verwiesen werden. Der Antrag auf Bewilligung von Prozesskostenhilfe kann mit dem eigentlichen Antrag verbunden werden. Er muss dann allerdings deutlich machen, ob es sich zunächst nur um einen Prozesskostenhilfeantrag handelt oder ob der Adhäsionsantrag sogleich zugestellt werden soll.

Gemäß § 117 Absatz 2 und 4 ZPO hat der Antragsteller dem Antrag auf Bewilligung von Prozesskostenhilfe auf einem amtlichen Vordruck eine Erklärung über die wirtschaftlichen Verhältnisse zusammen mit entsprechenden Belegen beizufügen. Eine Partei, die nach dem SGB XII laufende Hilfe zum Lebensunterhalt bezieht, braucht die Fragen E bis J des amtlichen Vordrucks nicht zu beantworten, wenn sie der Erklärung den letzten Bewilligungsbescheid beifügt. Soweit eine Partei laufende Hilfe zum Lebensunterhalt bezieht, wird die Bedürftigkeit nach § 114 ZPO vermutet.

Diese Erklärung, betreffend die wirtschaftlichen und persönlichen Verhältnisse, soll die gerichtliche Prüfung der persönlichen und wirtschaftlichen Voraussetzungen für die Bewilligung (§§ 114, 115 ZPO) im Verfahren nach § 118 ZPO ermöglichen. Fehlen die Belege, so hat das Gericht vor Ablehnung des Antrages auf ihre Vorlage hinzuwirken, § 118 Absatz 2 ZPO.

Das Bewilligungsverfahren ist in §§ 118, 119 ZPO geregelt. Dem Antragsgegner muss rechtliches Gehör gewährt werden. Dies geschieht durch formlose Übersendung des Prozesskostenhilfegesuchs mit Gelegenheit zur Stellungnahme innerhalb einer bestimmten Frist. Dabei werden die Angaben zu den persönlichen und wirtschaftlichen Verhältnissen gemäß § 117 Absatz 2 S. 2 ZPO nicht mit übersandt.

III. Die Entscheidung

Über den Antrag entscheidet das mit der Sache befasste Gericht. Aus Gründen der Verfahrensbeschleunigung ist der die Prozesskostenhilfe zurückweisende Beschluss des Strafrichters nicht anfechtbar, § 397a Absatz 3 bzw. § 404 Absatz 5 S. 3 StPO. Das Strafverfahren soll nicht durch ein Beschwerdeverfahren über Prozesskostenhilfe belastet oder verzögert werden. Auch eine Beschwerde der Staatskasse ist nicht zulässig. Dagegen gibt es gegen ablehnende Entscheidungen im Zivilprozess Beschwerdemöglichkeiten.

Die Bewilligung der Prozesskostenhilfe gilt stets nur für das Verfahren in einem Rechtszug; bei einem über dem prozessual geltend gemachten Anspruch hinausgehenden Prozessvergleich kann das Gericht auf Antrag die bewilligte Prozesskostenhilfe ausdehnen. Ein Prozesskostenhilfe ganz oder teilweise ablehnender Beschluss sollte stets kurz begründet werden, obwohl eine Beschwerde gegen den Beschluss gemäß §§ 397a Absatz 3, 404 Absatz 5 S. 3 StPO nicht möglich ist – sonst wird der Anspruch des Antragstellers auf rechtliches Gehör aus Artikel 103 Absatz 1 GG verletzt. Die Ablehnung kann entweder auf die fehlende Erfolgsaussicht des Klagebegehrens oder aber auf das Fehlen der persönlichen und wirtschaftlichen Voraussetzungen gestützt werden. Soweit die Ablehnung der Prozesskostenhilfe auf das Fehlen der persönlichen und wirtschaftlichen Verhältnisse gestützt wird, erhält der Gegner hiervon keine Kenntnis, § 127 Absatz 1 S. 3 ZPO.

IV. Die Voraussetzungen für die Bewilligung von Prozesskostenhilfe

Das Gericht bewilligt dem Opfer auf dessen Antrag hin Prozesskostenhilfe, sofern die im nachfolgenden dargestellten Voraussetzungen des wirtschaftlichen Unvermögens, der Erfolgsaussicht und keine Mutwilligkeit vorliegen.

1. Die tatsächlichen und wirtschaftlichen Verhältnisse des Antragstellers

Nach § 114 Absatz 1 Satz 1 ZPO darf die Partei nach ihren persönlichen und wirtschaftlichen Verhältnissen nicht, nur zum Teil oder nur in Raten in der Lage sein, die Kosten der Prozessführung aufzubringen. Gemäß § 115 Absatz 1 Satz 1 ZPO hat der Antragsteller sein Einkommen einzusetzen. Maßgebend ist gemäß § 115 Absatz 1 Satz 2 ZPO das Bruttoeinkommen, also das Arbeitseinkommen einschließlich Urlaubs- und Weihnachtsgeld, Kindergeld, Zinsen aus Darlehen und Sparguthaben, Mieteinnahmen und Sachbezüge, soweit sie Geldwert haben, wie beispielsweise eine freie Wohnung.

Vom Bruttoeinkommen sind sodann notwendige Abzüge vorzunehmen, um das tatsächlich der Partei zur Verfügung stehende Nettoeinkommen festzustellen. Dies sind: die in § 82 Absatz 2 SGB XII genannten Belastungen (§ 115 Absatz 1 S. 3 Nr. 1 ZPO), Steuern, Sozialabgaben und der Erwerbstätigenbonus sowie Freibeträge für die Partei, deren Ehegatten/Lebenspartner und weitere Unterhaltsberechtigte (§ 115 Absatz 1, S. 3 Nr. 2 ZPO), Kosten für Unterkunft und Heizung gemäß § 115 Absatz 3, S. 3 Nr. 3 ZPO und schließlich weitere Beträge nach § 115 Absatz 3, S. 3 Nr. 4 ZPO, soweit sie für die Partei eine besondere Belastung darstellen, z. B. Schulden im Rahmen eines Tilgungsplans, hohe Arztkosten etc.

Die maßgebenden Beträge werden im Bundesgesetzblatt bekannt gemacht, und zwar immer für die Zeit vom 1. Juli bis 30. Juni des

Folgejahres. Zu beachten ist noch, dass eigenes Einkommen der unterhaltsberechtigten Person auf die Unterhaltsfreibeträge anzurechnen ist.

Derzeit betragen (bis 30. Juni 2008)

- der Erwerbstätigenbonus nach § 115 Absatz 1, Satz 3 Nr. 1 ZPO 174 €
- der Freibetrag für die Partei und ihren Ehegatten/Lebenspartner je 382 €
- der Freibetrag für jede weitere Person, der der Antragsteller gesetzlich Unterhalt leistet, 267 €

Die Einkommens- und Vermögensverhältnisse könnten demnach wie folgt berechnet werden:

Monatliches Nettoeinkommen einschließlich anteiligen Urlaubs- und Weihnachtsgeldes _____ €

Hiervon werden folgende Beträge in Abzug gebracht:

- Abschlag für Erwerbstätige (174 €) _____ €
- Unterkunft/Heizung _____ €
- Versicherungsbeiträge _____ €
- Angemessene Zins- und Tilgungsraten _____ €
- Freibetrag für den Antragsteller (382 €) _____ €
- Freibetrag für Ehegatten/Lebenspartner (382 € abzüglich etwaiges Einkommen des Ehegatten/ Lebenspartners) – _____ €
- Freibetrag für jede weitere Person, die naturalunterhaltsberechtigt ist, also _____ × 267 € (abzüglich Einkommen des jeweiligen Unterhaltsberechtigten), insgesamt also – _____ €
- Sonstige Belastungen _____ €

Einzusetzendes Einkommen = _____ €

Inwieweit das auf diese Weise ermittelte einzusetzende Einkommen für die Prozessführung einzusetzen ist, wird durch die Tabelle in § 115 Absatz 2 ZPO festgelegt. Je nach der Höhe des Einkommens müssen von dem Antragsteller bestimmte monatliche Raten eingesetzt werden, allerdings höchstens 48 Monatsraten. Die Tabelle ist Bestandteil des § 115 Absatz 2 ZPO. Sie weist derzeit nachfolgende Beträge aus:

Einzusetzenden Einkommen (Euro)	Eine Monatsrate von (Euro)
bis 15	0
50	15
100	30
150	45
200	60
250	75
300	95
350	115
400	135
450	155
500	175
550	200
600	225
650	250
700	275
750	300
über 750	300 zuzüglich des 750 übersteigenden Teils des einzusetzenden Einkommens

Übersteigt das ermittelte Einkommen des Antragstellers 15 Euro nicht, zahlt er keine Raten. Eine Partei, die Raten zu zahlen hat, wird nach 48 Raten endgültig von den Kosten befreit.

Eine weitere Einschränkung enthält § 115 Absatz 4 ZPO. Danach wird Prozesskostenhilfe nicht bewilligt, soweit die Kosten der Prozessführung der Partei vier Monatsraten und die aus dem Vermögen aufzubringenden Teilbeträge voraussichtlich nicht übersteigen. D. h., entstehen Kosten, die vier Monatsraten nicht übersteigen, so ist es der Partei zuzumuten, sich die erforderlichen Mittel auf andere Weise, z. B. durch einen Kredit zu beschaffen.

Die voraussichtlichen Kosten sind wie folgt zu berechnen: Zunächst ist der Streitwert zu ermitteln. Sodann sind die voraussichtlichen Kosten des Rechtsstreites zu bestimmen, wobei vom beabsichtigten Klageantrag des Antragstellers auszugehen ist. In Ansatz zu bringen sind alle vom Antragsteller zum Erstreiten eines obsiegenden Urteils notwendigen Verfahrenskosten; dazu gehören nicht die außergerichtlichen Kosten des Gegners. Prozesskostenhilfe erhält, wer die eigenen Prozesskosten nicht, nur zum Teil oder nur in Raten aufbringen kann, schützt aber nicht vor Kostenerstattungsansprüchen des Gegners.

2. Hinreichende Aussicht auf Erfolg und keine Mutwilligkeit

Das Gesetz verlangt in § 114 Satz 1 ZPO eine hinreichende Erfolgsaussicht des Antrags und er darf nicht mutwillig sein. Dies bedeutet für den Prozesskostenhilfeantrag des Klägers oder Antragstellers im Adhäsionsverfahren: Die Klage bzw. der Antrag muss zulässig und schlüssig sein. Dabei braucht im Adhäsionsverfahren das Opfer nur Tatsachen vorzutragen, wobei ein Verweis auf die Anklageschrift und die Akte möglich ist. Im Zivilverfahren sind Beweise zu nennen, im Eilverfahren ist eine Glaubhaftmachung erforderlich.

Im Rahmen der Prüfung der Erfolgsaussicht hat das Gericht auch zu prüfen, ob die vorgetragenen Tatsachen bei der Hauptsacheentscheidung voraussichtlich zum Zuge kommen können. Das ist immer dann gegeben, wenn der Tatsachenvortrag von dem Antragsgegner – hier dem Angeklagten – nicht bestritten wird, also wenn er geständig ist. Soweit er die ihm zur Last gelegte Tat, z. B. die Körperverletzung bestreitet, ist zu prüfen, ob der Kläger oder Antragsteller Beweis angetreten hat und ob diese Beweisanträge wenigstens einen Beweis als möglich erscheinen lassen. Das Gericht prüft also, ob Zeugen zur Verfügung stehen, die ggf. die dem Angeklagten zur Last gelegte Tat bestätigen könnten. Eine Vorwegnahme der Beweiswürdigung ist allerdings ausgeschlossen.

Das Gericht prüft bereits hier ein etwaiges Mitverschulden des Antragstellers bzw. Klägers, welches sich bereits aus seinem eigenen Vortrag ergeben kann und hat dann ggf. insoweit die Bewilligung von Prozesskostenhilfe – teilweise – zurückzuweisen. Des Weiteren hat das Gericht auch an dieser Stelle die Höhe des geltend gemachten Schadensersatz- oder Schmerzensgeldanspruchs zu prüfen. Soweit es den geltend gemachten Schmerzensgeldanspruch angesichts der vom Kläger vorgetragenen Verletzungen für zu hoch hält, ist die Prozesskostenhilfe bzgl. des nicht schlüssigen, überhöhten Teils zurückzuweisen. Der Adhäsionsantragsteller könnte sodann seinen Adhäsionsantrag entsprechend stellen bzw. korrigieren. Auf diese Weise vermeidet er eine für ihn ungünstige Kostenentscheidung.

Hinzu kommt, dass auch die bewilligte Prozesskostenhilfe sich nicht auf die Kostenerstattungsansprüche des Gegners erstreckt. § 122 ZPO stellt die Partei nicht von den Kosten des Gegners, sondern nur von den eigenen Gerichts- und Anwaltskosten frei. Dementsprechend soll auch das über den Prozesskostenhilfeantrag entscheidende Gericht die Schlüssigkeit des geltend gemachten Klage oder Antrages hinsichtlich Grund und Höhe sorgfältig prüfen und nur insoweit Prozesskostenhilfe bewilligen, als auch eine Erfolgsaussicht besteht. Dies ist auch im Interesse des Opfers. Dies machen aber leider nicht alle Gerichte so, wie bereits aufgezeigt wurde.

Mit dem den Adhäsionsantrag – teilweise – ablehnenden Beschluss kommt der Strafrichter gleichzeitig seiner Hinweispflicht nach § 139 ZPO, welcher im Adhäsionsverfahren entsprechend heranzuziehen ist, nach. Dadurch, dass er die kostengünstigere und einfachere Art der Rechtsverfolgung wählt, braucht das Opfer keine Nachteile in Kauf zu nehmen.

3. Die Beiordnung eines Rechtsanwaltes

Ein Rechtsanwalt wird gem. § 121 Absatz 1 ZPO beigeordnet, soweit eine Vertretung durch Anwälte vorgeschrieben ist (Anwaltsprozess). Des Weiteren wird ein Rechtsanwalt gem. § 121 Absatz 2 ZPO beigeordnet, wenn die Vertretung durch einen Rechtsanwalt erforderlich erscheint oder der Gegner durch einen Rechtsanwalt vertreten ist. Ob eine Vertretung erforderlich erscheint, ist im Einzelfall zu beurteilen nach der Schwierigkeit der Sach- und Rechtslage und der persönlichen Verhältnisse der Partei, insbesondere nach ihrer Fähigkeit sich mündlich und schriftlich auszudrücken. Zu beachten ist, dass der Gegner des Adhäsionsantragstellers, also der Angeklagte, nur dann anwaltlich vertreten im Sinne des § 121 Absatz 2 ZPO ist, wenn der Verteidiger auch hinsichtlich des Adhäsionsantrages tätig wird.

In der Regel ist der Rechtsanwalt beizuordnen, der bereits als Beistand tätig ist.

Der Nebenklägervertreter hat darauf zu achten, dass sich die bewilligte Prozesskostenhilfe für die Nebenklage nicht gleichzeitig auf das Adhäsionsverfahren erstreckt, sondern hierfür vielmehr die gesonderte Bewilligung von Prozesskostenhilfe notwendig ist. Wird dem Nebenkläger gem. § 397a Absatz 1 StPO ein Rechtsanwalt als Beistand bestellt, so erstreckt sich die Beiordnung nicht auf das Adhäsionsverfahren.

Der Rechtsanwalt ist daher nicht befugt, für den Nebenkläger vermögensrechtliche Ansprüche gegen den Angeklagten im Adhäsionsverfahren einzuklagen und seine diesbezüglichen Gebühren gegen die Staatskasse geltend zu machen (es sei denn, er wurde dem Nebenkläger im Rahmen der Gewähr von Prozesskostenhilfe gem. §§ 404 Absatz 5, S. 2 StPO, 121 Absatz 2 ZPO gesondert für das Adhäsionsverfahren beigeordnet).

4. Die Wirkung der Bewilligung

Die Partei, welche Prozesskostenhilfe erhält, wird nach § 121 Absatz 1 Nr. 1 ZPO von Gerichts- und Gerichtsvollzieherkosten befreit. Soweit eine Ratenzahlung angeordnet worden ist, wird diese eingestellt, soweit der Gegner rechtskräftig zur Kostenübernahme verurteilt worden ist.

Der beigeordnete Rechtsanwalt macht seine Ansprüche nicht gegen die Partei, sondern gegen die Staatskasse geltend, § 45 RVG. Soweit die Partei den Prozess gewonnen hat, hat die unterlegene Partei die Kosten des beigeordneten Rechtsanwalts zu tragen, und zwar nicht die Vergütung nach § 49 RVG, sondern die nach § 13 RVG.

V. Kosten bei Nebenklage, Adhäsionsverfahren und GewSchG

Kostenfragen zur Nebenklage, zum Adhäsionsverfahren sowie zum Gewaltschutzgesetz wurden bereits im Rahmen der jeweiligen Kapitel erörtert.

VI. Kosten nach dem OEG

Hinsichtlich der Kosten ist zwischen dem Widerspruchsverfahren und dem Gerichtsverfahren zu unterscheiden. Im Gerichtsverfahren besteht die Möglichkeit der Prozesskostenhilfe. Im Widerspruchsverfahren besteht diese Möglichkeit noch nicht. Beratungshilfe nach dem Beratungshilfegesetz ist möglich. In der Praxis helfen meistens Opferhilfeeinrichtungen. Diese haben oftmals ein Interesse daran Rechtsschutz zu gewähren, um die rechtliche Situation der Opfer insgesamt durch Gerichtsentscheidungen zu verbessern. Bei Rechtsschutzversicherungen ist das Widerspruchsverfahren oftmals ausgeschlossen. Sofern es zum Gerichtsverfahren vor einem Sozialgericht kommt, gelten die üblichen Kostentragungsregelungen, insbesondere auch die zur Prozesskostenhilfe.

2. Teil. Hilfe finden *(Haas)*

A. Hilfe bei Stalking

I. Stalking als neues Phänomen

Der Begriff des Stalking beschreibt seit März 2007 einen eigenständigen Straftatbestand im deutschen Strafgesetzbuch (StGB). Die Aufnahme von Stalking ins StGB bedeutet für viele davon Betroffene, offiziell und rechtlich eine „Heimat" mit ihrer Opfersituation gefunden zu haben und seitens des Gesetzgebers als Opfer von Stalking anerkannt zu werden. Das bedeutet nicht, dass es vor März 2007 das Phänomen des Stalking nicht gegeben hat – im Gegenteil!

Für viele Menschen in unserer Gesellschaft stellt die Belästigung durch eine andere Person, häufig durch den ehemaligen Beziehungspartner, schon seit jeher ein Problem dar. Lange wurde dieses Problem in die Privatsphäre des Einzelnen verbannt. Es gab keine einheitliche Bezeichnung für die vielfältigen Verhaltensweisen des Täters, die darauf abzielen, Angst und Panik beim Opfer hervorzurufen und die eine Beschädigung und Beeinträchtigung der seelischen und körperlichen Unversehrtheit des Opfers zur Folge haben. Seit 2007 hat nun dieses unerwünschte und schädigende Täterverhalten mit der Bezeichnung Stalking einen Namen bekommen. Die gesetzliche Verankerung des Stalking demonstriert eine besondere Unterstützung für die betroffenen Opfer und zeigt, dass das Verhalten des Täters einer gesellschaftlichen Missbilligung unterliegt und Betroffene unter Zuhilfenahme des Rechts die Möglichkeit haben, auf das Verhalten des Täters zu reagieren.

1. Was ist Stalking?

Was aber ist nun Stalking? Um Stalking zu beschreiben und zu veranschaulichen, sind nachfolgende Beispiele aufgeführt. Sie sind der Webseite des Bundesministeriums für Justiz entlehnt und können dort jeder Zeit nachgesucht werden.

Beispiel 1: Der Täter Tom lernte sein Opfer Olga auf einer Party kennen. Man unterhielt sich über Berufliches und Olga nannte dabei auch ihren Arbeitgeber und ihr Tätigkeitsfeld. Damit konnte Tom den Namen und die Büroadresse von Olga in Erfahrung bringen. Bereits am nächsten Tag begann er, Olga im Büro in kurzen Abständen anzurufen und ihr Blumen und Briefe zu schicken, in denen er stets um ein Wiedersehen bat. Olga lehnte ein Treffen ab und gab Tom deutlich zu verstehen, dass sie keine nähere Verbindung zu ihm wünsche und auch seine häufigen Anrufe und Schreiben nicht wolle. Dennoch setzte Tom die Anrufe und Schreiben in unverminderter Anzahl fort. Eines Tages fängt er Olga nach Büroschluss ab und fordert sie auf, sich „endlich mit ihm auszusprechen". Olga kann Tom abwimmeln. Tom kündigt aber an, wieder zu kommen. Er kenne auch schon ihre private Adresse.

Beispiel 2: Olga und der arbeitslose Tom lebten zusammen, bis sich Olga vor zwei Monaten wegen wiederholter körperlicher Angriffe durch Tom trennte. Tom akzeptierte die Trennung nicht und begann, sich täglich vor dem Eingang ihrer Arbeitsstätte aufzuhalten. Sobald Olga erschien, beschimpfte und verfolgte er sie. Olga unternahm hiergegen zunächst nichts, weil sie hoffte, Tom werde sich mit der Zeit beruhigen. Eines Tages greift Tom Olga dann aber tätlich an. Er schlägt und beschimpft sie unflätig und droht ihr an, sie umzubringen, wenn sie nicht zu ihm zurückkehrt. Olga wehrt sich. Es gelingt ihr, Tom abzuschütteln und sich in ihre Wohnung zu flüchten. Tom folgt ihr und hält sich demonstrativ in Sichtweite der Wohnung auf.

Beispiel 3: Der unter anderem wegen gefährlicher Körperverletzung und unerlaubten Waffenbesitzes vorbestrafte Tom lernte Olga in einer Diskothek kennen. Es entwickelte sich eine Beziehung. Als Olga jedoch in den folgenden Wochen von dem kriminellen Vorleben von Tom erfuhr, trennte sie sich. Tom fing daraufhin an, Olga mit Anrufen zu terrorisieren und ihr mit dem Tode zu drohen, falls sie nicht zu ihm zurückkehre. Er griff Olga mehrfach körperlich an. Olga sah keinen anderen Weg, als umzuziehen. Für ihr Telefon beantragte sie eine Geheimnummer. Durch einen unglücklichen Zufall bekommt Tom die neue Adresse heraus. Er lauert Olga dort auf, hält ihr ein Messer an die Kehle und droht, sie zu erstechen, wenn sie sich nicht mit ihm versöhne. Olga geht zum Schein auf die Forderung von Tom ein, um ihr Leben zu retten. Später gelingt es ihr, aus der Wohnung zu entkommen und zur Polizei zu flüchten. Tom folgt ihr.

Stalking ist ein dem Englischen entlehnter Begriff und bedeutet in seiner wörtlichen Übersetzung „Heranpirschen", „Anschleichen". Er ist der Jägersprache entliehen, wo es beim Heranpirschen bzw. Anschleichen darum geht, einem ahnungslosen Tier konsequent nachzustellen und es bestenfalls zu erlegen. Wie sich an den dargestellten Beispielen des Bundesministeriums der Justiz ablesen lässt, passt diese Beschreibung auf das Verhalten des Täters beim Stalking im übertragenen Sinne besonders gut.

In der Bundesrepublik haben sich besonders Jens Hoffmann und Hans-Georg W. Voß mit dem Phänomen des Stalking beschäftigt und beschreiben das Täterverhalten wie folgt:
- Die Handlungen des Täters sind wiederholter und andauernder Natur.
- Die Handlungen zielen in der Regel auf eine bestimmte Person ab, in dem sie den Handlungsspielraum des Opfers einschränken. Sehr selten sind Personengruppen oder Organisationen betroffen.
- Die Handlungen werden vom Opfer als unerwünscht und belästigend wahrgenommen.
- Die Handlungen sind geeignet, oftmals durch das andauernde Überschreiten sozialen Konventionen, beim Adressaten Angst, Sorge oder Panik auszulösen.

Damit wird die Schwierigkeit, die Beschreibung von Stalking genau zu fassen, deutlich: Der Begriff bezieht sich nicht auf einzelne Handlungen, die man einfach umreißen und beschreiben kann, sondern er bezieht sich auf eine Mehrzahl durchaus unterschiedlicher Handlungen und Aktivitäten. Stalking bezeichnet eben nicht nur ein eindeutig zu bestimmendes Täterverhalten, sondern ist darüber hinaus zusätzlich auch in Beziehung zu der betroffenen Person zu sehen, die in der Regel eine Verletzung und Beeinträchtigung ihrer körperlichen und seelischen Gesundheit aufzuweisen hat. Das wird besonders deutlich an dem Beispiel, in dem der Täter sein Opfer regelmäßig im Supermarkt verfolgt oder ständig am Haus seiner Zielperson vorbei fährt. Beide Handlungen sind isoliert für sich gesehen Vorgehen, an denen nichts Ungesetzliches festzustellen ist. Erst in Beziehung zu der betroffenen Person und der bei der betroffenen Person hervorgerufenen Beeinträchtigungen wird dieses Verhalten zum Stalking.

2. Der Straftatbestand des Stalking

Beim Stalking im strafrechtlichen Sinne ist die Tathandlung ebenfalls ein „Heranpirschen", ein „Anschleichen" an die betroffene Person. Rechtlich findet sich Stalking als § 238 in unserem Strafgesetzbuch (StGB) wieder und lautet folgendermaßen.

§ 238 StGB. [Nachstellung]. (1) Wer einem Menschen unbefugt nachstellt, indem er beharrlich

1. seine räumliche Nähe aufsucht,
2. unter Verwendung von Telekommunikationsmitteln oder sonstigen Mitteln der Kommunikation oder über Dritte Kontakt zu ihm herzustellen versucht,
3. unter missbräuchlicher Verwendung von dessen personenbezogenen Daten Bestellungen von Waren oder Dienstleistungen für ihn aufgibt oder Dritte veranlasst, mit diesem Kontakt aufzunehmen,
4. ihn mit der Verletzung von Leben, körperlicher Unversehrtheit, Gesundheit oder Freiheit seiner selbst oder einer ihm nahe stehenden Person bedroht oder
5. eine andere vergleichbare Handlung vornimmt

und dadurch seine Lebensgestaltung schwerwiegend beeinträchtigt, wird mit Freiheitsstrafe bis zu drei Jahren oder mit Geldstrafe bestraft.

(2) Auf Freiheitsstrafe von drei Monaten bis zu fünf Jahren ist zu erkennen, wenn der Täter das Opfer, einen Angehörigen des Opfers oder eine andere dem Opfer nahe stehende Person durch die Tat in die Gefahr des Todes oder einer schweren Gesundheitsschädigung bringt.

(3) Verursacht der Täter durch die Tat den Tod des Opfers, eines Angehörigen des Opfers oder einer anderen dem Opfer nahe stehenden Person, so ist die Strafe Freiheitsstrafe von einem Jahr bis zu zehn Jahren.

(4) In den Fällen des Absatzes 1 wird die Tat nur auf Antrag verfolgt, es sei denn, dass die Strafverfolgungsbehörde wegen des besonderen öffentlichen Interesses an der Strafverfolgung ein Einschreiten von Amts wegen für geboten hält.

3. Stalking – ein Alltagsphänomen

Lange Zeit herrschte im öffentlichen Diskurs die Annahme vor, dass das Phänomen des Stalking ausschließlich ein Problem von prominenten Persönlichkeiten sei. Es ist bekannt, dass gerade prominente und damit im öffentlichen Leben stehende Menschen wie Fernsehdarsteller, Musiker, Schauspieler, Politiker etc. in ihrer Laufbahn unerwünschte und auch bedrohliche Erfahrungen mit obsessiven, also verbohrten und besonders starrsinnigen Fans sammeln. Es gibt wohl kaum einen öffentlichkeitswirksamen Karriereverlauf ohne Stalking-Vorkommnis. Diese Aufmerksamkeit auf prominente Persönlichkeiten verstellte den Blick für die Menschen aus der Mitte unserer Gesellschaft, die ebenfalls unter derartigen Verhaltensweisen zu leiden haben und von den absoluten Zahlen her sogar häufiger betroffen sind als prominente Menschen! Letztendlich sind es aber spektakuläre Einzelfälle prominenter Künstler gewesen, die das Phänomen des Stalking in das allgemeine Bewusstsein gerückt haben.

4. Besonderheiten von Stalking

Bei dem Bemühen, das unerwünschte Täterverhalten in einen durch die Gerichte überprüfbaren Straftatbestand festzuschreiben, offenbart sich unmittelbar die Besonderheit und Problematik dieses Täterverhaltens. Der Täter legt ein Verhalten an den Tag, welches in seiner singulären Betrachtung als durchaus normal oder verständlich eingestuft werden kann, durch das nachhaltige Wiederholen der Handlung und das kontinuierliches Herantragen dieser Handlung an das Opfer aber zur Belästigung und unerwünschten Vorgehensweise wird. Von daher umfasst das Stalking nicht allein das Verhalten des Täters sondern auch die Auswirkungen auf das Opfer.

Durch die Einbeziehung der Opferperspektive liegt das Dilemma des Stalking-Straftatbestandes klar vor Augen. Die Verhaltensweisen seitens des Täters können kaum in zwei, drei Ausdrucksformen aufgelistet werden, denn auf der anderen Seite steht die betroffene Person, die die Verhaltensweise in der Regel erst durch ihre Wiederholung bzw. einer gewissen Regelmäßigkeit als belästigend und bedrohlich erlebt und empfindet.

5. Methoden der Stalker

Um die Methoden von Stalkern erfahren zu können, wurde in Mannheim eine Studie zu Stalking erstellt. Für die Bundesrepublik Deutschland und andere europäische Länder außerhalb des angelsächsischen Sprachraums gab es zuvor noch keine Forschungsarbeit zur Häufigkeit von Stalking und dessen Auswirkungen.

Die Wissenschaftler Harald Dressing, Christine Kuehner und Peter Gass befragten für ihre Studie jeweils 1.000 Männer und 1.000 Frauen im Alter von 18 bis 65 Jahren unter anderem zu ihren Erfahrungen mit Stalking und zur Art und Qualität von erlebten Stalkinghandlungen. Die daraus erhobenen Methoden von Stalkern sind in der nebenstehenden Abbildung aufgeführt (Abbildung nach Dressing, Kuehner, Gass: Stalking in Deutschland; S. 32 Abbildung 5. In: Jens Hoffmann/Hans-Georg W. Voß (Hrsg.): Psychologie des Stalking. Verlag für Polizeiwissenschaft, Frankfurt am Main 2006).

Aus der Abbildung wird deutlich, dass Stalkingopfer so gut wie nie nur einer belästigenden Verhaltensweise ausgesetzt sind. Eine Untersuchung aus Holland zu Stalkingopfern von Lorraine Sheridan und Eric Blaauw konnte belegen, dass die Betroffenen durchschnittlich sechs verschiedene Stalkingverhaltensweisen erlebt hatten; eine große britische Studie berichtete bei 50 % der Befragten von zwei bis fünf verschiedenen Stalkingverhaltensweisen.

II. Merkmale von Stalking

Um dem auf den ersten Blick diffusen Bild von Stalking Kontur zu verleihen, hat sich die wissenschaftliche Forschung eingehender mit den Erscheinungsformen, Tathandlungen und weiteren Merkmalen wie Zeitfaktor und Vorbeziehung zwischen Opfer und Täter auseinander gesetzt. Diese „Spurensuche" und Analyse ist ein wichtiges Fundament, um Unterstützungsangebote für die Betroffenen entwickeln zu können.

1. Erscheinungsformen

In der Literatur und Wissenschaft werden die Verhaltensweisen des Stalking in drei Kategorien aufgeteilt, die aus der Perspektive der Opfer betrachtet, alle mehr oder weniger ineinander greifen. Nach Jens Hoffmann und Hans-Georg W. Voß ist eine Differen-

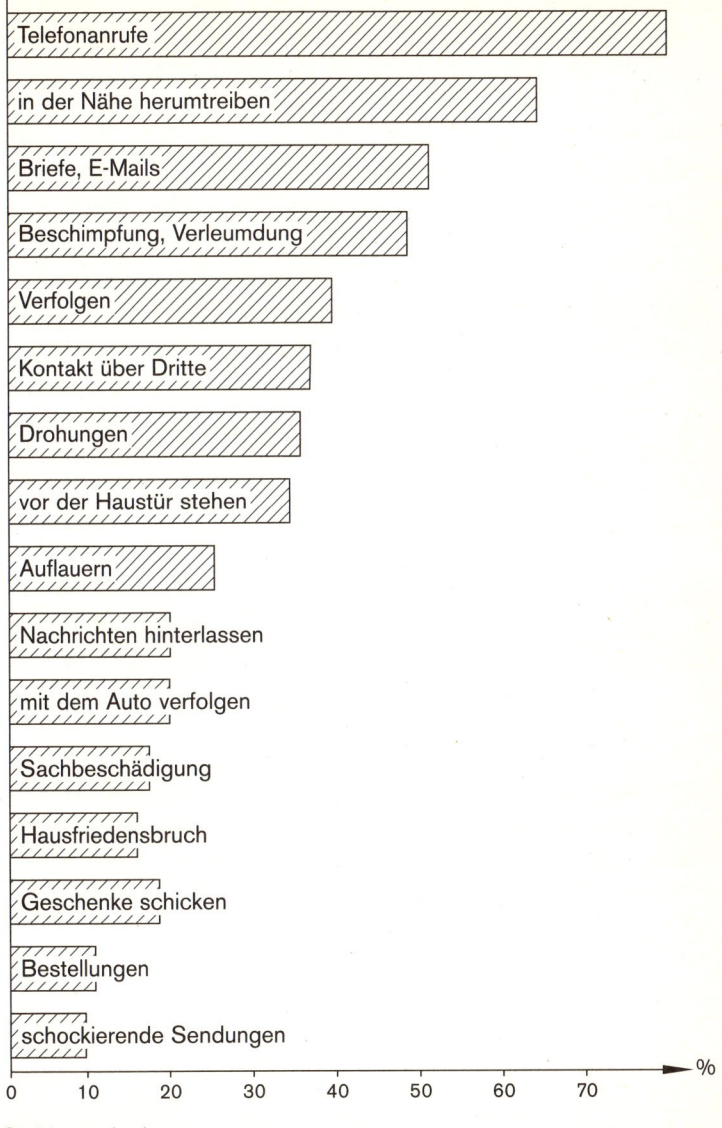

Telefonanrufe

in der Nähe herumtreiben

Briefe, E-Mails

Beschimpfung, Verleumdung

Verfolgen

Kontakt über Dritte

Drohungen

vor der Haustür stehen

Auflauern

Nachrichten hinterlassen

mit dem Auto verfolgen

Sachbeschädigung

Hausfriedensbruch

Geschenke schicken

Bestellungen

schockierende Sendungen

0 10 20 30 40 50 60 70 %

Stalkingmethoden

zierung jedoch sinnvoll, um Reaktionen auf das Verhalten des Täters so ausbalancieren zu können, dass das Stalking beendet wird. Die beiden Forscher unterteilen in der Beschreibung das klassische Stalking, das bedrohliche Stalking und das bindungsorientierte Stalking.

Klassisches Stalking. Das klassische Stalking umfasst Verhaltensweisen wie Telefonanrufe im häuslichen Bereich des Opfers, in der Regel ohne Namensnennung, Telefonanrufe am Arbeitsplatz der betroffenen Person, Herumstehen im Sichtfeld der betroffenen Person, Nachspionieren und Beobachten, sich für die betroffene Person sichtbar in der Nachbarschaft herumtreiben etc.

Mit dieser kurzen Aufzählung wird bereits deutlich, dass der Täter ein Verhalten an den Tag legt, welches in wiederholtem Auftreten und mit Regelmäßigkeit geeignet ist, in das Leben und Denken der betroffenen Person einzudringen. Das Handeln der Opfer wird an der Präsenz des Täters ausgerichtet. Dies führt so gut wie immer zu Einschränkungen in der Bewegungsfreiheit des Opfers!

Bedrohliches Stalking. Diese Form des Stalking, die als bedrohlich eingestuft wird, umfasst Telefonanrufe mit drohendem oder obszönem Inhalt, Todesdrohungen, Gewaltandrohungen, die sich auch gegen Familienmitglieder richten können sowie Vandalismus. Bereits hier wird deutlich, wie tief die Handlungen des Täters in das Leben des Opfers eingreifen und massive Ängste und Bedrohungsgefühle hervorrufen!

Bindungsorientiertes Stalking. Das so genannte bindungsorientierte Stalking beschreibt Verhaltensweisen wie Geschenke an die betroffene Person senden, unangemeldet zu Besuch vor der Tür stehen, bewusst herbeigeführte Treffen, die als Zufall getarnt werden, das Nicht-Wahrhaben-Wollen, dass die ehemalige Beziehung beendet ist etc.

2. Die physische Verfolgung

Obwohl es mittlerweile mehrere aufschlussreiche und repräsentative wissenschaftliche Erkenntnisse zu dem Phänomen des Stalking gibt, sind noch längst nicht alle Fragen zufrieden stellend geklärt. So wäre es beispielsweise, auch im Hinblick auf unterstützende Maßnahmen, interessant zu erfahren, ob es Eigenheiten und Verhaltensweisen des Täters gibt, die sich besonders nachteilig auf die seelische Gesundheit des Opfers auswirken. Die Forschung ist hierbei erst am Anfang.

Jens Hoffmann und Hans-Georg W. Voß verweisen auf zwei Studien, die zu dem Ergebnis kommen, dass die physische Verfolgung, also dass unmittelbar körperliche Nachstellen, belastendere Auswirkungen hat als andere Handlungen wie zum Beispiel Telefonanrufe, unerwünschte Pakete schicken etc. Bei der physischen Verfolgung, in der das Opfer der unmittelbaren Präsenz des Täters ausgesetzt ist, scheint die Gefährdung und akute Bedrohung besonders nahe liegend für das Opfer.

3. Zeitfaktor und Vorbeziehung

Neben den Tathandlungen kommt das Zeitelement als bewusst schädigender Faktor hinzu. Ein kurzzeitiges Demonstrieren der beschriebenen Verhaltensweisen führt in der Regel nicht zu der von den Betroffenen erlebten Bedrohung und Belästigung mit langfristigen Beeinträchtigungen. Erheblich für das Stalking ist in der Regel eine Dauer von Monaten und Jahren. Nach den Recherchen von Jens Hoffmann und Hans-Georg W. Voß ergaben wissenschaftliche Studien eine durchschnittliche Länge des Stalking zwischen einem Jahr und über zwei Jahren.

Eine weitere Belastung für die betroffenen Opfer des Stalking stellt der Umstand dar, dass in mindestens 50 %, in manchen Studien auch 73 %, aller bekannt gewordenen Stalkingfälle eine Vorbeziehung zwischen Opfer und Täter bestanden hat. Dies ist für die Opferseite besonders verhängnisvoll, da Opfer sich alleine aufgrund dieses Umstandes eine Mitschuld am Verhalten des Täters geben, obwohl die unerwünschte Handlung allein im Verantwortungsbereich des Täters liegt. So ist denn auch die Art der Beziehung bzw. der Vorbeziehung bedeutsam für die Risikoanalyse, in der eine Einschätzung zum Tatgeschehen und zu der Gewaltbereitschaft des Täters vorgenommen wird. In der Stalkingforschung werden drei Modalitäten von Vorbeziehungen genannt:

- Opfer und Täter hatten zuvor eine intime Beziehung, in der Regel eine enge persönliche Partnerschaft.

- Opfer und Täter waren sich zuvor bekannt, beispielsweise aus dem Berufsleben als Arbeitskollegen, Freunde etc.
- Die dritte Modalität umfasst, dass Opfer und Täter sich zuvor gar nicht kannten sondern Fremde füreinander waren.

Untersuchungen haben ergeben, dass bei Vorliegen einer irgendwie gearteten Vorbeziehung das Auftreten von Gewalttätigkeiten des Täters häufiger zu verzeichnen ist als wenn Opfer und Täter sich zuvor gar nicht kannten. Insgesamt ist Stalking bei Ex-Beziehungs-Partnern am häufigsten festzustellen, gefolgt von Stalking bei Freunden, Kollegen und Bekannten. Am seltensten treten Stalkingfälle zwischen zuvor völlig fremden Personen auf.

III. Wer sind die Täter?

Opfer fragen immer wieder, welche Motive die Täter letztendlich dazu bewegen, zu stalken und einem anderen Menschen so beharrlich und unnachgiebig nachzustellen. Gesicherte Erkenntnisse zur Erklärung des Stalking liegen aufgrund der Novität des Forschungsgebietes noch nicht vor; es gilt aber als gesichert, dass in der Regel ein Ursachenbündel denn ein einziger Faktor die Erklärung trägt. Hingewiesen wird auf eine Fehlentwicklung in der Persönlichkeitsstruktur des Täters, deren Wurzeln in der frühkindlichen und sozial-emotionalen Entwicklung gesehen werden.

Hinweise darauf ergeben sich aus der Handlung des Täters in Form des extremen Festhaltens und Anklammerns, dem aber auf der anderen Seite der Wunsch des Opfers nach Autonomie und Trennung unvereinbar gegenüber steht. Das hilft dem Opfer in der Regel wenig, denn die betroffenen Personen wollen ein Ende des Stalkingverhaltens unmittelbar. Erkenntnisse über die Ursachen sind dennoch für die Täteransprache und spätere Arbeit mit ihnen unerlässlich und beugen dadurch weiteren Vorkommnissen vor.

1. Geschlechtsstruktur und Altersgruppen

Werfen wir einen Blick auf die Typologie der Täter, so ist als erstes festzuhalten, dass die meisten Personen, die als Täter für Stalking zu benennen sind, männlichen Geschlechts sind. Das trifft um so mehr zu, wenn es sich bei Stalking um das so genannte Ex-Beziehungs-Stalking handelt. Allerdings gibt es regelmäßig auch Fälle, in denen Frauen die Täterinnen und verbohrt und emotional besessen auf einen Mann fixiert sind. Eine alterstypische Gruppierung ist nicht möglich, wie erste wissenschaftliche Untersuchungen von Jan Kamphuis und Paul Emmelkamp zeigten; hier hatten die Stalker ein Alter zwischen 19 und 80 Jahren und waren zu mehr als 75 % im weiteren Sinne allein stehend (ledig, geschieden, verwitwet). In 73 % der Fälle waren die Täter die Ex-Partner der betroffenen Zielperson.

2. Alltagstheorien

Gerne wird immer wieder im Zusammenhang mit Stalking von psychisch gestörten Tätern gesprochen, deren Wahn und Besessenheit pathologischer, also krankhafter Ursache sind. Hier wird häufig der so genannte Liebeswahn angeführt, wobei der Täter irrtümlich glaubt, dass er von einer anderen Person geliebt wird bzw. auch er die andere Person liebt. Diese Form des Stalking eignet sich gut für die Medienberichterstattung, täuscht aber darüber hinweg, dass in der Regel im Rahmen des Nicht-Prominenten-Stalking der psychisch kranke Täter die Ausnahme stellt! Zwar treten bei den Tätern des Stalking insgesamt im Vergleich zur allgemeinen Bevölkerung tatsächlich schwere Psychopathologien, wie Schizophrenien und Wahnerkrankungen, überdurchschnittlich häufig auf, bleiben aber beim Nicht-Prominenten-Stalking die Ausnahme. Schließlich ereignen sich die meisten Fälle von Stalking in der „normalen" Bevölkerung. Zudem würde die Einschätzung vom psychisch kranken Täter gerade den Verursacher aus seiner Verantwortung entlassen und das sich ohnehin schon hilflos fühlende Opfer sich noch ohnmächtiger fühlen lassen.

3. Tätertypologien

Nur bei genauen Informationen zum Täter kann die Art und Weise ausgemacht werden, wie auf die Belästigungen reagiert oder eben nicht reagiert werden sollte. Sie entlasten das Opfer und können wertvolle Hinweise auf mögliche Interventionen liefern. Für den Umgang mit der gesamten Situation, das so genannte Fallmanagement, ist es daher evident, Hintergrundinformationen zum

Täter zu haben. Dabei sind wissenschaftliche Erkenntnisse und Forschungsergebnisse unerlässlich, da sie unser allgemeines Alltagswissen auf eine solide Grundlage stellen. Für viele Opfer ist es sehr nützlich, über diese Befunde zum Stalking Bescheid zu wissen. Diese wichtigen Informationen holen die Betroffenen aus ihrer Isolation und dem Denken, dass es sich bei ihrem Vorkommnis um ein subjektives Einzelschicksal handeln würde. Fachkundige Informationen und professionelle Beratung geben den Betroffenen neue Handlungsfähigkeit zurück.

Aus der neueren Forschung zu Tätern des Stalking von Lorraine Sheridan und Eric Blaauw unterscheidet man mittlerweile vier verschiedene Typen von Stalkern:

• Typ 1 Ex-Beziehungs-Stalking oder Ex-Partner-Stalking
• Typ 2 Stalking aufgrund von Verliebtheit
• Typ 3 Wahnhaft fixiertes Stalking
• Typ 4 Sadistisches Stalking.

Ex-Beziehungs-Stalking oder Ex-Partner-Stalking. Der größte Anteil aller Stalkingtäter sind männliche Ex-Partner. Die Wahrscheinlichkeit, dass diese auch im Rahmen des Stalking gewalttätig werden, ist bei diesem Typus besonders hoch. Aber Vorsicht mit dem Umkehrschluss, dass nun jeder Ex-Partner auch gleich gewalttätig werden muss! Zwar birgt das Ex-Beziehungs-Stalking insgesamt das höchste Gewaltrisiko, es sind aber nicht alle Stalker dieses Typs zwangsläufig gefährlich!

Beim Ex-Beziehungs-Stalking nennt der Täter als Ursache für sein Verhalten in der Regel Vorkommnisse aus der früheren Beziehungsgeschichte mit dem Opfer. Das Vorliegen von häuslicher Gewalt in der früheren Beziehung ist ein typisches Merkmal. Und ein typisches Merkmal von häuslicher Gewalt ist das Machtstreben des Täters und das Ausüben von Kontrolle über das Opfer! Mit der Beendigung der Beziehung, in der Regel durch das Opfer, verliert der Täter dieses „Feld" der Machtausübung. Dies kann ungeahnte Wut und Hassgefühle in ihm auslösen.

Wut und Hass sind die klassischen Ohnmachtsgefühle des Täters. Der Täter erfährt, dass seine Ex-Partnerin ohne ihn auskommt und möglicherweise in der Auseinandersetzung um das Sorgerecht für die Kinder, um Eigentum und sonstige Finanzen, Erfolge vorweisen kann. Dies führt dem Täter immer wieder seinen Kontrollverlust über das Opfer vor Augen und erfüllt ihn mit Wut und Aggression. Der Täter ist verbittert über seinen Kontrollverlust! Er ist weniger verbittert darüber, dass die Partnerin nicht mehr an seiner Seite ist! Er handelt ausschließlich egoistisch motiviert. Dieses Wissen hilft den Betroffenen, die eigenen, oft quälenden Schuldgefühle zu relativieren.

Der Ex-Beziehungs-Stalker reagiert in der Regel impulsiv und hitzköpfig, von Wut getrieben und dabei feindselig. Er handelt sehr häufig mit offenen Drohungen und Beschuldigungen des Opfers und versucht mit seinen Drohungen, das Opfer zu bestimmten Handlungen zu nötigen (Wenn ich die Kinder nicht sehe, zerstöre ich Dein Auto. Wenn Du mir nicht eine bestimmte Summe Geld gibst, rufe ich Deinen Arbeitgeber an etc.). Als überaus belastendes Element erleben die Opfer, dass der Ex-Beziehungs-Stalker in der Regel nichts unversucht lässt, das soziale Umfeld des Opfers zu involvieren und einzubeziehen. Das können ihre Eltern sein, Freunde und Freundinnen, der Arbeitsbereich etc. Lag, wie in vielen Fällen des Typus 1, häusliche Gewalt in der vorangegangenen Beziehung vor, versucht der Täter durch Beschuldigungen die alleinige Ursache für das Scheitern der Beziehung beim Opfer festzumachen. Hier zeigt sich auf schreckliche Art, wie das Schweigen während der Beziehung über die erlittene häusliche Gewalt quasi zum Bumerang für das Opfer wird.

Stalking aufgrund von Verliebtheit. Dieser Typus des Stalkers ist allgemein noch der ungefährlichste Typ, da hier in der Tat das Verliebt sein, die Idealisierung des anderen, in der Regel einer weiblichen Zielperson, im Vordergrund steht. Die Beharrlichkeit der Nachstellung ist trotz gewisser romantischer Motive auch beim Stalking aufgrund von Verliebtheit gegeben, im Gegensatz zu den anderen Typen liegt hier aber eher eine positive und romantische Grundstimmung vor. Dieser Typ des Stalkers hat nicht die Absicht, sein Opfer zu beschädigen. Wut, Rache und Kontrollphantasien treten hier nicht auf. Diese Unterscheidungen sind aber auf der Seite der Betroffenen nicht unmittelbar erkennbar, da das Opfer den Täter nicht unbedingt aus einer Beziehung kennt. So ruft dieses beharrliche Nachstellen auch hier verständlicherweise Sorgen und Beunruhigung hervor. Es stellt eine eindeutige Grenzverletzung der Sphäre des Opfers dar!

Wahnhaft fixiertes Stalking. Der wahnhaft fixierte Stalker kann besonders gefährlich sein. Er zeichnet sich in der Regel durch psychische Störungen aus, die ihn für rationale Argumente nicht zugänglich machen. Er hat sich auf sein Opfer in besonderem Maße fixiert und bringt ein hohes Risiko von körperlichen und/oder sexuellen Übergriffen mit sich. Der meist männliche Stalker ist wenig berechenbar und sein Verhalten ist nur sehr schwer vorherzusagen. Am häufigsten äußert er sich durch Telefonanrufe, zusammenhanglose schriftliche Mitteilungen oder durch Besuche im Privat- oder Arbeitsbereich seiner Zielperson. Hier haben wir als betroffene Personen überwiegend Menschen mit einem sozial privilegierten Status, nationale als auch internationale Berühmtheiten wie SchauspielerInnen, NachrichtensprecherInnen oder lokal bekannte Menschen wie besonders Ärzte, Psychotherapeuten, Anwälte etc. Die in der Literatur als etwas weniger gefährlichere Variante des wahnhaft fixierten Stalking zeichnet sich dadurch aus, dass der Täter davon überzeugt ist, zwischen ihm und dem Opfer würde eine (Liebes-)Beziehung bestehen und das Opfer wolle diese Beziehung auch. Aus der Sicht des Täters liegen lediglich Behinderungen bzw. Blockaden, durchaus von Dritten initiiert, vor, und der Täter sieht es als seine Aufgabe an, diese zu überwinden. Auch hier sind die Zielpersonen in der Regel keine Menschen auf Augenhöhe sondern sozial eher höher gestellte Personen.

Sadistisches Stalking. Das sadistische Stalking kommt von den hier beschriebenen Typologien am seltensten vor. Bei den Tätern handelt es sich in der Regel um Menschen mit schweren Persönlichkeitsstörungen, die ein hohes Maß an Abweichungen und Abnormalitäten im Verhalten, gerade auch mit anderen Menschen, zeigen und über eine sehr reduzierte Gefühlswelt verfügen. Ein gewisses Maß an Einfühlung in andere Menschen fehlt ihnen gänzlich. Sie werden als emotional kalt beschrieben. Das Handeln des sadistischen Stalkers ist von negativer Absicht getragen und soll das Opfer beunruhigen und aus der Fassung bringen. Daran ist sein Handeln ausgerichtet. Die Triebfeder des Stalkers ist, sein Kontroll- und Machtstreben über das Opfer zu befriedigen, nicht zuletzt, in dem das Sicherheitsempfinden des Opfers beeinträchtigt wird.

IV. Opfer von Stalking

Opfer von Stalking kann jeder werden. Jeder Mann und jede Frau ist allein durch ihre Existenz in der Lage, Opfer von obsessiver Verfolgung und Belästigung zu werden. Wir haben es nicht in der Hand, wenn sich ein verbohrter und starrsinniger Mensch zum Beispiel in einen Liebeswahn hineinsteigert. Wie die wissenschaftliche Untersuchung von Jan Kamphuis und Paul Emmelkamp gezeigt hat, trifft Stalking auch keine spezifischen Altersgruppen; das Alter der Befragten zu ihren Stalkingerfahrungen lag zwischen 20 und 70 Jahren.

1. Die Mannheimer Studie

Eine der ersten Studien zum Stalking stellt in der Bundesrepublik die Mannheimer Bevölkerungsbefragung dar (s. S. 189), die jeweils 1.000 zufällig ausgewählte Männer und 1.000 zufällig ausgewählte Frauen im Alter von 18 bis 65 Jahren zum Stalking befragte und dabei herausfand, dass die Opfer von Stalking überwie-

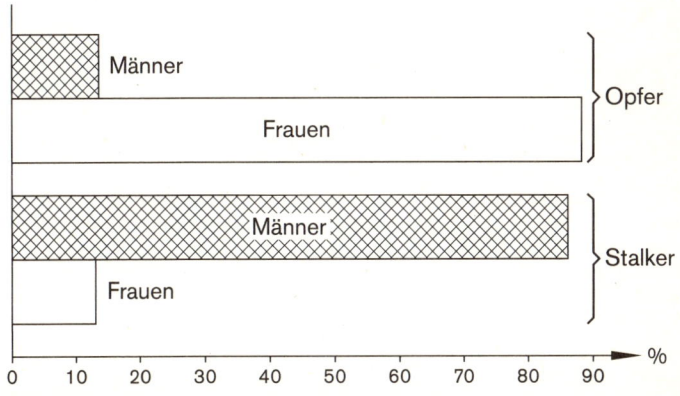

Geschlechtsverteilung bei Opfern und Stalkern

gend Frauen sind und auf der Täterseite sich überwiegend männliche Stalker befinden.

Die Abbildung zur Geschlechtsverteilung zeigt dies eindrücklich (Abbildung nach Dressing, Kuehner, Gass: Stalking in Deutschland; S. 30 Abbildung 2. In: Jens Hoffmann/Hans-Georg W. Voß (Hrsg.): Psychologie des Stalking. Verlag für Polizeiwissenschaft, Frankfurt am Main 2006).

In über 75 % der Fälle war der Stalker seinem Opfer zuvor bekannt und nur ein Viertel der Stalker waren fremde Personen (Abbildung nach Dressing, Kuehner, Gass, a.a.O., S. 34 Abbildung 7.)

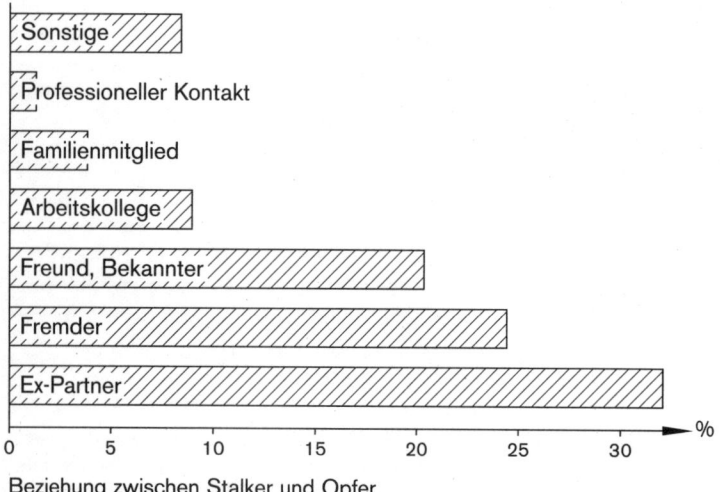

Beziehung zwischen Stalker und Opfer

2. Verwundbarkeit und Schuldgefühle

Bei der immer wieder gestellten Frage: „Warum wurde A Opfer und nicht B?" Oder: „Warum ausgerechnet ich?" kann es keine zufriedenstellende Antwort geben, außer man befragte den Täter selbst. Dessen Gründe haben in der Regel nichts mit der realen Zielperson zu tun, sondern liegen in seinem eigenen Erlebenshorizont, wie die Darstellung der unterschiedlichen Stalkingtypen gezeigt hat. Dennoch gibt es auch hier einige wenige Untersuchungen, die durch die Befragung von Stalkingopfern herausfanden, dass mindestens die Hälfte von ihnen schon vor dem Stalkingereignis „verwundbar" war. Damit ist gemeint, dass sie sich als geschwächt erlebten oder eher zu den Menschen gehören, die schwer in der Lage sind, „nein" zu sagen und sich abzugrenzen. Dieses Ergebnis ist allerdings kein Wunder, berücksichtigt man, dass doch über 50 % der Stalkingfälle Ex-Beziehungs-Stalking darstellen. Hier hat die vorangegangene Beziehung natürlich Wunden hinterlassen und das Opfer geschwächt. In vielen Fällen hat die Auflösung der Beziehung schon immens viel Kraft gekostet, so dass eine nachträgliche Härte und ablehnendes Verhalten schwierig durchsetzbar erscheint. Schließlich schleichen sich häufig mit dem Auflösen einer Beziehung bei dem die Beziehung auflösenden Partner Schuldgefühle ein – ob berechtigt oder nicht berechtigt sei hier getrost dahin gestellt, wir Menschen funktionieren nun mal so, dass häufig einer konsequenten Haltung ein Schuldgefühl ob dieser konsequenten Haltung folgt!

V. Stalking und die Folgen

Die andauernden und sich immer wiederholenden Handlungen des Täters zielen unmittelbar auf die Privatsphäre des Opfers und dringen tief in ihren Lebensraum hinein. Der Täter drängt sich bewusst immer wieder in das Bewusstsein und in die Gegenwart des Opfers – er möchte nicht übersehen werden, er möchte nicht vergessen werden und er möchte Kontakt mit der betroffenen Person. In bestimmten Konstellationen möchte er Kontrolle über das Opfer haben und seine eigenen Machtphantasien ausleben. Der Täter als Handelnder versetzt das Opfer dabei bewusst in eine Situation der Ohnmacht, denn nur er hat das Geschehen in der Hand; er bestimmt Ort und Zeitpunkt, an dem er den Kontakt zum Opfer herstellt. Der Täter bestimmt den Zeitpunkt des Anrufes und der Begegnungen.

1. Psychosoziale Belastungen

Diese extreme Ohnmacht auf Seiten des Opfers und dieses Gefühl des Ausgeliefertseins verursachen beträchtliche Folgeerscheinungen in der Gesundheit des Opfers. In der Regel wird zwischen akuten Belastungsreaktionen und der posttraumatischen Belastungsreaktion unterschieden. Als häufigste Folgen werden Unruhe, Schlafstörungen und Angstgefühle genannt, wie die Studie aus Mannheim ermittelt hat. Diese Symptome stellen eine unmittelbare Reaktion auf den hohen Unsicherheitsfaktor dar, den der Täter durch sein Handeln in das Leben des Opfers einschleust. Die Abbildung zeigt die häufigsten Folgen psychosozialer Art für das Opfer (Abbildung nach Dressing, Kuehner, Gass: Stalking in Deutschland; S. 35 Abbildung 8. In: Jens Hoffmann/Hans-Georg W. Voß (Hrsg.): Psychologie des Stalking. Verlag für Polizeiwissenschaft, Frankfurt am Main 2006.).

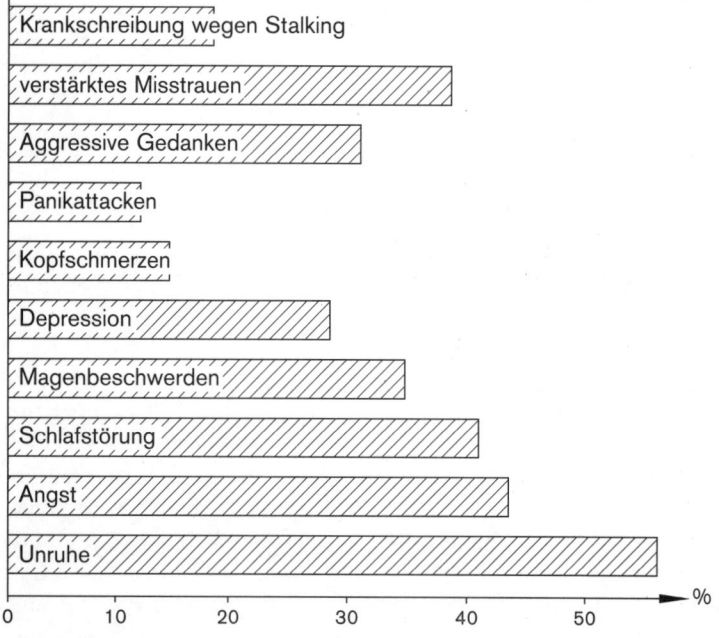

Psychosoziale Folgen des Stalking nach Einschätzung der Betroffenen

Auch Suizidgedanken und Suizidversuche sind nicht selten und haben in diesem Zusammenhang die Bedeutung, wenigstens durch die Selbstbestimmung eines gedachten oder tatsächlich anvisierten Todeszeitpunktes über das eigene Leben wieder Handlungsfähigkeit zu erlangen. Besonders an den Suizidgedanken und -versuchen wird deutlich, wie lebenswichtig es im Rahmen einer unterstützenden Begleitung ist, das Element der Handlungsfähigkeit wiederherzustellen!

Diese genannten Symptome führen dazu, dass Opfer von Stalking sich zunehmend aus dem sozialen Leben zurückziehen; sie fürchten zum einen, durch ihre Präsenz außer Haus dem Täter neuen Anreiz für Nachstellungen zu liefern, zum anderen sind die Opfer derart belastet, dass ihnen die Freude an sozialen Kontakten verloren geht. Hinzu kommt, dass in der Regel das soziale Umfeld mit den Sorgen des Opfers nicht länger belastet werden möchte. Es bestehen erhebliche Unsicherheiten im Umgang mit von Straftaten betroffenen Opfern! Ferner berichten Stalkingopfer von vermehrtem Alkoholkonsum, Leistungsabfall in Ausbildung und Arbeit und erheblichen Störungen in, falls vorhanden, der aktuellen Beziehung. Der Partner bzw. die Partnerin sind in der Regel zwar nicht unmittelbar, aber durch die Opfersituation des anderen, mittelbares Opfer.

2. Das Problem der Glaubwürdigkeit

Erschwerend für Opfer von Stalking ist das Problem der Glaubwürdigkeit dessen, was ihnen angetan wird. Dies gilt besonders dann, wenn sie sich mit ihrem Anliegen an die Außenwelt, in der Regel an die Polizei wenden. Noch gibt es bei den meisten Polizeidienststellen kaum spezielle Stalking-Sachbearbeiter, so dass Opfer häufig auf Beamte treffen, die unter Umständen noch nichts von Stalking gehört haben. Dabei sollten bestimmte Grundannahmen bekannt sein. Es sollte der Polizei bewusst sein, dass Stalker keine einheitliche Gruppe sind, sondern dass es bestimmte Typen von Stalkern gibt (Typus 1–4)! Es sollte bekannt sein, dass einige der Stalkertypen ihre schädigenden Absichten besser verheimlichen können als andere (der sadistische Stalker besser als der Ex-Beziehungs-Stalker)! Dieses Verbergen der wahren Absichten führt zu großen Problemen in der Beweissicherung für das Opfer! Andere Stalkertypen bekennen sich eher zu ihrem Verhalten (der Stalker aufgrund von Verliebtheit) als solche aus der Kategorie der Ex-Beziehungs-Stalker oder sadistische Stalker. Einige Täter sind so versiert, dass sie der Polizei scheinbar plausible Erklärungen für ihr Verhalten liefern. Wird ihnen geglaubt, nehmen die Polizeibeamten gar nicht an, dass es sich um Stalking handeln könnte, sondern der Täter ein „berechtigtes" Interesse hat. Ferner kann eine polizeiliche Intervention zu einer Verschlimmerung der Stalking-Situation für das Opfer führen, so zum Beispiel bei bestimmten Ex-Beziehungs-Stalkern, wahnhaften und sadistischen Stalkern.

VI. Handlungsanleitung für Stalking-Opfer

Die Beschäftigung mit dem Phänomen des Stalking ist zwar noch relativ jung, es gibt aber mittlerweile aus den zahlreichen Forschungen etliche Befunde, die eine spezielle Handlungsanleitung für Opfer von Stalking nahe legen.

1. Dokumentation

Ein sehr großes Problem für die Betroffenen des Stalking ist die Beweisführung. In den Fällen des gerichtlichen Vorgehens gegen das Stalking sind Polizei und Justiz auf Beweise angewiesen und können sich aus rechtstaatlichen Gründen nicht nur auf die Aussage des Betroffenen verlassen.

Das ist für unmittelbar Betroffene in der Regel schmerzlich, da vom subjektiven Empfinden sie sich in ihrer Glaubwürdigkeit angezweifelt fühlen. Das ist nicht immer gleichzusetzen und um diesem Dilemma zu entgehen, ist gerade bei Stalking eine „eigene" Beweisführung des Opfers so wichtig. Dieser Umstand macht das Erleben von Stalking so schwer, da hier das Opfer in der Regel selbst für die Beweisführung zuständig ist. Der Grund liegt allerdings in der Unberechenbarkeit des Täters, der die Polizeiarbeit erheblich erschwert. So schnell kann in der Regel keine Polizei am Tatort sein, wie ein Stalking-Täter sein Verhalten ausüben und dann wieder verschwinden kann. Daher ist den Betroffenen anzuraten, sich um die Beweisführung mit zu kümmern, dadurch das Geschehen nicht gänzlich aus der Hand zu geben und nicht in Ohnmacht zu verharren. Es gibt heutzutage Handy-Kameras, sonstige Bildaufnahmegeräte etc., die die eigene Dokumentation des Tatgeschehens möglich machen.

2. Kontaktvermeidung

Stalking bringt für die Betroffenen weitere Einschränkungen mit sich, auf die sich viele Opfer einstellen müssen, wollen sie die Chance erhöhen, dass das Stalking beendet werden kann. Das, was viele Betroffene bereits als Reaktionen auf das Stalking erleben, gehört auch in die Handlungsanleitung. Es ist Stalkingopfern angeraten, nicht die gleichen Örtlichkeiten aufzusuchen wie der Täter. Obwohl der Täter der Verursacher ist, ist es am Opfer, nicht mehr in die gleiche Kneipe zu gehen, ein anderes Fitnessstudio aufzusuchen, den Volkshochschulkurs zu wechseln, den gemeinsamen Verein zu meiden etc. Es kann auch ratsam sein, eine räumliche Distanz zwischen sich und den Täter zu bringen. Spätestens an diesem Punkt wird deutlich, welche hohen Anforderungen der Selbstschutz an Opfer von Stalking stellt!

3. Bekannt machen und Unterstützung

Der Stalking-Straftatbestand ist eine noch junge Regelung, so dass Polizei und Justiz im Umgang mit Opfern und Tätern auf noch keine lange Zeit der Routine zurückblicken können. Im Gegenteil müssen diese beiden Institutionen allumfassend lernen, angemessen dem Opfer zu begegnen und seine Ängste und Empfindungen ernst zu nehmen. Für Polizei und Justiz stellt dies eine neue Herausforderung dar, Stalkingfälle als solche zu erkennen und sie fachlich adäquat zu behandeln. So müssen sie oftmals auch die Betroffenen darin unterstützen zu lernen, mit der Situation umzugehen und durchaus eine entsprechende Opferunterstützungseinrichtung aufzusuchen oder die Opfer in ihrem Bemühen stärken, auf die Stalkinghandlung des Täters situationsgerecht zu reagieren, so dass eine mögliche Beendigung erreicht werden kann.

4. Fallmanagement

Lorraine Sheridan und Eric Blaauw haben in ihrer groß angelegten Untersuchung zu Stalking in Holland unterschiedliche Tätertypen des Stalking herausgearbeitet, die mittlerweile als anerkannt gelten. Die beiden Wissenschaftler haben die grundsätzliche Schwierigkeit des Stalking, auf ein uneinheitliches Verhalten einheitlich zu reagieren, aufgegriffen und zu den einzelnen Kategorien ein Fallmanagement entwickelt. Jeder der von ihnen entworfenen Typen bedarf einer anderen Umgehensweise.

Ex-Beziehungs-Stalking. In diesen Fallkonstellationen lohnt es sich für die Betroffenen in einer Gefährdungssituation, unverzüglich die Polizei zu rufen und zu versuchen, sich aus der Gefahrensituation herauszubringen. Aufgrund der Impulsivität und Hitzköpfigkeit des Täters ist es diesem häufig ganz egal, ob die Polizei von seinen Handlungen erfährt. So ist der Täter oftmals am Tatort noch anzutreffen, welches die Beweisführung für das Opfer erheblich erleichtert.

Drohungen bei diesem Typ des Stalking sollten in jedem Fall ernst genommen werden, da Erfahrungen gezeigt haben, dass Ex-Beziehungs-Stalker ihre Drohungen durchaus umsetzen! Jede Auseinandersetzung mit dem Ex-Partner sollte darauf hin geprüft werden, ob sie tatsächlich notwendig und erforderlich ist. Der Kontakt sollte auf das absolute Minimum reduziert werden! In extremen Fällen ist räumliche Distanz, in der Regel hergestellt durch einen Umzug, für das Opfer zu erwägen, da gerade die impulsive Handlungsweise des Täters und seine gefürchteten Reaktionen, beispielsweise wenn er das Opfer mit einem anderen Partner sieht, dadurch umgangen werden können. Insgesamt gestaltet sich das Fallmanagement für den Ex-Beziehungs-Stalker sehr schwierig gerade in den Fällen, in denen gemeinsame Kinder vorhanden sind.

Stalking aufgrund von Verliebtheit. Bei diesem Typus sind in Untersuchungen zwei spezielle Altersgruppen ermittelt worden: die Täter sind entweder junge Menschen im Teenageralter oder eher Menschen aus der mittleren Altersgruppe. Bereits der Altersunterschied ergibt, dass mit beiden Gruppen speziell umzugehen ist. Der jugendliche verliebte, aber beharrlich nachstellende Belästiger sollte auf sein Verhalten angesprochen werden; am besten von einer dritten Person, damit die unmittelbare Zielperson durch ihr Gespräch mit dem Stalker diesem keinen Aufwind für seine Verhaltensweisen gibt. Ihm sollte unmissverständlich klar gemacht werden, welche Auswirkungen sein Verhalten auf das Opfer haben. In der Regel sind sich die jugendlichen Stalker nicht immer über die Konsequenzen ihres Verhaltens bewusst, geschweige denn, dass sie wissen, dass ihr Verhalten durchaus auch juristische Folgen mit sich bringen kann!

Auch der Stalker der mittleren Altersgruppe sollte von einer dritten, neutralen Person auf sein Verhalten angesprochen und über die Folgen seines Verhaltens unterrichtet werden. Das Einhalten räumlicher Distanz zum Opfer ist hier ein zu berücksichtigender Faktor, denn es könnte sein, dass das Stalken des Täters mittleren Alters seine Wurzeln in anderen Problembereichen hat. Grundsätzlich kann hier beim Typ 2 ein Appell an die Vernunft Wirkung zeigen und zu einem Nachlassen bzw. einer Beendigung des Verhaltens führen.

Wahnhaft fixiertes Stalking. Die Schwierigkeit beim Umgang mit dem Täter des wahnhaft fixierten Stalking liegt darin, dass dieser Typus für rationale Argumente nicht zugänglich ist und Zurückweisungen völlig ignoriert. Da hier sehr häufig in der Tat ein psychiatrisches Krankheitsbild vorliegt, kann auch nur mit diesen Mitteln auf das wahnhaft fixierte Stalking reagiert werden. In jedem Falle sollte ein eigenes Bemühen des Opfers um eine Beendigung des Stalkens nicht angestrebt werden! Wie in jedem Falle von Stalking wird damit stets das Gegenteil erreicht und gibt dem Täter Aufwind! Ist der wahnhaft fixierte Stalker weniger psychiatrisch auffällig, reichen häufig juristische Interventionen, um das Stalking zu beenden. Das Opfer sollte so früh wie möglich anwaltliche Hilfe in Anspruch nehmen und selbst so wenig Reaktionen wie möglich zeigen!

Sadistisches Stalking. Der Umgang mit sadistischen Stalkern ist von allen Typologien der schwierigste, da der Täter hier besonders vorsätzlich, versiert und beharrlich handelt. Der Täter ist sehr geschickt und gut informiert, z.B. über Verfolgungsmethoden und Spurensicherungsverfahren, so dass eine Beweisführung gegen ihn sehr schwer ist. Das grausame am sadistischen Stalking ist ja gerade für den Täter, Macht über das Opfer zu erhalten und zu behalten, so dass jede getroffene Sicherheitsmaßnahme eine Herausforderung für den Täter zur Überwindung derselbigen darstellt. War es möglich, den Täter zu überführen und dingfest zu machen, gibt es signifikante Fälle, in denen der Täter über ein Netzwerk von

Helfern verfügt und das Stalking weitergeht. Für die Betroffenen ist diese Art des Stalking diejenige, die am meisten das Leben verändert. Bis heute gibt es kein Rezept, wie diese besondere Art des Stalking gestoppt werden kann. Wenn, wie zum Glück nur in seltenen Fällen, sich ein psychopathologisch gestörter Mensch als sein Lebensziel die Kontrolle über eine andere Person gesetzt hat, sind Justiz und Gesundheitssystem häufig ratlos und mit ihren Mitteln schwerlich in der Lage, dem Opfer so zu helfen, dass das Stalking beendet werden kann. Daher bedürfen Betroffene des sadistischen Stalking einer besonders professionellen Betreuung; ein letzter Ausweg kann in schwerwiegenden Fällen die Annahme einer neuen Identität und ein Landeswechsel darstellen.

Diese unterschiedlichen Stalkertypologien zeigen deutlich auf, wie schwerwiegend dieser Tatbestand ist und wie kompliziert sich eine Reaktion auf dieses unerwünschte Verhalten darstellt. Einige der Täter benötigen psychiatrische Unterstützung, bei einigen reicht eine polizeiliche oder anwaltliche Intervention, um das Verhalten zu beenden, bei anderen wird durch eine solche Intervention das Stalking nur noch schlimmer. Hier wird uns die besondere Notsituation der Opfer eindringlich vor Augen geführt.

VII. Hilfe finden: Psychosoziale Unterstützungsangebote

Betroffene von Stalking bedürfen fachkundiger und einfühlsamer Unterstützung und Beratung, da das Verhalten des Täters auf der einen Seite eine Einschränkung der Lebensqualität bewirkt und die Betroffenen auf der anderen Seite immer noch erheblicher Ungläubigkeit seitens der ermittelnden Instanzen und des sozialen Umfeldes ausgesetzt sind. Fachkundige Unterstützung von außen stellt eine gewisse Öffentlichkeit her, und die Betroffenen erhalten so die Chance, mit den richtigen Informationen und Handlungsempfehlungen versorgt zu werden.

Fachlich geschulte MitarbeiterInnen finden die Betroffenen in den regionalen Opferhilfestellen (siehe Telefonbuch), Frauenberatungsstellen und Frauennotrufe (siehe Telefonbuch), in Männerberatungsstellen (Telefonbuch), über die Arbeitsgemeinschaft Deutscher Opferhilfen (ado), in der Bundesrepublik Deutschland in

Berlin (Tel. 0 30/39 40 77 80) und über den Weissen Ring e.V. (Tel. 0 18 03/34 34 34, www.weisser-ring.de). In akuten Notfällen sollte keine Scheu bestehen, den Polizeinotruf unter 110 zu benachrichtigen.

Mittlerweile gibt es einige sehr gute Informationsseiten im Internet, die fachkundig weiterhelfen können:

www.bmj.de/enid/Strafrecht/Stalking
www.institut-psychologie-sicherheit.de
www.liebeswahn.de
www.stalkingforschung.de

B. Hilfe bei häuslicher Gewalt

I. Ein spezielles Kontaktdelikt: häusliche Gewalt

Häusliche Gewalt beinhaltet eine Bündelung gewalttätiger Verhaltensweisen und findet ihre besondere Schwere in der Zerstörung der Intim- und Privatsphäre des Opfers.

Die Gewalttätigkeiten sind Verhaltensweisen, die es schon immer unter Menschen gegeben hat und worunter insbesondere Frauen und Kinder seit jeher verstärkt zu leiden hatten und auch aktuell immer noch leiden. Auf das Phänomen der häuslichen Gewalt wurde gesellschaftlich und besonders seitens der Strafverfolgungsbehörden, also der Polizei und der Justiz, lange Zeit so reagiert, als sei das Martyrium der betroffenen Frauen und Kinder ihr persönliches Schicksal und habe uns als Gesellschaft nichts anzugehen und auch nicht zu interessieren. Dieser Eindruck wurde speziell dadurch hervorgerufen, dass häusliche Gewalt in der Regel von Polizei und Justiz in den Bereich der „Privatsphäre" verwiesen wurde und damit vermittelt wurde, dass die Beziehung zwischen den Beziehungspartnern, und wenn sie noch so gewalttätig war, immer nur deren Problem sei und keine Instanz von außen sich darin einzumischen habe.

1. Gesellschaftlicher Perspektivenwechsel

Glücklicherweise hat sich diese Betrachtungsweise begonnen zu verändern! Eine alte und lang bekannte Verhaltensweise ist spätestens seit dem Jahr 2002 strafrechtlich ein Begriff. Im Gegensatz zum Stalking handelt es sich bei dem Begriff der häuslichen Gewalt um keinen neuen Tatbestand aus dem Strafgesetzbuch (StGB). Es werden vielmehr die gewalttätigen Verhaltensweisen des einen Partners gegen den anderen als solche offiziell als häusliche Gewalt definiert und nicht mehr in den Bereich der Privatangelegenheit verwiesen. Das oben im 1. Teil unter L. dargestellte Gewaltschutzgesetz (GewSchG) unterstreicht diese veränderte Haltung in besonderem Maße. Dass nun Polizei und Justiz auf Gewalt in Beziehungen anders zu reagieren haben als zuvor, drückt die öffentliche Missbilligung von Gewalt zwischen Beziehungspartnern aus. Gewalt ist keine Privatangelegenheit mehr, sondern eine Verhaltensweise, die grundsätzlich zu ächten und zu ahnden ist! Damit ist unterstrichen, dass jeder Mensch ein Recht auf ein Leben ohne Gewalt hat. Sollte der betroffene Mensch dieses Recht nicht bekommen, kann er sich der gesellschaftlichen Unterstützung sicher sein, die ihm bei der Durchsetzung bzw. Wiederherstellung dieses Rechtes behilflich ist.

Der Begriff der häuslichen Gewalt ist eng definiert. Damit ist gemeint, dass es nicht nur auf die Örtlichkeit und auf die Gewalttätigkeit ankommt, sondern besonderes Augenmerk dem betroffenen Personenkreis zu schenken ist.

2. Personenkreis

Die praktischen Erfahrungen zeigen, dass es sich bei dem von häuslicher Gewalt betroffenen Personenkreis in der Regel um **Frauen und Kinder** sowohl mit als auch ohne Migrationshintergrund handelt. Allein die Gewalt gegen Kinder, ohne dass auch ein Erziehungspartner mit betroffen ist, wird nicht als häusliche Gewalt definiert. Die Bereiche der körperlichen Misshandlung sowie des sexuellen Missbrauchs von Kindern werden in der Regel ausgeklammert. Für diese Fallkonstellationen steht ein eigenes juristisches Instrumentarium, das Kindschafts- und Vormundschaftsrecht, zur Verfügung (das Gesetz zur gewaltfreien Erziehung, das jede Form von Gewalt gegen Kinder verbietet (BGBl 2000 I, 1479), §§ 1666, 1666a BGB etc.). Auch erwachsene Menschen, die unter Betreuung oder Pflegschaft stehen, in der Regel ältere Menschen, die von ihrem Betreuer oder Pfleger misshandelt werden, fallen aus dieser engen Definition häuslicher Gewalt heraus – für sie haben wir den Begriff „Gewalt in Pflegebeziehungen" und ebenfalls eigene rechtliche Regelungen für das Betreuungs- oder Pflegschaftsverhältnis. Natürlich können auch Männer Opfer häuslicher Gewalt werden.

Die allgemein anerkannte und aus der Forschung und Wissenschaft abgeleitete Definition für häusliche Gewalt begrenzt den Begriff auf Gewalt zwischen **erwachsenen Intimpartnern**, die in nahen Beziehungen zueinander stehen oder gestanden haben, nach der Trennung aber noch im direkten Bezug zur früheren Lebensgemeinschaft stehen, oder Personen, die in einem Angehörigenverhältnis zueinander stehen, soweit es sich nicht um die Straftaten gegen Kinder oder Gewalt in Pflegebeziehungen handelt. Vorstellbar sind also auch Konstellationen, in denen der erwachsene Sohn seine Mutter oder seinen Vater schlägt.

3. Häufigkeit und Migrationshintergrund

Ein weiterer Grund für diese gesellschaftliche Veränderung des Blickwinkels sind eindrückliche Erkenntnisse aus der Wissenschaft und Forschung. Es gibt seit einiger Zeit einige hochinteressante Untersuchungen zu Gewalterfahrungen im Leben von Frauen, die immer wieder auf die Häufigkeit von Gewalterfahrungen, besonders von Frauen, hingewiesen haben. Die letzte und umfassendste Studie zu den Erfahrungen von in Deutschland lebenden Frauen hat die Politik beim Interdisziplinären Zentrum für Frauen- und Geschlechterforschung der Universität Bielefeld in Auftrag gegeben. Im Jahr 2004 wurde die Studie des Bundesministeriums für Familie, Senioren, Frauen und Jugend (BMFSFJ) von Ursula Müller und Monika Schröttle zur „Lebenssituation, Sicherheit und Gesundheit von Frauen in Deutschland" vorgelegt. Im Jahr 2008 wurde diese Studie im Rahmen einer weitergehenden Untersuchung sekundäranalytisch ausgewertet, um den Zusammenhang von Gesundheit, Migrationshintergrund und Gewalt näher darzustellen. Die Ergebnisse der Studie belegen, dass häusliche Gewalt für viele in Deutschland lebende Frauen zu ihrem Alltag gehört. Die Studie wertete Interviews von mehr als 10.000 in Deutschland lebenden Frauen im Alter zwischen 16 und 85 Jahren aus, die über ihre Gewalterfahrungen in verschiedenen Lebensphasen berichteten. Danach haben rund 25 % der Frauen körperliche oder sexuelle Übergriffe oder beides durch aktuelle oder frühere, überwiegend männliche Beziehungspartner erlebt. Damit ist fast jede vierte in Deutschland lebende Frau Betroffene häuslicher Gewalt! Und noch eine weitere Zahl rüttelt auf: Jährlich fliehen in Deutschland ca. 45.000 Frauen, meistens mit ihren Kindern, in ein Frauenhaus. Beide Befunde betreffen Frauen sowohl mit als auch ohne Migrationshintergrund, wobei der Anteil an Frauen mit Migrationshintergrund höher ist. Müller und Schröttle ermittelten, dass der Anteil von Frauen türkischer Herkunft bei den oben genannten Gewalterfahrungen bei 38 % und von Frauen aus Osteuropa bei 28 % liegt. Neben der höheren Gewaltbetroffenheit sind türkische Migrantinnen auch schwereren Formen körperlicher Gewalt ausgesetzt. Der Anteil von Frauen mit Migrationshintergrund, die jährlich Zuflucht in Frauenhäusern bzw. Schutzeinrichtungen suchen, ist mit 30 % bis 60 % ebenfalls überproportional hoch.

Nach der Häufigkeit wird die Gewalt nationenübergreifend fast ausschließlich von Männern in engeren, bestehenden oder ehemaligen Beziehungen zu Frauen ausgeübt.

4. Tatort

Obwohl häusliche Gewalt in der Regel im vermeintlichen Schutzraum der eigenen vier Wände stattfindet, taucht immer wieder die Frage auf, ob die Gewalt sich wirklich ausschließlich zu Hause ereignen muss.

Wenn gerade in der eigenen Wohnung die ärgsten Misshandlungen stattfinden, ist dies besonders verwerflich. Das bedeutet jedoch nicht, dass Gewalttätigkeiten unter Beziehungspartnern, die beispielsweise im Supermarkt stattfinden, nicht in das Spektrum der häuslichen Gewalt reichen. Ein typisches Merkmal häuslicher Gewalt ist, dass es sich so gut wie nie um einmalige Vorkommnisse handelt, sondern fast immer um wiederkehrende Gewalttätigkeiten, die eben auch in der Öffentlichkeit stattfinden können, meistens aber unter Ausschluss der Öffentlichkeit, eben zu Hause. Da häusliche Gewalt auch partnerschaftliche Beziehungen betrifft, die sich in Auflösung befinden oder wo bereits eine Trennung stattge-funden hat, muss ein gemeinsamer Wohnsitz nicht gegeben sein. Hier wird deutlich, dass die Örtlichkeit der Tatbegehung natürlich auch außerhalb der Wohnung stattfinden kann, wenn denn die In-timität der Partnerschaft betroffen ist.

II. Formen der häuslichen Gewalt

Häusliche Gewalt hat viele hässliche Gesichter. Der Täter wen-det Gewaltformen an, die das Vorstellungsvermögen übersteigen und in ihrer Schwere und Häufigkeit sogar zunehmen können.

1. Ausdruck der Gewalt

Es werden zur Klassifizierung unterschiedliche Gewaltphänome-ne beschrieben. In einer ersten Kategorisierung werden körperliche und psychische Gewalt unterschieden. Die körperliche Gewalt be-inhaltet weiterhin die sexualisierte Gewalt. Die psychische Gewalt umfasst als eigenständiges Gewaltphänomen auch die ökonomi-sche Gewalt und die soziale Gewalt.

Körperliche Gewalt. Bei der körperlichen Gewalt reicht die Skala von Schubsen und Stoßen über Schläge mit Fäusten und Fußtrit-ten bis hin zu Angriffen mit Gegenständen wie Messern und Ähn-lichem. Sichtbare Verletzungen sind häufig Quetschungen, Blut-ergüsse, ausgeschlagenen Zähne, Nasenbein- und Rippen- oder andere Knochenbrüche.

Sexualisierte Gewalt. Im Rahmen körperlicher Misshandlungen hat die sexualisierte Gewalt als eine besondere Form der körper-lichen Gewalt derart eigenständige Bedeutung erlangt, dass sie als eigenes Gewaltphänomen zu nennen ist. Die vermutlich häufigste Form sexualisierter Gewalt gegen Frauen in der Familie sind die Vergewaltigung sowie die Nötigung, in der Sexualität zu Handlun-gen gezwungen zu werden, welche die Frauen nicht wollen und die gegen ihren Willen geschehen.

Psychische Gewalt. Zur psychischen Gewalt gehören das An-schreien, Demütigen, Beleidigen, Bedrohen, Herabsetzen, Ein-schüchtern – immer in der Absicht, das Selbstwertgefühl der an-deren Person zu untergraben und zu zerstören und sich selbst zu erhöhen. Psychische Gewalt ist insofern gravierend, als sie als ein hoher Risikofaktor für weitere, in der Regel eskalierende Formen häuslicher Gewalt genannt wird. Psychische Gewalt steht so gut wie immer im Zusammenhang mit körperlicher und sexualisierter Gewalt, das heißt, sie taucht selten isoliert auf, sondern geht fast immer mit körperlicher und auch sexualisierter Gewalt einher!

Ökonomische Gewalt. Als eine besondere Form psychischer Gewalt wird die ökonomische Gewalt genannt. Sie umschreibt ein spezifisches Handlungsmuster, weshalb ihr eine eigenständige Bedeutung zuerkannt wird. Als deutliches Mittel der Macht- und Gewaltausübung setzt ein Teil der berufstätigen Männer ihre traditionelle Rolle als Familienernährer ein. Durch die Einteilung des Haushaltsbudgets sind ihre Frauen finanziell von ihnen abhängig und damit ihrer Willkür und Gunst ausgeliefert. Diese Situation betrifft besonders Frauen mit Migrationshintergrund und Herkunftswurzeln in besonders patriarchalischen Gesellschaftsstrukturen. Eine weitere Form ökonomischer Gewalt ist darin zu finden, dass die Männer den Wunsch der Frauen nach ökonomischer Unabhängigkeit vereiteln, indem sie ihre Frauen daran hindern, zu arbeiten oder ihren Beruf auszuüben.

Soziale Gewalt. Als eine weitere spezielle Form psychischer Gewalt wird auch noch die soziale Gewalt genannt. Sie bezieht sich überwiegend auf das soziale Umfeld der Personen. Der gewalttätige Partner setzt die Kinder als Druckmittel ein, beansprucht die Entscheidungs- und Verfügungsmacht über alle Familienmitglieder, wertet beinahe alle Lebensäußerungen der anderen Person auch in der Öffentlichkeit ab, verunsichert sie und stellt sie im Freundes- und Bekanntenkreis bloß.

Zusammenfassend lässt sich sagen, dass in der Bundesrepublik unter häuslicher Gewalt die physische, sexuelle, psychische, ökonomische und soziale Gewalt zwischen erwachsenen Intimpartnern, die in nahen Beziehungen zueinander stehen oder gestanden haben, eingeordnet wird.

2. Der Kreislauf der Gewalt

Für die von häuslicher Gewalt betroffenen Frauen sind Hintergrundinformationen über den Verlauf der Gewalt äußerst wichtig.

In der Regel fühlen sich die Frauen stark mitverantwortlich, teilweise sogar allein verantwortlich, für das Gewaltvorkommnis und glauben, wenn sie sich nur „anders" oder „besser" verhalten hätten, wäre es möglicherweise nicht zu der Gewalttätigkeit ihres Mannes bzw. Partners gekommen. Es stellt in der Regel einen mehr oder weniger langen Lernschritt für die immer wieder verletzte Frau dar, zu begreifen, dass allein der gewalttätige Partner die Verantwortung für sein Handeln trägt und er letztendlich immer auch eine andere Wahl gehabt hätte, nämlich nicht gewalttätig zu werden!

Untersuchungen haben gezeigt, dass häusliche Gewalt in der Regel nach einem bestimmten „Verfahren" abläuft und eine bestimmte Dynamik beinhaltet, die an Geschwindigkeit zunimmt. Auch Erfahrungen in der Arbeit mit misshandelten Frauen haben gezeigt, dass es einen bestimmten Ablauf gibt. Aus diesen jahrelangen bitteren Erfahrungen konnten bestimmte Zyklen der Gewalt herausgefiltert werden. Es gibt daher ein Schema, den so genannten Kreislauf der Gewalt. Der Kreislauf der Gewalt ist zurückzuführen auf die Wissenschaftlerin Leonore Walker, die ihn bereits 1979 darstellte und veröffentlichte. Einmal mehr wird daran deutlich, wie lang bekannt das Phänomen der häuslichen Gewalt schon ist, wie lange aber gesellschaftliche Veränderungen brauchen, um opferorientiert darauf reagieren zu können. Der Kreislauf der Gewalt erklärt, wie misshandelte Frauen zu Opfern werden, in ein Verhalten von Ohnmacht und Hilflosigkeit hineingeraten und darin zu verharren drohen, wenn keine wirksame Intervention von außen erfolgt. Der Kreislauf der Gewalt hat drei deutlich zu unterscheidende Phasen, die in Zeitdauer und Intensität variieren.

Phase 1 – Phase des Spannungsaufbaus. In dieser Phase baut sich allmählich eine Spannung in der Beziehung auf. Der Partner zeigt Aggressionen und Ungeduld, er schimpft und brüllt, wirkt gestresst und macht seine Partnerin für alles verantwortlich, was ihm widerfährt. Die Partnerin spürt die sich anbahnende Gefahr der Misshandlung und versucht auf ihre Weise, der Spannung entgegen zu wirken und Auslösefaktoren für einen Gewaltausbruch zu vermeiden. Dabei bedient sie sich bestimmter Verhaltensweisen, von denen sie sich einen Spannungsabbau verhofft und die möglicherweise schon einmal entspannend gewirkt haben, wie beispielsweise das Kochen eines speziellen Essens, besonders fürsorglich sein, die Kinder ruhig stellen, dem Partner aus dem Wege gehen etc. Kleinere Vorkommnisse gewalttätiger Art werden ignoriert und unter den Teppich gekehrt; die Frau weiß, dass sich das Ereignis noch viel schlimmer, also gewalttätiger und brutaler hätte ereignen können.

Die Phase des Spannungsaufbaus ist sehr belastend für die Frau. Sie glaubt, durch ihr Verhalten den Gewaltausbruch abwenden zu können und realisiert nicht, dass es allein der Mann ist, der über Zeit und Ort des Gewaltausbruches entscheidet. In dieser Phase bemüht sich die Frau um ein extremes Ausbalancieren der heiklen Situation. Das kostet viel Kraft. Die Frau ist gestresst und erschöpft und am Ende steht doch nur ein Misslingen des Balanceakts.

Phase 2 – Der akute Gewaltakt. Der Partner hat Zeit und Ort des Gewaltausbruches bestimmt. Der letztendlich auslösende Faktor für den Gewaltausbruch ist nicht vorhersehbar. Täter benennen später ein von außen herangetragenes Ereignis, den eigenen inneren Zustand oder ein Verhalten ihrer Partnerin. Der Gewaltausbruch stellt regelmäßig ein Schockerlebnis für die betroffene Frau dar und geht einher mit großer Ohnmacht, dem Gefühl, der Situation nicht entkommen zu können, also nicht fliehen zu können, sich nicht wehren zu können und um das eigene Leben fürchten zu müssen. Die beschriebenen Faktoren sind Ausgangspunkt traumatischer Belastungsreaktionen.

Phase 3 – Zuwendung und reuiges, liebevolles Verhalten des Täters. In der Phase der Reue bittet der Misshandler seine Partnerin um Verzeihung. Er schwört, dass es zu keinem Gewaltausbruch mehr kommen werde. Der Täter erinnert seine Frau an schöne Zeiten, wie er sie braucht, wie sehr sie ihn braucht, dass die Kinder ihren Vater brauchen etc. Er macht möglicherweise Geschenke, führt seine Partnerin aus und kann sich durchaus romantisch und liebenswert zeigen. Der Täter arbeitet aber auch subtil mit Schuldgefühlen, wenn er seine Partnerin als die einzige Hoffnung seines Lebens bezeichnet, ohne sie wäre er nichts, und überhaupt benötigen die Kinder ihren Vater.

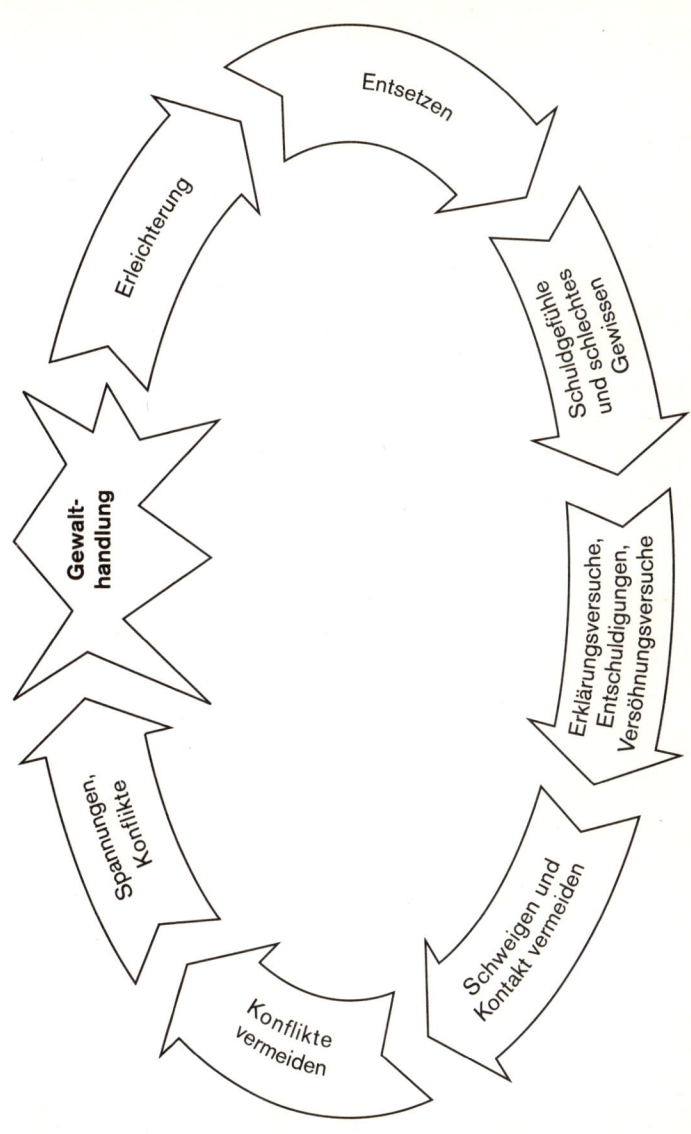

Kreislauf der Gewalt

In dieser Phase können sich Frauen am schwersten von ihren gewalttätigen Partnern trennen, treffen seine Beschwörungen doch zu sehr auf ihre Hoffnung auf bessere Zeiten. Eine realistische Einschätzung der Situation wird überlagert von den Reuebekundungen des Mannes.

Häufig wird der Kreislauf der Gewalt in mehreren Stufen dargestellt, die die einzelnen Phasen etwas ausführlicher in den Verhaltensweisen bezeichnen, s. Schaubild S. 217.

III. Wer sind die Täter und wie kommt die Gewalt an den Mann?

Seit einiger Zeit findet eine Auseinandersetzung mit der Frage statt, wie es zu erklären ist, dass es häufig die Männer sind, die Gewalt gegen ihre Frauen ausüben. Es sind in der überwiegenden Zahl der Fälle Männer, die ihre Frauen schlagen und demütigen, es sind in der Regel Männer, die in den Krieg ziehen und ihn zuvor aufgebaut haben, und es sind in der Regel Männer, die in gewalttätigen und kriegerischen Auseinandersetzungen Frauen vergewaltigen, um dem Gegner die eigene Stärke zu demonstrieren und ihn zu zerstören.

Eine komplette Antwort auf diese komplexe Frage kann in dem vorliegenden Buch nicht gegeben werden, aber zumindest soviel Information, wie Frauen sie benötigen, um ihre Mitschuldgefühle und ihre Mitverantwortung zu relativieren und um zu erkennen, dass die Verantwortung für die Gewalt der Gewalttätige alleine trägt! Keine Kultur, keine Religion und kein Argument rechtfertigen ein derartiges Verhalten gegen Frauen.

1. Eigene Vorurteile

Möchte man einen realistischen, ernsthaften Zugang zu dem Phänomen der Gewalttätigkeit von Männern erlangen, ist es erforderlich, sich mit seinen eigenen Vorstellungen und Vorurteilen zu Männlichkeit und Weiblichkeit auseinanderzusetzen, aber auch zu erkennen, welche gesellschaftliche Haltung Männern und Frauen entgegengebracht wird. Welche Klischees von Männlichkeit und Weiblichkeit haben wir selber in uns? Wie sieht die Rollenverteilung von Frau und Mann in der Gesellschaft aus und welche Einstellung haben wir selber dazu? Nicht zuletzt wird unsere persönliche Haltung davon geprägt sein, wie wir die gesellschaftliche Ausrichtung zu den jeweiligen Rollen erlebt haben.

2. Ursprüngliche Erklärungsmuster

Wir können auf eine Zeit zurückblicken, in der der schlagende Mann damit entschuldigt wurde, dass sein Verhalten auf einen Trieb zurückzuführen war. Diese so genannte Triebtheorie besagt, dass der Trieb eines Menschen eine Kraft darstellt, die im Hintergrund des eigentlichen Bewusstseins wirkt. Diese Einwirkung auf das Bewusstsein dieses Menschen wirkt so stark, dass sie ihn zu bestimmten Verhaltensweisen „treibt". Der Körper wirkt also auf das Verhalten dergestalt ein, dass das oberste Ziel die Triebbefriedigung ist und damit das Denken und Handeln bestimmt. Ähnliches kennen wir von Hunger und Durst. Großer Hunger und Durst steuern unser Verhalten in ähnlicher Weise so, bis wir beides stillen können und satt sind. Damit gleichgesetzt wurden Erklärungen zur Gewalttätigkeit von Männern.

Neben der Triebtheorie wurde seinerzeit versucht, das schlagende Verhalten des Mannes mit biologischen Ansätzen zu erklären. Das ist an Formulierungen zu erkennen wie: Es liegt in der Natur des Mannes, es liegt in seinen Genen etc. Dann wiederum gab es Meinungen, die psychische Störungen dafür verantwortlich machen wollten, dass der Mann gewalttätig wird.

3. Aktuelle Erkenntnisse

Diese Erklärungen sind nicht haltbar und entschuldigen den Täter unzulässigerweise! Sie konzentrieren sich in ihrer Darstellung allein auf den individuellen Menschen und berücksichtigen nicht, dass jeder Mensch in einer Gemeinschaft, in einer Gesellschaft, in einer Familie lebt und diese Bezugssysteme großen Einfluss auf ihn haben. Hat ein Mensch bei der isoliert individuellen Betrachtung genetische, hormonelle oder psychische Defekte, ist ihm als Folgerung daraus mit den Mitteln des Rechts nicht bei zu kommen. Hier wären medizinische oder psychologische Behandlungsmethoden erforderlich. Die betroffene Frau hätte einen „kranken" Partner, der der entsprechenden Behandlung bedarf.

Ausübung von Macht. Bei der Auseinandersetzung mit häuslicher Gewalt sehen wir, dass die Rollen, wer Täter und wer Opfer ist, nicht gleichmäßig über die Geschlechter verteilt sind. Untersuchungen und nicht zuletzt die Studie des BMFSFJ haben ergeben, dass in fast allen Fällen die Täter männliche Täter sind, die ihre Frauen misshandeln. Es sind nur wenige Frauen, die ihre Männer schlagen, auch wenn diese Konstellation vorkommt und ein Problem eigener Art darstellt – ebenso wie die Konstellation von Gewalt in gleichgeschlechtlichen Beziehungen. Die Verteilung und Häufigkeit der männlichen Täter erscheinen somit nicht mehr als zufällig oder individuell differenziert. Es liegt offensichtlich eine Struktur zu Grunde, die eine geschlechtsspezifische Ausprägung aufweist.

Hier greift zur Erklärung der mittlerweile anerkannte Erkenntnisstand zur Genese häuslicher Gewalt: Im Rahmen von häuslicher Gewalt geht es immer um die Ausübung von Macht und die Sicherung der eigenen Machtposition des Mannes gegenüber der Frau, nicht um Liebe oder Zuneigung!

Auch wenn in der dritten Phase des Kreislaufs der Gewalt der Partner in der Lage ist, liebevolle Gefühle zu äußern, und sich von einer romantischen und charmanten Seite zu präsentieren versteht, ist diese Facette in der Regel nur von kurzer Dauer. Sie hält, je länger die Gewalttätigkeiten in der Beziehung schon vorkommen, um so kürzer an, und die Phase des Spannungsaufbaus nimmt zunehmend mehr Zeit in Anspruch, die Ausbrüche der Gewalt werden immer häufiger.

Gewalt ist gelerntes Verhalten. Da Wissenschaft und Forschung herausgefunden haben, dass gewalttätige Männer in der Regel nicht krank sind, muss häusliche Gewalt daher anders „funktionieren". Wichtig für diese Erkenntnis ist die Tatsache, dass Männer immer auch eine Wahlmöglichkeit haben. Sie können sich für oder gegen die Gewalt entscheiden!

Einigkeit in der Fachwelt herrscht heute darüber, dass gewalttätiges Verhalten des Mannes gelerntes Verhalten ist. Gewalttätiges Handeln kann also auch wieder verlernt werden! Das ist eine wichtige Grundlage, denn durch die Erkenntnis, dass das gewalttätige Verhalten gelerntes Verhalten ist, kann der Täter zur Verantwortung gezogen werden. Er hat immer eine Wahlmöglichkeit und kann sich prinzipiell auch gegen die Gewalt entscheiden! Das bedeutet weiterführend, dass ein gewalttätiger Mann nicht gewalttätig bleiben muss. Es gibt mittlerweile über die Republik verteilt etliche Beratungsstellen für Männer, die Gewalt ausüben und in speziellen Kursen lernen können, über ihr Verhalten zu reflektieren und an sich arbeiten können, das gewalttätige Verhalten zu verlernen.

Tradition männlicher Dominanz. Es verwundert auf den ersten Blick, dass Männer in diesem bislang bekannten Ausmaß Gewalt gegenüber ihren Partnerinnen ausüben konnten und dies bislang auch so ungehindert taten. Immerhin sind die Daten aus der Studie des BMFSFJ erschreckend hoch, wenn jede vierte in Deutschland lebende Frau als Opfer häuslicher Gewalt deklariert werden kann und ein öffentlich nachzuvollziehendes Umdenken erst 2002 mit der Einrichtung des Gewaltschutzgesetzes stattgefunden hat.

Auf den zweiten Blick nimmt die Verwunderung ab, denn neben dem gelernten Verhalten gibt es eine lange Tradition gesellschaftlicher Unterstützung für männliche Dominanz. Dies belegen zahlreiche Beispiele aus dem Ehe- und Familienrecht der vergangen Jahre. Speziell hierbei ist es interessant, bestimmte Machtfelder wie z. B. die politische Partizipation, Ausbildung und Beruf und die Rechtsstellung der Ehefrau genauer in ihrer Entwicklung unter die Lupe zu nehmen, um ein differenzierteres Verständnis zu erlangen.

So sind mittlerweile gesellschaftsstrukturelle und feministische Ansätze in der Erklärung männlicher Gewalt gegen Frauen vorherrschend. Sie benennen das ungleiche Verhältnis zwischen Mann und Frau als bestimmenden Faktor für häusliche Gewalt.

Um Gewalt von Männern zu erklären, gibt es, wie so oft, nicht immer nur eine Ursache, sondern in der Regel liegt ein ganzes Motivbündel einer solchen Handlung zugrunde. Wichtig bleibt die Erkenntnis, dass gewalttätiges Handeln erlerntes Verhalten ist, mit der Konsequenz, dass diese Verhaltensweise auch wieder verlernt werden kann, also steuerbar und veränderbar ist.

IV. Die psychosoziale Betroffenheit von Frauen als Opfer

Häusliche Gewalt kann jede Frau treffen. Natürlich kann sie auch männliche Beziehungspartner treffen, jedoch weisen die bislang vorliegenden Studien die Partnergewalt als ein Phänomen aus, welches überwiegend von Männern ausgeht. Häusliche Gewalt betrifft Frauen jeder Altersstufe, es gibt dort keine Beschränkungen! Häusliche Gewalt ereignet sich unabhängig von Nationalität, ethnischer oder religiöser Zugehörigkeit, Schichtzugehörigkeit oder Bildungsstufe.

1. Das Ausmaß der Gewalt

Nach der oben (S. 211) erwähnten Studie des Bundesministeriums zu Gewalterfahrungen im Leben von Frauen gehört die häusliche Gewalt für viele in Deutschland lebende Frauen zu ihrem Alltag. Die Studie wertete Interviews von mehr als 10.000 Frauen im Alter zwischen 16 und 85 Jahren aus, die über ihre Gewalterfahrungen in verschiedenen Lebensphasen berichteten. Einige Zahlen daraus im Überblick:

- 37 % aller befragten Frauen haben körperliche Übergriffe seit dem 16. Lebensjahr erlebt. Die Übergriffe und Gewaltakte reichen von wütendem Wegschubsen und leichten Ohrfeigen ohne Verletzungsfolgen bis hin zu Tritten, Prügel und Waffengewalt. Etwa zwei Drittel dieser Frauen haben auch mittlere bis schwere Formen von körperlicher Gewalt erlebt, die mit Verletzungsfolgen, Angst vor ernsthafter/lebensgefährlicher Verletzung, Waffengewalt oder einer höheren Wiederholung von Gewalterlebnissen oder Übergriffen verbunden waren.
- 13 % der befragten Frauen, also etwa jede siebte in Deutschland lebende Frau, hat sexuelle Gewalt seit dem 16. Lebensjahr erlitten. Hier wurde eine enge Definition zugrunde gelegt und strafrechtlich relevante Formen von sexueller Gewalt erfasst.
- 40 % der Frauen haben entweder körperliche oder sexuelle Gewalt oder beides seit dem 16. Lebensjahr erlebt.
- 58 % der Befragten haben unterschiedliche Formen von sexueller Belästigung erlebt.
- 42 % der befragten Frauen haben Formen psychischer Gewalt er-

lebt, die von Einschüchterung oder aggressivem Anschreien über Verleumdungen, Drohungen und Demütigungen bis hin zu Psychoterror reichen.

- Rund 25 % der Frauen haben körperliche oder sexuelle Übergriffe oder beides durch aktuelle oder frühere, überwiegend männliche Beziehungspartner erlebt. Damit ist fast jede vierte in Deutschland lebende Frau Betroffene häuslicher Gewalt.
- Jährlich fliehen in Deutschland ca. 45.000 Frauen, meistens mit ihren Kindern, in ein Frauenhaus, 30% bis 60% von ihnen sind Frauen mit Migrationshintergrund.

Häusliche Gewalt ist kein einmaliges Erlebnis, sondern besteht in der Regel aus immer wiederkehrenden Einzeltaten, die im Laufe des Lebens der Frau an Häufigkeit und Intensität zunehmen. Das ist das spezielle am Kreislauf der Gewalt, der eine immer schneller werdende Dynamik aufweist. Die Frauen erleben dabei immer wieder körperliche und seelische Gewalt, in dem sie bedroht, gedemütigt, kontrolliert, überwacht, eingesperrt und herabgesetzt werden. Dabei sind die meisten Frauen finanziell abhängig von ihren Männern. In der Mehrzahl der Fälle leben Kinder mit im Haushalt.

2. Psychische Verletzungen

Es sind traumatisierte Frauen, häufig mit Kindern, die im klassischen Kreislauf der Gewalt stecken und besondere Folgen psychischer Art erleiden.

Die körperlichen Verletzungen der Misshandlungen sind gut vorstellbar und in der Regel auch sichtbar. Ein blaues Auge, Verletzungen im Gesicht, an den Beinen und Armen, eine gebrochene Rippe oder ein gebrochener Arm sind schwer zu kaschieren. Aber die psychischen Verletzungen fallen in eine eher „unsichtbare" Kategorie. Dabei sind es vor allem die psychischen Langzeitfolgen, die häufig noch Jahre später auftreten und die besonders zerstörerisch auf die Frauen und ihr Leben wirken. Beispielhaft sind zu nennen: Angstzustände, Schlafstörungen, Misstrauen, Depressionen, Scham- und Schuldgefühle, Gefühle der Beschmutzung und Stigmatisierung, niedriges Selbstwertgefühl, Todeswünsche, Essstörungen, Abhängigkeiten von Alkohol, Drogen, Tabletten usw.

3. Mitschuldgefühle der Frauen

Zu den psychischen Verletzungen hinzu fügt sich ein hohes Maß an Isolation und Einsamkeit. Dazu formieren sich Schuld- und Schamgefühle der Frauen, die diese Empfindung des totalen Alleinseins hervorrufen und resultieren beispielsweise aus folgenden Annahmen: Viele Frauen glauben, in der Beziehung „versagt" zu haben. Wenn sie sich anders verhalten hätten, hätte der Mann keinen Grund für seine Gewalttätigkeit gehabt. Viele Frauen glauben, wenn sie ihren Mann nur stark genug lieben, gäbe es keinen Grund für Misshandlungen, wenn sie ihm sein Lieblingsgericht kochen, gut den Haushalt führen, gefügig in der Liebe sind, rundum alle eigenen Bedürfnisse aufgeben, keinen eigenen Freundeskreis mehr haben und nur für ihn da sind, gäbe es keinen Grund mehr für häusliche Gewalt. Frauen suchen also in klassischer Weise die Schuld bei sich selbst. Daher ist es sehr schwer, die Ereignisse, die in den eigenen „sicheren" vier Wänden zu Hause geschehen, nach außen mit jemandem zu teilen. Häusliche Gewalt isoliert und macht einsam, besonders und gerade Frauen mit Migrationshintergrund.

Zu den psychischen Verletzungen gehört ebenso die Erschütterung des Glaubens an die Möglichkeit eigener Sicherheit und Unverletzlichkeit. Aus dem Fachgebiet der Sozialpsychologie wissen wir, dass wir Menschen in unserer Lebensführung in der Regel an bestimmte Grundannahmen glauben und sie auch benötigen, um uns vor Angst und Stress zu schützen.

Theorie der angenommenen oder gerechten Welt. Eine dieser Grundannahmen wird in der Sozialpsychologie als die „Theorie der angenommenen oder gerechten Welt" bezeichnet. Bei der Theorie der angenommenen oder gerechten Welt wird davon ausgegangen, dass jeder seine persönliche Theorie der Realität besitzt und zwar in Form eines schlüssigen Registers von Annahmen über sich selbst und die Welt, entwickelt über die Zeit und für den Zweck, die im Leben gesammelten Erfahrungen zu organisieren und das eigene Verhalten zu steuern. In dieser Grundannahme ist allerdings auch eine Illusion enthalten, an die wir in der Regel glauben, nämlich, dass die Welt im Wesentlichen gerecht geordnet ist und jeder das bekommt, was er verdient. Wer hat diesen Satz nicht selbst schon mal verwendet? Dahinter steckt der irrige Glaube, dass wenn ich mich nur richtig verhalte, auch nichts passieren kann. Aber in der Realität verläuft das Leben nicht so und wer urteilt überhaupt darüber, was ein „richtiges" Verhalten ist? Zumindest für den Bereich der häuslichen Gewalt gilt: Das Opfer kann sich gar nicht richtig verhalten. Die Partnerin kann machen, was sie will, aufräumen, wie sie will, kochen, was sie will – der Partner wird ohnehin wieder gewalttätig und zerstört damit den Glauben an die gerechte Welt.

Glaube an die eigene Unverwundbarkeit. Die andere Grundannahme, die wir zum Leben benötigen, ist der „Glaube an die eigene Unverwundbarkeit". Dieser wird darin deutlich, dass nur sehr wenige Menschen glauben, dass sie ein mögliches Opfer sein könnten. Sie glauben, dass sie mit geringerer Wahrscheinlichkeit das Opfer eines Verbrechens werden als andere Menschen. „Mir passiert schon nichts!" sind die Worte, die diese Grundannahme begleiten. Sie glauben aber auch nicht, dass ein Mensch aus ihrem sozialen Umfeld Opfer eines Verbrechens werden könnte. Ereignet sich dennoch etwas Unfassbares, muss man nicht nur mit dem Ereignis im eigenen Leben oder dem des betroffenen nahen Menschen zurechtkommen, sondern auch mit dem Verlust der Annahme. Etwas zuvor Unvorstellbares ist real geworden und dadurch in den Bereich des Vorstellbaren, jederzeit wieder Möglichen gerückt.

Geschlagene und misshandelte Frauen hatten auch einmal in ihrem Leben diesen Glauben an die eigene Unverwundbarkeit! Die Misshandlungen ihrer Männer rauben ihnen dieses Gefühl der Sicherheit. Der Glaube an die Unverwundbarkeit ist zerstört. Die Frauen werden immer wieder aufs Neue verwundet.

Wiederholende Gewalterfahrungen in Verbindung mit einem Mangel an sozialer Unterstützung und Hilfe führen definitiv zu einer Erschütterung des Glaubens an die Möglichkeit eigener Sicherheit und Unverletzlichkeit. Diese Erschütterungen bleiben nicht ohne psychische Folgen und führen in der Regel zu: Rückzugstendenzen, Veränderung des Wertesystems, Wahrnehmungsstörungen bis hin zu auftretenden schweren psychischen Störungen und Erkrankungen wie chronische Suizidgedanken, selbstverlet-

zendes und selbstschädigendes Verhalten, Amnesien, Persönlich-
keits- und Beziehungsstörungen.

4. Weitere Folgen

Geringes oder völlig fehlendes Selbstbewusstsein, Passivität und
Ambivalenz bei Entscheidungen sind weitere schwerwiegende Folgen von häuslicher Gewalt, die sich entsprechend stark auf das Leben von Frauen auswirken. Sollte es zu einer Beendigung der Gewaltbeziehung kommen, gilt es zu bedenken, dass die Zeit nicht
alle Wunden heilt, denn immer wieder werden die Betroffenen von
den schrecklichen Erinnerungen der häuslichen Gewalt verfolgt.
Die Merkfähigkeit in diesen Bereichen ist sehr hoch. Medizinische
Untersuchungen haben das erwiesen. Betroffene mit Symptomen
wie die beschriebenen Störungen und Veränderungen verlieren ihr
Interesse an Neuem, sind zutiefst verunsichert und neigen zu über-
großer Vorsicht. Diese massive Verunsicherung beeinträchtigt die
Lebensperspektive und schränkt die Lebensqualität sehr ein. Die
misshandelten Frauen haben ihre innere Sicherheit verloren.

Auf den ersten Blick scheinbar paradox, bei näherer Betrachtung aber logisch und schlüssig ist die Erkenntnis, dass diese Störungen und Veränderungen aus der Sicht der betroffenen Frau-
en auch ihren Nutzen haben. Sie dienen dem Zweck, die physische und psychische Gewalt ertragen zu können und sie letztlich
zu überleben. Diese Verhaltensmuster sind aber ausschließlich zu
diesem Zwecke nützlich! Für andere Lebenszusammenhänge sind
sie nicht mehr nützlich, können aber aufgrund der schweren psychischen Beeinträchtigungen durch die häusliche Gewalt nicht einfach aufgegeben werden.

Das führt häufig dazu, dass es gerade diese beschriebenen Folgen von Gewalt sind, die im öffentlichen Bewusstsein in der Regel mit den Ursachen verwechselt werden. So wird immer wieder angenommen, dass misshandelte Frauen nichts zur Veränderung ihrer Situation beitragen wollen. Oft wird den betroffenen
Frauen auch unterstellt, dass die Misshandlungen des Mannes dadurch motiviert sind, weil sie ambivalent oder passiv sind. Hier
wird übersehen, dass die Passivität mancher misshandelter Frau-
en nicht die Ursache oder der Auslöser für Gewalt ist, sondern de-

ren unmittelbare und durch die Dauer der Misshandlungen hervorgerufene Folge!

V. Frauen bleiben lange in Gewaltbeziehungen – warum?

Die Frage, weshalb ein Mensch in einer gewalttätigen Beziehung oder Partnerschaft bleibt, bewegt als aller erstes wohl das Opfer selbst. Aber auch das soziale Umfeld, Polizei und Justiz tragen diese Frage immer wieder an die Betroffenen heran und verursachen so Mitschuldvorwürfe und Mitschuldgefühle. Wieso holen sich Frauen, die misshandelt und geschlagen, gedemütigt und entwertet werden, keine Hilfe? Oder sollte die Frage doch besser aus einer anderen Perspektive gestellt werden? Ist die Situation vielmehr dergestalt, dass wir es sind, die den Hilferuf nicht hören?

Warum bleiben Frauen nun, teilweise über Jahre, in Gewaltbeziehungen verhaftet? Die Auseinandersetzung mit dieser Frage ist insofern wichtig, als nicht nur das soziale Umfeld, sondern auch professionelle Hilfesysteme, wie Polizei, Justiz und Soziale Arbeit, kein gut funktionierendes System darstellen, wenn es den von häuslicher Gewalt betroffenen Frauen mit Unverständnis begegnet und sie in ihrem Handeln nicht begreift. Es nützen die besten Angebote nichts, wenn die betroffenen Frauen mit dem Kopfschütteln derjenigen, von denen sie professionelle Hilfe erwarten, rechnen müssen. Eine Konsequenz daraus ist weiterer Rückzug der Frauen, mangelnde Anzeigebereitschaft, kein Vertrauen in rechtliche Hilfsmöglichkeiten und Skepsis gegenüber Beratungsstellen.

Es reicht also nicht, nur einen gesellschaftlichen Perspektivenwechsel hin zur Missbilligung und Ächtung von Gewalt in engen persönlichen Lebensbeziehungen vorzunehmen, sondern es muss auch um tieferes Verständnis für die misshandelten und von Gewalt betroffenen Frauen geworben werden.

1. Häusliche Gewalt als serielles Ereignis

Bedeutsam für den Kenntnisbereich zur häuslichen Gewalt ist, dass es sich in der Regel um serielle Ereignisse handelt, d.h. dass die Frauen zumeist über Jahre den Brutalitäten und Gewalthandlungen ihrer Männer ausgesetzt sind. Untersuchungen in Frauenhäusern haben ergeben, dass Frauen im Durchschnitt sieben Jahre in einer Gewaltbeziehung bleiben, bevor sie sich daraus lösen können! In dieser Zeit haben sie sich aber der Untersuchung zu folge ca. fünf- bis sechsmal um Hilfe von außen bemüht. Anfangs richtete sich das Hilfe suchen an das soziale Umfeld, also Familie, Freundinnen, Kolleginnen, Verwandte, Nachbarn etc. Je länger eine Misshandlung in der Partnerschaft dauerte, je mehr wurden Institutionen in Anspruch genommen.

2. Unterstützung durch das soziale Umfeld

Der Wunsch der Betroffenen nach Unterstützung durch das soziale Umfeld ergibt sich aus den meist engeren Bezügen und häufig auch Vertrauensbeziehungen. Die Kontaktaufnahme scheint einfacher als zu „Fremden" einer Beratungsstelle. Da es für das Opfer ohnehin schwer genug ist, mit den Misshandlungen im häuslichen Bereich nach außen zu gehen, hoffen sie in ihrem sozialen Umfeld auf Verständnis und Anteilnahme, auf Einfühlung und Parteinahme für ihre Sicht der Ereignisse.

Was dabei außerhalb der Betrachtung bleibt, ist die Tatsache, dass das soziale Umfeld des Opfers häufig nur über begrenzte Kapazität zur Unterstützung verfügt. Überwiegend sind in dem sozialen Umfeld des Opfers die Ressourcen zur Stabilisierung der betroffenen Frau schnell aufgebraucht. Freunde, Verwandte, Bekannte oder Nachbarn können zwar im ersten Moment wichtige Bezugspersonen sein und Beistand leisten. Doch schon kurze Zeit nach Bekanntwerden der tätlichen Ereignisse stehen sie dem Opfer gerade mit seinen psychischen Beeinträchtigungen hilflos gegenüber und werden durch das Anhalten der häuslichen Gewalt selbst müde und mürbe. Sie signalisieren dann der betroffenen Frau, dass sie „die Geschichte" nicht mehr hören können.

In der Tat stellt es für Menschen des sozialen Umfeldes einen ungeheuren Kraftakt dar, ein Verhalten wie die häusliche Gewalt über Jahre mitzuerleben und damit auch auszuhalten. Das soziale Umfeld spürt die eigene Handlungsohnmacht, denn es ist immer noch die betroffene Frau selbst, die die Entscheidung über Fortsetzung oder Beendigung der häuslichen Gewalt fällt. Die anfangs wohlmeinenden Mitmenschen sind schnell überfordert und können durchaus mit Abwehr auf die fragile Situation der betroffenen Frauen reagieren.

Die Überforderung des sozialen Umfeldes kann sich weiterhin darin äußern, dass das Geschehen verharmlost wird, mit Unverständnis gegenüber den Reaktionen des Opfers reagiert wird oder nicht selten gar Schuldzuweisungen an das Opfer selber vorgenommen werden. So schlägt die Hilflosigkeit von Freunden, Verwandten und Bekannten dem geschädigten Opfer gegenüber leicht um in Relativierungsbemühungen, oftmals auch in Abwehr.

So nachvollziehbar dieses Verhalten sein kann, so stellt es doch für Opfer in der Regel eine retraumatisierende Erfahrung dar und trägt zur Verstärkung der Symptome bei. Spätestens hier zeigt sich, wie bedeutsam es ist, professionelle Unterstützung nachzusuchen, um Rückzug und immer größere Isolation als Folge aufzuhalten und die persönlichen Kräfte wieder zu stärken.

3. Erschwerende Faktoren für eine Trennung

Bei der Darstellung der psychosozialen Betroffenheit der Frauen wurden bereits einige Faktoren angesprochen, welche die häusliche Gewalt in ihrem Ausmaß zusätzlich belasten und weswegen Frauen sich unter anderem so schwer trennen. Es sind neben anderen Erwägungen die wirtschaftliche Abhängigkeit vom Partner und das Vorhandensein gemeinsamer Kinder, aber auch das eigene Verhaftetsein in eine traditionelle Frauenrolle.

Die ökonomische Abhängigkeit spielt eine große und nachvollziehbare Rolle bei Trennungsüberlegungen, denn die Alternative ist häufig staatliche Unterstützung und ein Leben am Existenzminimum. Dies Argument gewinnt an Gewicht, wenn Kinder vorhanden sind. Zudem haben viele Frauen trotz aller Widerfahrnisse Hemmungen, ihren Kindern den Vater zu nehmen.

Als ein weiterer Faktor fühlt sich die Frau mit zunehmender Gewalt in ihrer Partnerschaft mehr und mehr gefangen. Sie verliert ihr Selbstvertrauen und sieht sich immer weniger zu selbständigen Handlungen in der Lage. Ihre Gefühle münden in eine wachsende Hoffnungslosigkeit. Die Angst der Frau zu gehen, wächst genauso stark, wie sie Angst hat, bei ihrem Partner zu bleiben. Diese Zange aus Angst, Ohnmacht, nicht Fliehen können und großer Hoffnungslosigkeit wird gegenwärtiger Bestandteil ihres Alltages und ist Ursache sich wiederholender Traumatisierungen.

In der wissenschaftlichen Literatur wird das Verhalten der betroffenen Frauen und das Phänomen des Verharrens in der Gewaltbeziehung mit den Begriffen des „Stockholm-Syndroms" und der „erlernten Hilflosigkeit" umschrieben. Es handelt sich dabei um Konzepte zum Überleben der ständigen gewalttätigen Lebenssituation.

Für Außenstehende, zum Beispiel für Polizei oder Justiz, entsteht dadurch der Eindruck, das Opfer würde sich mit dem Täter solidarisieren und seine Sicht der Dinge übernehmen. Durch die Gewalt in häuslichen Bereich und die meist langjährige Dauer ist die Bindung an den Täter so stark, dass sie sich teilweise anpassen – um zu überleben. Damit ist das Stockholm-Syndrom beschrieben.

Das Stockholm-Syndrom. Das Stockholm-Syndrom ist bekannt seit einer spektakulären Geiselnahme in Stockholm, wo festgestellt werden konnte, dass sich die Geiselopfer den Tätern anpassten, um zu überleben. Folgende Merkmale charakterisieren dieses Überlebenskonzept:

- das Leben des Opfers wird bedroht, und der Täter hat die Macht, diese Drohung auszuführen
- das Opfer kann nicht entkommen oder glaubt zumindest, nicht entkommen zu können
- das Opfer ist von anderen Menschen isoliert
- der Täter ist zeitweilig freundlich gegenüber seinem Opfer.

Diese Merkmale können für viele Fälle häuslicher Gewalt 1:1 übertragen werden!

Die erlernte Hilflosigkeit. Das Verharren in der Gewaltbeziehung wird erklärt mit der Theorie der erlernten Hilflosigkeit nach Martin Seligman. Diese sozialpsychologische Theorie besagt, angewandt auf Betroffene häuslicher Gewalt, Folgendes: Frauen erleben, dass ihre Reaktionen auf die Gewalt des Partners in keiner Weise dazu führen, dass die Gewalt ein Ende findet. Als Konsequenz daraus legen sie kaum noch weitere willensgesteuerte Verhaltensweisen an den Tag, um die Gewalt zu beenden. Sie erfahren sich als hilflos und übernehmen diese Sicht in ihr eigenes Selbstbild. Frauen in Gewaltbeziehungen bieten anfangs ein hohes Potential an Anpassung auf und bemühen sich, dem Partner alles recht zu machen. Sie erfahren jedoch, dass die Gewalt des Partners trotz der Bemühungen nicht aufhört, und dies führt bei ihnen zu Rückzug, Passivität und Unterwürfigkeit.

Die Erfahrung aus dieser sozialpsychologischen Theorie zeigt aber auch, dass diese Hilflosigkeit in der Tat eine erlernte ist, was bedeutet, dass die geschlagenen Frauen eben auch wieder ihre positiven Seiten erfahren können und lernen können, dass sie Kraft besitzen und ihr Handeln in der Tat Konsequenzen nach außen hat. Hier gilt zu berücksichtigen, dass, je länger die Gewaltbeziehung gedauert hat, um so mehr Geduld bei dem Erlernen benötigt wird!

VI. Ein besonderes Problem: Kinder als stumme Zeugen

Ohne Zweifel befinden sich viele von häuslicher Gewalt betroffenen Frauen in einer überaus schwierigen Situation. Leben darüber hinaus eigene bzw. gemeinsame Kinder mit im Haushalt, verdienen die Kinder besondere Beachtung. Sie erleben die Misshandlungen in der Regel mit und sind in der Mehrzahl der Fälle „stumme" Zeugen" der häuslichen Gewalt. Selbst wenn Kinder in der Definition „häusliche Gewalt" eine Sonderstellung einnehmen, so sind sie immer mit betroffen, wenn zu Hause geschlagen, geprügelt, gedemütigt und Gewalt ausgeübt wird. Auch die Schutzanordnungen nach dem GewSchG haben die Situation der mit betroffenen Kinder im Auge. Sie unterstützen, dass die Kinder weiterhin in ihrer gewohnten Umgebung und in ihrem sozialen Nahraum bleiben können. Die Situation der Kinder misshandelter Frauen ist im Wesentlichen dadurch geprägt, dass sie in einer häuslichen Atmosphäre von Gewalt, Angst, Einschüchterung und Bedrohung aufwachsen.

1. Kinder misshandelter Mütter

Aus der bereits erwähnten Studie des Bundesministeriums (BMFSFJ 2004) geht hervor, dass von Kindern misshandelter Mütter bis zu 90 % miterlebten, wie ihre Mütter gedemütigt und misshandelt wurden. Die Kinder reagieren in den Konfliktsituationen entweder mit Rückzug, sie verstecken sich oder laufen aus dem Haus, oder versuchen, aktiv in das Geschehen einzugreifen. Aus der Studie ergibt sich, dass die Kinder versuchten, ihre Mutter durch körperlichen Einsatz zu schützen oder Hilfe von außen zu holen.

Kinder erleben in häuslichen Auseinandersetzungen, dass es ihre Person, ihre Existenz zu sein scheint, die dem Vater oder Partner häufig Anlass für die Misshandlungen der Mutter geben. Dies hinterlässt bei den Kindern schwere Schuldgefühle und den verhängnisvollen Eindruck, dass die Gewalt unmittelbar an ihr Dasein gekoppelt ist. Die beobachtete oder miterlebte Gewalt kann bei ihnen unterschiedliche Reaktionen hervorrufen, wie zum Beispiel Schlafstörungen, Konzentrationsschwierigkeiten, die sich dann in einem Abfall schulischer Leistungen zeigen, depressive Verstimmungen, erhöhte Reizbarkeit und/oder Aggressivität.

Eine empirische Untersuchung zu Kindern in Frauenhäusern der renommierten Forscherin Carol Hagemann-White aus dem Jahr 1990 kommt ergänzend zu dem Ergebnis, dass ein großer Teil der Kinder misshandelter Mütter unmittelbar selbst auch Opfer elterlicher Gewalt waren. Genannt werden Zahlen zwischen 35 % und 50 %. In der überwiegenden Zahl dieser Fälle handelt es sich um körperliche Misshandlungen, die die Kinder erleiden mussten. Die Misshandlungen wurden am häufigsten von Vätern oder den Partnern der Mütter verübt. Die Studie hat aber auch zu Tage gefördert, dass es in vielen Fällen auch die Mütter selbst sind, die ihre Kinder schlagen und somit die selbst erlebte Gewalt an ihre Kinder weiter geben. Die Misshandlungen an den Kindern begannen zum größten Teil bereits vor dem dritten Lebensjahr und gingen mit psychischen Formen der Bestrafung einher. Jungen waren den körperlichen Angriffen etwas häufiger ausgesetzt als Mädchen. Eine weitere Studie aus Nordrhein-Westfalen ermittelte, dass ca. 60 % der mit ihren Müttern im Frauenhaus lebenden Kinder fast täglich bzw. ein- bis zweimal wöchentlich geschlagen wurden.

Diese Erkenntnisse weisen auf einen Zusammenhang von Frauen- und Kindesmisshandlung hin und unterstützen die These, nach der die Wahrscheinlichkeit der Gewaltanwendung gegen Kinder in jenen Familien groß ist, in denen Frauen misshandelt werden. Nach der Studie zur Frauengewalt in Deutschland (BMFSFJ 2004) wird Gewalt in der Herkunftsfamilie als ein wesentlicher Risikofaktor für eine spätere Opferwerdung (Viktimisierung) im Rahmen häuslicher Gewalt genannt. Frauen, die als Kind körperliche Auseinandersetzungen zwischen den Eltern miterlebt hatten, sind später mehr als doppelt so häufig (47 %) selbst Opfer häuslicher Gewalt im Unterschied zu Frauen, denen gewaltsam ausgetragene Konflikte in der Kindheit fremd sind (21 %). Daraus ergibt sich, dass häusliche Gewalt erhebliche Auswirkungen auf das Erlernen von Strategien zur Lösung eigener Probleme und auf den Umgang mit Konflikten hat. Mädchen und Jungen lernen hier „am Modell" und nehmen sich Vater bzw. Mutter als Vorbild für späteres eigenes Verhalten.

2. Umgang ja oder nein?

Aber auch die „nur" beobachtete Gewalt hat traumatische und langfristig wirkende psychische Folgen für die Kinder. Auch sie wirkt sich negativ im Hinblick auf die Ausprägung der geschlechtlichen Rollenvorbilder aus. Die ohnehin schon vorhandenen Schuldgefühle der Kinder werden noch verstärkt durch die Instrumentalisierung, die sie häufig durch den Vater erfahren. So werden die Kinder in vielen Fällen benutzt, um die Frauen zur Rückkehr zu bewegen oder weiterhin Gewalt gegen sie auszuüben. Dies reicht von der Beeinflussung der Kinder gegen die Mutter über ausgesprochene Drohungen und tätliche Angriffe bis hin zu Kindesentführungen.

Natürlich gibt es auch Väter, die sich trotz der Gewalt gegen die Frau gerne um ihre Kinder kümmern; es bleibt aber in der Mehrzahl der Fälle der Umstand, dass die Kinder funktionalisiert werden und die gewalttätigen Väter ihr Recht auf Umgang einfordern, unabhängig davon, wie ihr bisheriges Erziehungsverhalten ausgesehen hat.

Für die dann anstehenden Besuchsregelungen ist eine besondere Problemlage geschaffen, die für die MitarbeiterInnen der Jugendämter eine Herausforderung darstellt und klare Regelungen erfordert. Für den begleiteten Umgang bei häuslicher Gewalt gibt es mittlerweile fundierte Handlungsanleitungen, wie neben anderen die von der Berliner Interventionszentrale bei häuslicher Gewalt. Hier können klare Regeln nachvollzogen werden, in welchen Fällen ein Umgang des Vaters mit dem Kind ausgeschlossen oder verändert werden sollte. Oberstes Gebot aller Regeln sollte der Schutz und die Sicherheit der Frau und der Kinder sein.

Ein Umgang des Vaters mit dem Kind sollte ausgeschlossen oder verändert werden,

- wenn das Kind selbst misshandelt wird;
- wenn das Kind sich verändert oder verhaltensauffällig zeigt, nachdem es die Gewalt miterlebt hat;
- wenn das Kind benutzt wird, um Kontakt zur Mutter herzustellen;
- wenn die gegen die Frau gerichtete Gewalt sich auch gegen das Kind richtet;
- wenn das Kind unmittelbar gefährdet ist;
- wenn gegen das Kind Gewalt ausgeübt wird, um die Frau psychisch zu verletzen;
- weil nach massiver Gewalttätigkeit die Sicherheit der Frau weiterhin gefährdet ist;
- weil insbesondere die Trennungsphase ein hohes Gewaltpotential für die Frau und das Kind birgt.

Gerade die Phase der Trennung beinhaltet eine oft schwer vorstellbare Gefahr für die Frau. Untersuchungen haben herausgefunden, dass die Gefahr, Opfer eines Tötungsdeliktes zu werden, für Frauen, die sich von ihrem gewalttätigen Partner trennen wollten, um das Fünffache steigt. Ein hier genehmigtes Umgangsrecht des misshandelnden Vaters mit dem Kind birgt schwer einzuschätzende Gefahren.

VII. Handlungsanleitung für Opfer häuslicher Gewalt

Für Opfer häuslicher Gewalt ist es sehr schwer, aber nicht unmöglich, sich aus der Gewaltbeziehung zu lösen. Viele betroffene Frauen sind in einem mühsamen Lernprozess damit konfrontiert zu realisieren, dass ohne das aktive Bemühen und aktive Veränderungen im Verhalten und in der Einstellung des misshandelnden

Partners die Gewalt in den eigenen vier Wänden nicht aufhören wird. Die Frauen haben es nicht in der Hand zu entscheiden, ob die Gewalt endet oder nicht! Fehlt der aktive Beitrag des schlagenden Partners endet die Gewalt erfahrungsgemäß erst dann, wenn die Frau sich aus der gewalttätigen Beziehung löst.

Bis es soweit ist, gibt es für die Situation der Gefahr und des Gewaltausbruches von Frauenhäusern, Beratungsstellen, den Frauen- und Sozialministerien der einzelnen Bundesländer, den Ärztekammern etc. Tipps für die Sicherheit der Frau. Die nachfolgenden **Tipps** sind einem handlichen, kleinen Flyer der Ärztekammer Niedersachsen in Zusammenarbeit mit dem Niedersächsischen Ministerium für Frauen, Arbeit und Soziales entlehnt.

* Darin wird geraten, mit einer Person des Vertrauens über die Gewalt im häuslichen Bereich zu reden und die Isolation aufzubrechen.
* Betroffene Frauen sollten einen Notfallkoffer gepackt haben, in dem Geld, wichtige Papiere, Schlüssel, Medikamente und wichtige Dinge für den eigenen Bedarf und den der Kinder enthalten sind. Der Koffer sollte möglichst bei einer Person des Vertrauens aufbewahrt werden. So ist am besten gewährleistet, an ihn heranzukommen. Der Koffer kann aber auch an einem sicheren Platz in der Wohnung deponiert werden. Hier ist jedoch im Notfall und beim Gewaltausbruch des Partners das Ergreifen des Koffers am schwierigsten. Die Gründe dafür liegen in der Situation, die oftmals extrem aufgeheizt ist, oder der Partner lässt nicht zu, dass die Frau den Koffer mitnimmt; häufig gilt es, das nackte Leben in Sicherheit zu bringen.
* Nehmen die betroffenen Frauen wahr, dass der Spannungsaufbau in die Phase des Gewaltausbruches übergeht, ist angeraten, sich nicht in der Küche aufzuhalten. Dort befinden sich Bestecke, Haushaltsgeräte etc., die als potentielle Waffen gegen die Partnerin eingesetzt werden könnten. Vorteilhaft wäre es, sich in einem Raum aufzuhalten, aus dem eine Flucht möglich ist.
* Das Schweigen über die häusliche Gewalt sollte auch gegenüber den Kindern gebrochen werden. Es gibt mittlerweile gute Ratgeber, so vom Bundesministerium für Frauen, Senioren, Familie und Jugend. In dem Ratgeber „Mehr Mut zum Reden" finden Betroffene Unterstützung, mit ihren Kindern die häusliche Gewalt zu the-

matisieren. Betroffene sollten mit ihren Kindern darüber sprechen, wie sich diese im Ernstfall verhalten könnten, oder ob es ratsam wäre, zu telefonieren oder andere Hilfe zu holen.

- Es besteht weiterhin die Möglichkeit, mit jemandem aus der Nachbarschaft ein Signal für den Fall zu verabreden, dass unmittelbare Hilfe benötigt wird. Dazu können Klopfzeichen verabredet werden, ein Signal, wie eine Lampe auf der Fensterbank etc.
- Letztendlich besteht im Falle des Gewaltausbruches natürlich auch die Möglichkeit, die Notrufnummer der Polizei zu wählen. Hier ist jedoch Voraussetzung, dass der gewalttätige Partner dies gerade zulässt! Daher ist es ratsam, die gesamte Palette von Möglichkeiten zu durchdenken und die eigene Sicherheit und die der Kinder im Auge zu behalten.

VIII. Hilfe finden: Beratungsstellen und Frauenhäuser

Mittlerweile gibt es in der Bundesrepublik Deutschland ein gut ausgebautes Netz von professionellen Einrichtungen, die für den Bereich der häuslichen Gewalt zur Verfügung stehen. Unterstützungsuchende sind in der Regel traumatisierte Frauen, häufig mit Kindern, die im klassischen Kreislauf der Gewalt stecken und meist noch eine mehr oder weniger längere Zeit brauchen, sich aus der Gewaltbeziehung zu lösen. Dieses Wissen wird von den Mitarbeiterinnen der Beratungs- und Interventionsstellen professionell umgesetzt, in dem eindeutig kein Druck auf die Hilfesuchende ausgeübt und keine Verurteilung der Frau vorgenommen wird, wenn sie sich entscheidet, weiter in der Gewaltbeziehung zu verbleiben.

Eine Trennung vom Partner sollte nur angesprochen werden, wenn die Frau als erste diese Richtung vorgibt. Moralischer Druck und Wertungen haben generell in der Arbeit mit Opfern nichts zu suchen und in der Arbeit mit Frauen, die Opfer häuslicher Gewalt sind, erst recht nicht.

Alle in der Bundesrepublik vorhandenen Beratungsstellen aufzuführen, würde an dieser Stelle zu weit führen. Es gibt in fast allen Teilen der Bundesrepublik Notrufe und Frauenhäuser, die in den entsprechenden Telefonbüchern zu finden sind. Die Telefonnummern sind unter dem Stichwort „Frauenhaus" oder „Frauen helfen Frauen" zu finden. Der Bundesverband Frauenberatungsstellen und Frauennotrufe/Frauen gegen Gewalt e.V. in Berlin (Tel. 030/ 3229 9500) bietet Unterstützung bei der Suche und Vermittlung an. Auch die Ärztekammern verfügen über Adressen und Telefonnummern von Anlauf- und Beratungsstellen.

Weitere Informationen kann man auch im Internet nachsuchen. Zu empfehlen ist die Seite des Bundesministeriums für Familie, Senioren, Frauen und Jugend, wo auch die entsprechenden Broschüren zu finden sind (www.bmfsfj.de).

Ferner gibt es unterstützende Beratungsstellen der Polizei:

www.polizei-beratung.de

Weitere nützliche Adressen können sein:

- www.frauenrechte.de
- www.frauen-gegen-gewalt.de
- www.big-hotline.de
- www.weisser-ring.de (01803/343434).

Die Arbeitsgemeinschaft Deutscher Opferhilfen in der Bundesrepublik Deutschland (ado) verfügt über einen Sitz in Berlin und kann unter ihrer Telefonnummer (030/39407780) qualifizierte Beratungsstellen vermitteln und bei Sprachproblemen von Migrantinnen weiterhelfen.

Gerade Frauen mit Migrationshintergrund haben häufig kulturelle Barrieren bei der Suche nach und dem Auffinden von geeigneter Unterstützung zu überwinden. Dabei gelten die Rechte für Betroffene nach dem Gewaltschutzgesetz (GewSchG, s. 1. Teil) für Migrantinnen ebenso wie für Frauen ohne Migrationshintergrund. So sind der polizeiliche Platzverweis oder die Flucht in ein Frauenhaus **ohne** aufenthaltsrechtliche Konsequenzen. Eine Beratung sollte in jedem Fall angenommen werden!

C. Hilfe bei Sexualverbrechen

I. Vergewaltigung und die Folgen

Eine sexuelle Nötigung bzw. eine Vergewaltigung bedeutet für jeden betroffenen Menschen, in den häufigsten Fällen sind es Frauen und Mädchen, eine massive Verletzung ihrer Persönlichkeit, ihrer sexuellen Selbstbestimmung und ihrer körperlichen Unversehrtheit. Ihnen wird der Wille einer anderen Person, in der Regel einer männlichen Person, in dem äußerst sensiblen Bereich der sexuellen Selbstbestimmung mit Gewalt aufgezwungen. Damit wird deutlich, dass es sich bei der sexuellen Nötigung bzw. der Vergewaltigung am wenigsten um sexuell motivierte Taten handelt. Dem Täter geht es vielmehr darum, mit sexualisierten Mitteln seine Macht auszuüben und sein Machtstreben zu demonstrieren. Die schärfste Form von Vergewaltigung kann man in kriegerischen Auseinandersetzungen beobachten, wo die massenhafte Vergewaltigung von Frauen der gegnerischen Seite als Mittel eingesetzt wird, den Gegner zu demütigen und zu demontieren. Das Leid der vielen betroffenen Frauen ist unermesslich.

Die Vergewaltigung stellt seit einer Änderung des StGB keinen eigenständigen Straftatbestand mehr dar, sondern ist vielmehr ein besonders schwerer Fall der sexuellen Nötigung. Wir finden die sexuelle Nötigung und Vergewaltigung in § 177 StGB, zum Wortlaut siehe S. 27.

1. Rechtliche und gesellschaftliche Entwicklung

Über eine Reform der sexualisierten Gewalttaten ist in der Bundesrepublik lange gestritten worden, bis es endlich 1997 zu einer Einigung über alle Parteigrenzen hinweg kam. Immerhin hatte sich die gesellschaftliche Haltung zur sexuellen Selbstbestimmung in den letzten Jahrzehnten stark verändert, so dass diese Veränderungen nicht ohne Auswirkungen auf das Sexualstrafrecht bleiben konnten.

So galt bis 1997 die Vergewaltigung in der Ehe nicht als Straftatbestand des Strafgesetzbuches und konnte aus diesem Grunde auch nicht geahndet werden! An dieser Stelle seien die Ausführungen zur häuslichen Gewalt vergegenwärtigt, wo eine Gewaltform der körperlichen Gewalt eben auch die sexualisierte Gewalt und damit auch die Vergewaltigung ist. Betrachtet man den mühsamen und langwierigen Perspektivenwechsel zur allgemeinen Ächtung von Gewalt in einer sich als aufgeklärt bezeichneten Gesellschaft, ist vorstellbar, wie lange (in der Regel) Frauen unter Vergewaltigungen gelitten haben, ohne dass diese als solche benannt wurde und die Betroffenen rechtlich und gesellschaftlich Anerkennung gefunden hätten.

Bei den Betroffenen selber kann sich nun auf der Grundlage rechtlicher Anerkennung ein Vertrauen herausbilden, dass diese Ächtung von sexualisierter Gewalt und von Vergewaltigung tatsächlich ein gesellschaftlicher Grundkonsens ist. Hier sind besonders die Repräsentanten von Polizei und Justiz gefordert, den wissenschaftlichen Erkenntnissen entsprechend fachlich korrekt und professionell zu handeln. So kann das Vertrauen von Opfern bekräftigt werden, in dem im Umgang mit ihnen opfergerecht verfahren wird und sie nicht ein weiteres Mal durch unsachgemäße Behandlung beschädigt werden. Dazu gehört die Grundhaltung, dass es kein Verhalten von Frauen gibt, welches eine Vergewaltigung rechtfertigen könnte. Auch dann nicht, wenn zwischen Opfer und Täter eine Vorbeziehung bestand oder noch besteht. Die Benennung der sexuellen Selbstbestimmung ist in jeder Lebenssituation sehr ernst zu nehmen.

2. Erleben während der Tat

Aus vielen Untersuchungen und Befragungen ist ermittelt worden, dass die meisten betroffenen Frauen einer sexuellen Nötigung bzw. einer Vergewaltigung in der schädigenden Situation massive Ekelgefühle empfinden und einer traumatisierenden Situation ausgesetzt sind. Das traumatisierende Ereignis, die sexuelle Nötigung bzw. die Vergewaltigung, löst bei den Opfern in der Regel nicht nur massive Ängste, sondern vielmehr Todesängste aus. Die meisten von einer derartigen Tat betroffenen Frauen fürchten um ihr Leben. Sie sind dem Täter hilflos ausgeliefert. Sie empfinden höchste Furcht und Panik, verbunden mit Entsetzen und Ohnmachtsgefühlen. Eine „Vorausschau" der Situation, eine Art „Berechnung" des Täters und des Verlaufs des Tatgeschehens ist in der Regel unmöglich. Auch eine Reaktion auf lebensbedrohliche Gefahren gemäß unseren menschlichen Grundinstinkten wie Fliehen oder Kämpfen sind durch die Gewalt des Täters und seinen massiven Übergriff außer Kraft gesetzt.

Häufig erleben Opfer an sich selbst in derart lebensbedrohlichen Situationen eine wehrlose Passivität, eine Starre oder gar eine Abspaltung (Dissoziation) ihrer Selbst aus dieser Situation. „Ich war wie eingefroren und konnte mich nicht rühren" und „ich fühlte mich wie in einem Film" sind Aussagen, die derartige Situationen beschreiben. Manche Betroffene sind wie versteinert und lassen die Tathandlung scheinbar teilnahmslos über sich ergehen, andere versuchen, sich zu wehren oder hoffen, durch ein Gespräch mit dem Täter und scheinbarem Entgegenkommen doch noch der Vergewaltigung entrinnen zu können. Welches Verhalten auch immer in dieser Situation von den Betroffenen entwickelt wird – es dient einzig und allein dem eigenen Überleben dieser lebensbedrohlichen Gefahr! Betroffene Frauen verhalten sich auf diese beschriebenen unterschiedlichsten Arten, um sich zu schützen und letztendlich ihr Überleben zu sichern! Da es uns Menschen in der Regel kaum möglich ist, sich auf die Eventualitäten eines traumatischen Ereignisses vorzubereiten oder einzustellen, sind wir diesen biologischen Veränderungen ohne jegliche Einflussmöglichkeit ausgeliefert.

Der Traumaspezialist und Forscher Ulrich Sachsse beschreibt die biologischen Veränderungen in der Reizverarbeitung, der Gedächtnisspeicherung und der Erregungs- und Affektregulation. Es können immer wieder sich aufdrängende Bilder sein, Wortfetzen, die während der Tat gesprochen wurden, Gefühle oder Schmerzen, nicht davon loskommen, immer daran denken zu müssen, Albträume, Reizbarkeit, Schreckhaftigkeit und Übererregbarkeit. Um einer Verfestigung derartiger Symptome begegnen zu können, erscheint in vielen Fallkonstellationen eine Zeit begleitender Unterstützung erforderlich zu sein.

3. Erleben nach der Tat

Auch nach der Tat, nach der Vergewaltigung, reagieren die betroffenen Frauen ganz unterschiedlich auf das erschütternde Ereignis. Im Allgemeinen befinden sie sich in einem Schockzustand, empfinden einen totalen Kontrollverlust und haben das Gefühl, ihnen wird der Boden unter den Füßen weggezogen: Nichts ist auf einmal mehr so, wie es war. Dieses Gefühl äußerster Instabilität kann einige Stunden bis hin zu mehreren Wochen dauern. Einigen Frauen ist äußerlich kaum etwas von der inneren Erschütterung anzumerken, andere reagieren sichtbarer auf die Vergewaltigung oder brechen zusammen; andere wiederum sind nicht in der Lage, über die Vergewaltigung zu sprechen. Es gibt kein typisches Verhalten! Diese Phase ist sehr belastend für die Frauen. Sie bemühen sich nun nach dieser tiefen Erschütterung, wenigstens oberflächlich wieder an die Erfordernisse des täglichen Lebens anzuknüpfen und eine gewisse Kontrolle über ihr Leben zurück zu gewinnen.

Dabei ist für die betroffenen Frauen ist nicht nur das Erleben des Tatereignisses schwer zu akzeptieren. Sie empfinden im Nachhinein selbst viel Scham und Schuldgefühle. Ihr Selbstwertgefühl hat eine tiefe Erschütterung erfahren und ihre Würde, ihre Sexualität und die eigene Körperwahrnehmung können für einen längeren Zeitraum aus der Bahn geworfen sein.

Für viele Frauen ist zusätzlich schwer zu akzeptieren, welche Reaktionen sie selbst an sich während der Vergewaltigung wahrgenommen haben. War ein Opfer während der Tat aufgrund der Lebensbedrohung so starr und eingefroren, macht sich die Frau möglicherweise im Nachhinein Vorwürfe über ihre Passivität. Hier zeigt sich, wie wichtig eine Aufklärung über ein in einer derartigen Situation normales Verhalten auf ein höchst unnormales Ereignis ist!

Viele Frauen versuchen, das erschütternde Ereignis der Vergewaltigung alleine zu bewältigen. Aus den wissenschaftlichen Erkenntnissen der Traumaforschung wissen wir aber mittlerweile, dass eine Verarbeitung und Bewältigung einer traumatischen Erfahrung ohne professionelle Unterstützung sehr schwierig ist und in etlichen Fällen nicht gelingt. Das ist besonders dann der Fall, wenn die betroffene Frau durch ein zwar wohlmeinendes, sich aber mit Traumatisierungen nicht auskennendes soziales Umfeldes mit Fragen wie beispielsweise: „Warum hast Du Dich denn nicht gewehrt?" konfrontiert wird.

Durch dieses Beispiel wird deutlich, dass auch das soziale Umfeld, Freunde, Familie etc. einer Aufklärung bedürfen; zum einen, um das Opfer nicht noch einmal zu schädigen, zum anderen, um als teilweise mittelbare Betroffene mit ihren eigenen Gefühlen von Ohnmacht, Hilflosigkeit und Wut zurechtzukommen und diese nicht auf das Opfer zu übertragen.

II. Die Täter und das Tatereignis

Sexuelle Nötigung bzw. Vergewaltigung sind Straftaten, die in allen gesellschaftlichen Schichten vorkommen und jeden treffen können. In der Realität treffen diese Tathandlung aber nicht beide Geschlechter gleichmäßig! Von allen bekannt gewordenen Straftaten gegen die sexuelle Nötigung bzw. Vergewaltigung des Jahres 2006 waren in 98,8 % der Fälle die Täter männlichen Geschlechts.

1. Häufigkeit

Es ist für den Bereich der Vergewaltigung und sonstigen Taten gegen die sexuelle Selbstbestimmung nicht leicht, tatsächliche Zahlen über Tatereignisse zu erhalten. Zu sehr sind Vergewaltigungen und sexuelle Nötigungen mit Scham belegt. Männliche Opfer von Straftaten gegen die sexuelle Selbstbestimmung bleiben fast gänzlich im so genannten Dunkelfeld, das heißt, dass männliche Opfer ihre Viktimisierung selten bis gar nicht anzeigen. Dies spiegelt auch die Polizeiliche Kriminalstatistik der Bundesrepublik Deutschland wieder.

Bei der Polizeilichen Kriminalstatistik handelt es sich um einen Tätigkeitsnachweis der Polizeibehörden aller Bundesländer, in denen die zur Anzeige gebrachten Straftaten jährlich zusammengetragen und dokumentiert werden. Es stehen somit lediglich die bekannt gewordenen Fälle von sexueller Nötigung bzw. Vergewaltigung in der Statistik. Diejenigen Ereignisse, die die betroffenen Opfer nicht zur Anzeige gebracht haben, tauchen in diesem so genannten Hellfeld nicht auf.

Sehen wir in der Polizeilichen Kriminalstatistik für das Jahr 2006, dass 8.118 Fälle von sexueller Nötigung bzw. Vergewaltigung aufgeführt worden sind, so wurde eben diese Anzahl der Fälle zur Anzeige und damit zur Kenntnis der Strafverfolgungsbehörden gebracht. Im Dunkelfeld bleiben diejenigen Geschehnisse von sexueller Nötigung bzw. Vergewaltigung, die aus Scham oder sonstigen Gründen nicht gemeldet wurden, sich aber dennoch ereignet haben. Die bei der Polizei im Jahr 2006 angezeigten Straftaten gegen die sexuelle Selbstbestimmung sind im Verhältnis zum Vorjahr leicht zurückgegangen. Es ist eine Frage an die kriminologische Forschung, ob es tatsächlich weniger Vergewaltigungen gegeben hat oder lediglich die Opfer weniger angezeigt haben!

2. Täter, Opfer, Aufklärungsquote

Die Zahlen zum Fallaufkommen von sexueller Nötigung bzw. Vergewaltigung sind insgesamt, gemessen am Gesamtaufkommen aller Straftaten, relativ gering. Es ist aber bekannt, dass hier das Dunkelfeld sehr groß ist. So gibt es Tatgeschehen, wo die Vergewaltigung als solche von den Strafverfolgungsbehörden gar nicht einzeln erfasst wird. Dies ist besonders in Fällen häuslicher Gewalt zu beobachten. Hier verbergen sich oftmals hinter einer Körperverletzung oder Nötigung auch noch Taten gegen die sexualisierte Selbstbestimmung. Scham und Ängste verhindern in vielen Fällen, dass über die Taten gesprochen wird; aber nur dann können sie zur Kenntnis der Strafverfolgungsbehörden gelangen und bleiben nicht im Dunkelfeld. Sexuell motivierte Handlungen spielen bei den Taten gegen die sexuelle Nötigung bzw. Vergewaltigung nur eine untergeordnete Rolle. Das Ausüben von Macht gegen die Frau, die Demütigung und Erniedrigung, das Brechen des Selbstbestimmungsrechts der Frau zugunsten des eigenen Willens sind handlungsleitend für die Täter.

Der Datenbasis aus der Polizeilichen Kriminalstatistik ist zu entnehmen, dass von allen 8.118 erfassten Fällen des Jahres 2006 der Anteil männlicher Täter bei 98,8 % lag und weit überwiegend männliche Erwachsene ab 21 Jahren ermittelt wurden. Bei genauerer Analyse der Altersgruppen waren Männer zwischen 30 und 60 Jahren die häufigste Tätergruppe.

Auf der Seite der Opfer standen 2006 den oben genannten Fällen 17.199 Opfer von versuchten (2.635) und vollendeten (14.564) Taten gegen die sexuelle Nötigung bzw. Vergewaltigung gegenüber. Von den Opfern waren 92,5 % Frauen und Mädchen. Betrachten wir hier die Altersstruktur der Opfer genauer, so liegt die Hauptbelastung bei den weiblichen Opfern zwischen 21 und 60 Jahren (45,8 %) sowie bei den jugendlichen Mädchen zwischen 14 und 18 Jahren (28,5 %).

Sehr selten sind sexuelle Nötigung bzw. Vergewaltigung mit Todesfolge. Hier wurden 2006 insgesamt vier Fälle registriert. Bei

Mord im Zusammenhang mit Sexualdelikten, wie zum Beispiel beim Verdeckungsmord, waren es 2006 insgesamt 23 Fallgeschehen, einschließlich der Versuche.

Positiv zu vermelden ist, dass die Aufklärungsquote der Polizei für diesen Deliktsbereich bei 82,9% liegt. Das deutet auf ein besonderes Phänomen hin, mit dem sich die Kriminologin Jutta Elz beschäftigt hat. Bei Straftaten gegen die sexuelle Nötigung bzw. Vergewaltigung sind die Täter in der Mehrheit nicht die Fremden und Unbekannten! Sie kommen nach den Daten des Jahres 2006 zu 58% aus der Verwandtschaft und Bekanntschaft des Opfers. Zu fast 14% bestand zwischen Opfer und Täter eine flüchtige Vorbeziehung und nur in 21% der Fälle bestand keine Art von Vorbeziehung. Bei der restlichen Anzahl ließ sich die Opfer-Tatverdächtigen-Konstellation nicht ermitteln. In ca. 72% aller Fälle nutzen die Täter also ein Vertrauensverhältnis aus!

So positiv sich die Aufklärungsquote möglicherweise wegen des hohen Verwandtschafts- und Bekanntschaftsanteils zwischen Opfer und Täter gestaltet, so nachteilig wirkt sich das Verwandtschafts- und Bekanntschaftsverhältnis auf die Anzeigebereitschaft des Opfers auf und erklärt die hoch vermutete Zahl für das Dunkelfeld. Schätzungen von Jutta Elz zufolge könnte das Verhältnis der bekannt gewordenen zu den tatsächlich begangenen Sexualstraftaten bei 1:5 liegen! Andere Autoren gehen sogar von einem Verhältnis 1:20 aus.

Neben den Schamgefühlen des Opfers ist auch die Tatsache, dass die Täter überwiegend aus der Verwandtschaft oder Bekanntschaft kommen oder Freunde des Opfers sind, ein Hinderungsgrund, die Vergewaltigung anzuzeigen. Solche Beziehungstaten, die einen hohen Vertrauensverlust beinhalten, sind enorm belastend, da Opfer so gut wie immer mit Mitschuldgefühlen und mit von außen an sie herangetragenen Vorwürfen konfrontiert werden.

III. Handlungsanleitung für Opfer von sexueller Nötigung bzw. Vergewaltigung

Opfer von sexueller Nötigung bzw. einer Vergewaltigung befinden sich immer in einem körperlichen und seelischen Ausnahmezustand. Sie benötigen in der Regel viel Zeit, um das Ereignis der Vergewaltigung zu verkraften und bewältigen zu können. Über den Missbrauch hinaus ist der Missbrauch des Vertrauens zu verarbeiten. Sie treffen dabei nicht immer auf ein wohlmeinendes soziales Umfeld und auch die Strafverfolgungsbehörden verfügen nicht immer über die notwendigen Kenntnisse hinsichtlich eines angemessenen Umgangs mit Vergewaltigungsopfern. Die Sozialwissenschaftlerin Barbara Krahé hat allen Aufklärungsbemühungen zum Trotz in ihrer Forschungsarbeit ernüchternde Beispiele dazu gefunden. Ferner wird in der Arbeit mit unmittelbar betroffenen Opfern oftmals vergessen, dass unter Umständen auch die Menschen des sozialen Umfeldes, wie Partner, Freunde, Eltern etc. mittelbar von der Vergewaltigung betroffen sind und durchaus Unterstützung benötigen. Sie haben ebenfalls mit Mitschuldgefühlen und Mitschuldvorwürfen zu kämpfen und sind verzweifelt darüber, dass sie die Freundin, Frau oder Tochter nicht haben schützen können.

1. Angemessener Umgang mit Frauen und Mädchen

Angehörige sind in vielen Fällen mit der Opferwerdung des nahen Menschen überfordert. Sie fühlen sich hilflos, und um dieser Hilflosigkeit zu begegnen, wehren sie das Tatereignis ab. Nicht selten erleben Opfer einer Vergewaltigung in ihrem Umfeld Zweifel, Ablehnung, Vorwürfe oder Schuldzuweisungen und werden mit quälenden „Warum?"-Fragen konfrontiert. „Warum bist Du mit in die Wohnung gegangen?", „Warum hast Du Dich nicht gewehrt?" und andere Fragen vermitteln dem Opfer, dass ihm eine Mitschuld zugeschrieben wird und gar an der Glaubwürdigkeit gezweifelt wird. Als ein weiteres Phänomen der Abwehr von Unbehagen ist das Bagatellisieren des erschütternden Ereignisses bekannt. Ratschläge wie „Du kommst schon darüber hinweg" oder „Vergiss bloß alles schnell" verletzen das Opfer ein weiteres Mal und zeigen ihm, dass seine Situation nicht begriffen und ernst genommen wird. Derartiges Verhalten löst in dem Opfer das Gefühl aus, nicht die Vergewaltigung sei das Problem, sondern eher die Tatsache, Opfer geworden zu sein. Aber auch zu viel wohlmeinender Beistand kann für die betroffene Frau eine Belastung sein, wenn enge Beziehungspersonen ihre eigene Hilflosigkeit, Wut oder Trauer auf das

Opfer übertragen. Das Opfer spürt dann wieder, wie belastend die Tat auch für die Angehörigen ist und spricht nicht mehr darüber. Das Opfer gerät so in die paradoxe Situation, sich um den betroffenen Angehörigen kümmern zu müssen! Kommt das soziale Umfeld gar auf die Idee, Handlungsaktivitäten in Form einer Anzeigerstattung, des Aufsuchens des Täters etc. an den Tag zu legen, wird erneut gegen die Selbstbestimmung des Opfers verstoßen. An den Ausführungen zeigt sich, dass die betroffene Frau ihr eigenes Tempo zur Tatbewältigung finden muss, soll die soziale Unterstützung nicht in das Gegenteil umschlagen. Dabei bedarf das Opfer durchaus verständnisvoller und einfühlsamer Begleitung bei der Bewältigung des Tatgeschehens.

2. Unterstützender Umgang

Wie sieht aber nun ein hilfreicher unterstützender Umgang mit Vergewaltigungsopfern aus? Professionelle Frauenberatungsstellen, Notrufe etc. haben in Schleswig-Holstein einige **Handlungsanleitungen** auf den Webseiten von helpline (www.helpline-sh.de) zusammen getragen, die hier im Folgenden aufgegriffen werden.

- Unterstützend ist eine Ermutigung der betroffenen Frau, über das traumatische Ereignis zu sprechen und nicht damit alleine zu bleiben. Eine wohlwollende Grundhaltung und fachliche Kompetenz erleichtern es dem Opfer, über die Tat zu sprechen. Im Gegenzug sollte genauso akzeptiert werden, wenn das Opfer (noch) nicht über die Tat sprechen möchte oder kann. Den Zeitpunkt bestimmt das Opfer allein.
- Wichtig für das Gespräch ist ein verständnisvolles und unvoreingenommenes Zuhören ohne offene oder verdeckte Zweifel, Bagatellisierungen, Ablehnungen, Vorurteile oder Vorwürfe an die Frau. Die Verantwortung für die Tat, das Ausüben von Macht und Gewalt liegt allein beim Täter!
- Die betroffene Frau sollte nicht mit den Emotionen von Bezugspersonen überschüttet werden. Auch für Bezugspersonen, die Vergewaltigungsopfer unterstützen, bieten die Frauennotrufe kostenlose Beratung an, damit die eigenen Erfahrungen und Probleme in dieser schwierigen Situation bearbeitet werden können.
- Keine Person sollte ohne das Einverständnis der Frau Aktivitäten einleiten. Insbesondere rechtliche Maßnahmen sollten erst nach

gründlicher Information und vor allen Dingen in Absprache mit der Frau eingeleitet werden. Jedes unabgesprochene Handeln verstößt wiederum gegen das Selbstbestimmungsrecht der Frau, welches sie gerade versucht, wiederzuerlangen!

- Gut gemeinte Ratschläge und Hilfsangebote können daher bei dem betroffenen Opfer das Gefühl von Bevormundung hervorrufen und wiederum das Gefühl von Selbstbestimmung erneut beeinträchtigen. Viel wichtiger ist die Wiederherstellung von Selbstvertrauen und Rückbesinnung auf eigene Stärken, was durch das Treffen eigener Entscheidungen, Vertrauen in die eigenen Wünsche und Bedürfnisse, geschehen kann.

- Die Partner und Partnerinnen von Vergewaltigungsopfern sind häufig mit sexuellen Schwierigkeiten in der Beziehung konfrontiert. Sie geraten durch die Vergewaltigung und ihre Folgen oftmals selbst an die Grenzen der eigenen Belastbarkeit. Partner und Partnerinnen und nahe Angehörige sollten immer daran denken, eigene professionelle Unterstützung in Anspruch zu nehmen.

3. Ein großes Dilemma – die Beweissicherung

Opfer einer Vergewaltigung befinden sich nicht nur in einem körperlichen und seelischen Ausnahmezustand, sie sind in ihrer Situation mit einer Erschwernis besonderer Art beladen. Ähnlich wie Opfern von Stalking ist Vergewaltigungsopfern anzuraten, für den Fall einer Strafverfolgung die Beweissicherung nicht zu verdrängen. Für Opfer einer Vergewaltigung bedeutet dies, so tatnah wie möglich eine medizinische bzw. gynäkologische Untersuchung zur Beweissicherung durchführen und weitere Verletzungen, die durch die Tat hervorgerufen wurden, attestieren zu lassen. Befinden sich auf der Unterwäsche, Bettwäsche etc. Spuren der Tat, sollten diese Beweisstücke unmittelbar gesichert und nicht gleich gewaschen werden. Dies sind wichtige Erfordernisse. Vergegenwärtigt man sich, in welchem Schockzustand sich Frauen nach einer Vergewaltigung befinden, wirken die Anforderungen wie eine Zumutung. Ebenso schwierig, sollte es zu einer polizeilichen Vernehmung kommen, ist die ermittlungstechnische Notwendigkeit, detailliert über die Tat zu sprechen. Hier zeigt sich eindrücklich, wie die Anforderungen an die Beweissicherung auf der einen Seite und der Wunsch der betroffenen Frauen nach Ruhe, Wiedererlangen der eigenen Selbstsicherheit etc. andererseits gegensätzlicher nicht sein können. Dieser Gegensatz kann nur überbrückt werden, indem behutsam, einfühlsam und professionell mit dem Opfer umgegangen wird.

4. Anzeige ja oder nein?

Opfer einer Vergewaltigung stellen sich selbst immer wieder die Frage, ob sie Anzeige gegen den Täter erstatten sollen oder nicht. In nur wenigen Fällen stellt sich das Tatgeschehen so dar, dass Zeugen hinzukommen und die Polizei benachrichtigen. In der Regel ist das Opfer mit dieser Frage vorerst allein konfrontiert. Um hier eine sachgemäße und auf die Bedürfnisse und Leistungskraft des Opfers abgestimmte Entscheidung treffen zu können, sollte die Unterstützung einer Beratungsstelle und eines Opferanwaltes nachgesucht werden. Je nach Beweislage kann ein Verfahren durchaus retraumatisierend für das Opfer sein. Das Strafverfahren kann eine nicht vorhersehbare Dynamik entwickeln, welche der betroffenen Frau nicht gut tut und ihrem Wunsch nach Wiederherstellung eigener Handlungsfähigkeit zu wider läuft. In anderen Fallkonstellationen wiederum ist ein Verfahren wichtig zur Tatverarbeitung und um dem Wunsch des Opfers nach Gerechtigkeit Genüge zu tun. Eine einfühlsame Beratung ist hier oberstes Gebot, damit das Opfer frei und ohne Druck selbst entscheiden kann. Daher sollten sich Opfer an die entsprechenden Beratungsstellen wenden oder einen Opferanwalt konsultieren, um für das weitere Vorgehen sicheren Beistand zu haben (s. auch S. 36).

IV. Hilfe finden: Notrufe und andere Beratungsstellen

Da es sich bei Vergewaltigungen um hoch traumatisierende Ereignisse handelt, die Opfer sich geschunden und alleine fühlen, ist professionelle Unterstützung durch erfahrene Mitarbeiterinnen von Frauenberatungsstellen, Beratungsstellen gegen häusliche Gewalt, Notrufe etc. angeraten.

Unterstützung gibt es bei den Notrufen für vergewaltigte Frauen (siehe Telefonbuch), regionalen Vereinen wie „Violetta", „Wildwasser", „Zartbitter", „Frauen helfen Frauen" etc. (Telefonbuch),

Frauenberatungsstellen (Telefonbuch), den Frauenhäusern (Telefonbuch), regionalen Opferhilfebüros (Telefonbuch). Auch die Telefonseelsorge hält die Nummern spezialisierter Einrichtungen vor (0800-1110111). Zentral gibt der „Bundesverband Frauenberatungsstellen und Frauennotrufe – Frauen gegen Gewalt e.V." in 10179 Berlin, Rungestraße 22–24 (030/32299-500) Auskunft. Des Weiteren gibt es auch die Beratungsstellen des Weissen Rings (www.weisser-ring.de, Tel. 01803/343434) sowie die Telefonnummer der Arbeitsgemeinschaft Deutscher Opferhilfen in der Bundesrepublik Deutschland (ado) (030/3940-7780), wo an qualifizierte Beratungsstellen weitervermittelt werden kann.

Im Internet gibt es neben vielen anderen Adressen einige sehr sachliche und informative Seiten:

- www.frauenaerzte-im-netz.de
- www.helpline-sh.de
- www.frauen-gegen-gewalt.de

Sachverzeichnis

Buchanzeigen

STREIT UND STRAFE · Besser im Recht sein

Strafe und Bußgeld

StGB ·
Strafgesetzbuch

mit EinführungsG, Völkerstrafgesetzbuch, WehrstrafG, WirtschaftsstrafG, BetäubungsmittelG, VersammlungsG, Auszügen aus dem JugendgerichtsG und OrdnungswidrigkeitenG sowie anderen Vorschriften des Nebenstrafrechts.
Stand: 1.4.2008.

Textausgabe.
45. Aufl. 2008. 358 S.
€ 6,–. dtv 5007

StPO ·
Strafprozessordnung

mit Auszügen aus dem GerichtsverfassungsG, EGGVG, JugendgerichtsG und StraßenverkehrsG.
Stand: 1.3.2008.

Textausgabe.
44. Aufl. 2008. 345 S.
€ 6,50. dtv 5011

StVollzG ·
Strafvollzugsgesetze

mit Strafvollstreckungsordnung, Untersuchungshaftvollzugsordnung, BundeszentralregisterG und JugendgerichtsG.
Stand: 1.6. 2008.

Textausgabe.
19. Aufl. 2008. 528 S.
€ 10,90. dtv 5523

OWiG · Gesetz über
Ordnungswidrigkeiten

mit Auszügen aus der Strafprozessordnung, dem JugendgerichtsG, dem StraßenverkehrsG, der Abgabenordnung, dem WirtschaftsstrafG u.a.
Stand: 1.8.2007.

Textausgabe.
20. Aufl. 2007. 258 S.
€ 7,50. dtv 5022

Burmann/Gebhardt
Bußgeldkatalog
von A–Z

Geldbußen, Verfahrensablauf, Rechtsschutz.
Der neue Ratgeber für alle Verkehrsteilnehmer gibt leicht verständliche Information zu den Voraussetzungen und der Höhe der aktuellen Bußgeldsätze bei Verkehrsverstößen und zu den Rechtsmitteln gegen den Bußgeldbescheid.

2. Aufl. 2004. 174 S.   §
€ 8,50. dtv 5681

**Prozesse
und Verfahren**

ZPO ·
Zivilprozessordnung

mit Schuldnerverzeichnis-
VO, GerichtsverfassungsG
mit EG (Auszug), Zwangs-
versteigerungsG (Auszug),
EuGVO und EuEheVO,
RechtspflegerG, Gerichts-
kostenG (Auszug), Rechts-
anwaltsvergütungsG (Aus-
zug) u.a.

Textausgabe.
44. Aufl. 2008. 764 S.
€ 7,90. dtv 5005

FGG ·
Freiwillige
Gerichtsbarkeit

Gesetz über die Angelegenheiten der freiwilligen
Gerichtsbarkeit (FGG),
RechtspflegerG, Gesetz
über die Kosten in Angelegenheiten der freiwilligen
Gerichtsbarkeit (Kosten-
ordnung).
Die Änderungen durch das
2. Betreuungsrechts-Ände-
rungsgesetz sind berück-
sichtigt.
Stand: 1.12.2005.

Textausgabe.
16. Aufl. 2006. 187 S.
€ 7,–. dtv 5527

ZVR ·
Zwangsvollstreckungs-
recht

Zivilprozessordnung (Aus-
zug), Gesetz über die
Zwangsversteigerung und
Zwangsverwaltung, BGB
(Auszug), AnfechtungsG,
Hinterlegungsordnung,
RechtspflegerG (Auszug),
Gerichtsvollzieherordnung
(Auszug), Geschäftsanwei-
sung für Gerichtsvollzieher,
SchuldnerverzeichnisVO,
Kostenrecht, EuGVO (Aus-
zug) u.a.

Textausgabe.
3. Aufl. 2006. 784 S.
€ 18,50. dtv 5587

Zeichenerklärung: § *Rechtsberater* € *Wirtschaftsberater*

Mewing/Nickel
Mahnen · Klagen · Vollstrecken

Leitfaden für Gläubiger und Schuldner.
Dieser Rechtsberater zeigt Ihnen, wie Sie mit Mahnung, Klagen und Zwangsvollstreckung zu Ihrem Recht kommen und dabei unnötige Kosten vermeiden. Die Neuauflage berücksichtigt die Änderungen durch das Rechtsanwaltsvergütungsgesetz (RVG).
Ein Anhang mit Gebühren- und Pfändbarkeitstabellen sowie Mustern und Übersichten erleichtert Ihnen die Durchsetzung Ihrer Rechte.

7. Aufl. 2006. 266 S. §
€ 11,–. dtv 5218

Matschke
Immobilien-Versteigerung

Zwangs- und Teilungsversteigerung, Zwangsverwaltung, Bieterinformation.
Ein Ratgeber für Interessenten, Schuldner, Gläubiger, Erbengemeinschaften und Eheleute, die sich scheiden lassen. Eine systematische Darstellung mit einem ABC aller wichtigen Begriffe.

3. Aufl. 2004. 172 S. §
€ 9,50. dtv 5297

Slizyk
Guter Rat zum Schmerzensgeld

Voraussetzungen und Höhe Ihres Anspruchs.

3. Aufl. 2009. 175 S. §
€ 9,90. dtv 5659
Neu im Dezember 2008

Weiner/Haas
Opferrechte bei Stalking, Gewalt- und Sexualverbrechen

Rechte wahrnehmen · Hilfe finden.
Der verständliche Rechtsberater für Betroffene und Angehörige, unterstützt durch den WEISSEN RING.

1. Aufl. 2009. 283 S. §
€ 15,90. dtv 50664
Neu im Februar 2009

P153487-S60.5